W9-BNJ-567

La Faiblesse de croire

Michel de Certeau

La Faiblesse
de croire

Texte établi et présenté par Luce Giard

Éditions du Seuil

ISBN 2-02-060484-1
(ISBN 2-02-009818-0, 1re publication)

© Éditions du Seuil, 1987

Le Code de la propriété intellectuelle interdit les copies ou reproductions destinées à une utilisation
collective. Toute représentation ou reproduction intégrale ou partielle faite par quelque procédé
que ce soit, sans le consentement de l'auteur ou de ses ayant causes, est illicite et constitue une
contrefaçon sanctionnée par les articles L. 335-2 et suivants du Code de la propriété intellectuelle.

www.seuil.com

Cherchant Dieu

La question de Dieu, de la foi et du christianisme n'a cessé d'habiter Michel de Certeau. Elle est à la source d'une impossibilité à se satisfaire d'un seul type de savoir, d'où ce parcours méthodique de disciplines (langues anciennes avec une prédilection pour le grec, histoire, philosophie et théologie au temps des études et des diplômes; plus tard, par manière de compléments, linguistique, psychanalyse, anthropologie et sociologie). Mais cette question avait d'abord déterminé un projet de vie : l'entrée dans la Compagnie de Jésus, en 1950, « pour partir en Chine »[1]; l'ordination sacerdotale, en 1956; les années consacrées à l'histoire des mystiques, pour aboutir à *la Fable mystique*[2], où, dès la première page, l'auteur écarte « le "prestige" impudique » de sembler « en être » et refuse la supposition qu'il tiendrait là « un discours accrédité par une présence, autorisé à parler en son nom ».

---

1. Mis à part les citations d'autres auteurs et indiquées comme telles, toutes les expressions entre guillemets sont empruntées à l'œuvre publiée de Michel de Certeau. Je n'en donne pas chaque fois la référence détaillée, pour éviter d'alourdir cette présentation. J'ai utilisé les chapitres 7, 8 et 10 de ce recueil ; et *Le Mémorial du bienheureux Pierre Favre* (1960), seulement l'introduction ; *La Prise de parole* (1968) ; la partie dialoguée du *Christianisme éclaté* (1974) ; *La Fable mystique*, tome 1 (1982), surtout l'introduction et la conclusion ; trois articles plus anciens : « Amérique latine : ancien ou nouveau monde ? Notes de voyage », in *Christus*, t. 14, 1967, n° 55, p. 338-351 ; « L'expérience spirituelle », *ibid.*, t. 17, 1970, n° 68, p. 488-498 ; « Y a-t-il un langage de l'unité ? De quelques conditions préalables », in *Concilium*, n° 51, janvier 1970, p. 77-89 ; une note bibliographique sur « Le judaïsme dans le monde chrétien », rédigée fin 1975 pour le groupe d'histoire religieuse de La Bussière. La liste des ouvrages de Michel de Certeau est placée à la fin de ce volume.

2. Le tome 1 a paru en 1982 (2ᵉ éd., 1987) ; le tome 2, en préparation, mais inachevé à la date de sa mort, paraîtra par mes soins ultérieurement (Gallimard).

De cette interrogation fondatrice, il n'attendait ni la garantie d'une identité sociale, ni une assurance contre l'incertitude du présent, ni le moyen de se dérober aux exigences de la pensée quand l'Un vient à manquer, que les anciennes croyances ne sont plus croyables : « Elles nous parlent encore, mais de *questions* désormais sans réponse. » Avec la volonté tenace de suivre « la question de Dieu et ses cheminements secrets dans l'existence », il chercha à en vivre et penser la radicalité, convaincu qu'une vie « n'est pas faite pour être rentabilisée et placée dans les coffres d'une banque éternelle, mais au contraire pour être risquée, donnée, perdue en même temps que servie ». Ainsi refusa-t-il de se plier au jeu de la notoriété, deux fois offerte. La première occasion vint pour son travail d'histoire de la spiritualité, quand il sembla promis à une carrière classique de grand érudit, dès l'édition de la *Correspondance* de Surin (1966), couronnée par l'Institut. Bientôt après, son analyse des diableries de Loudun (1970) raviva et troubla en même temps cette première image, car le livre inquiéta par la virtuosité de sa registration (histoire politique et sociale, histoire de la médecine, théologie, psychanalyse, etc.)[3]. Mai 1968 apporta inopinément la seconde occasion : sur cette surprenante « révolution de la parole », il écrivit à chaud dans les *Études*, puis réunit en volume (*la Prise de parole*, 1968) ce qui reste aujourd'hui une lecture d'une grande lucidité[4]. Il la tenait d'une exigence intérieure : « La question que me posait une expérience d'historien, de voyageur et de chrétien, je la reconnais, je la découvre aussi, dans le mouvement qui a remué le dessous du pays. L'élucider m'était une nécessité. Non pas d'abord pour d'autres. Plutôt par un besoin de véracité. »

Mais il ne voulut ni du rôle offert ni de ce succès. Il s'en

---

3. Voir Emmanuel Le Roy Ladurie, « Le diable archiviste », compte rendu in *Le Monde*, 12 novembre 1971, repris dans son recueil *Le Territoire de l'historien*, Paris, Gallimard, « Bibliothèque des histoires », 1973, p. 404-407. Et surtout Philippe Boutry, « *La Possession de Loudun* (1970). De l'histoire des mentalités à l'histoire des croyances », in *Le Débat*, nᵒ 49, mars-avril 1988, p. 85-96 ; ainsi que Jacques Le Brun, « De la critique textuelle à la lecture du texte », *ibid.*, p. 109-116.

4. Roger Chartier, « L'histoire ou le savoir de l'autre », *in* L. Giard (éd.), *Michel de Certeau*, Paris, Centre Georges Pompidou, « Cahiers pour un temps », 1987, p. 155.

expliqua avec cette netteté *(nettezza)* apprise chez Catherine de Gênes, un courage de « marquer des arêtes », de désigner « des points d'arrêt ». Il n'entendait pas devenir sur la scène publique un fonctionnaire du sens attaché à la conservation de l'institution religieuse, à la gestion d'un trésor de croyances. Il ne désirait pas tirer profit de l'ambiguïté d'une circulation entre des places de parole plus ou moins prestigieuses : tantôt religieux, tantôt historien, tantôt membre de l'École freudienne de Jacques Lacan (dès sa fondation, en 1964). Pour la même raison, il se refusa à faire métier de la psychanalyse, malgré son intérêt pour ce type de réflexion et tout en trouvant dans le milieu analytique l'un de ses principaux lieux d'interlocution. Il ne voulut pas davantage s'investir dans la critique de l'institution ecclésiale, qui faisait alors florès, il tenait ce type de discours critique pour « une occupation devenue dérisoire » et jugeait plus important de définir un nouveau mode d'intelligibilité pour le christianisme ou d'inventer à plusieurs d'autres types de pratiques. Il ne se laissa pas griser par les sollicitations des médias et se borna à faire « un pas de côté », reprenant à son compte cette pratique de *l'écart* qu'il avait souvent relevée chez les mystiques. Au lieu de tenir son rang dans le « fonctionnariat de la vérité », à travers un discours d'autorité, il se fit attentif au « silence qui parle en nous d'une différence absolue », amoureux « par nécessité intérieure » de paroles venues de la nuit. « Mais le nécessaire, devenu improbable, c'est en fait l'impossible. Telle est la figure du désir. »

Désormais il se voulut historien, simple professionnel enfoui « dans l'austérité de travaux objectifs », rendu à la condition commune, soumis aux règles d'une tâche visible, à la régularité d'exigences contrôlables et concrètes. S'inspirant du *staretz* russe [5] et du modèle antique du moine parti seul au désert, il devint « l'itinérant d'un désir dans l'épais-

---

5. La tradition orthodoxe l'avait toujours vivement intéressé, il avait autrefois commencé à apprendre le russe pour accéder directement à cette culture. Il entretenait des liens avec l'institut Saint-Serge à Paris et avait mis à profit, un temps, sa proximité d'habitat avec la Bibliothèque slave de la Compagnie, dont le fonds spécialisé était, dans ce domaine, d'une grande richesse. Son amitié avec Joseph Paramelle, spécialiste de la tradition byzantine, l'avait aidé à acquérir une certaine connaissance des racines de l'orthodoxie.

seur d'un travail social ». Il partit habiter dans la ville, « marcheur itinérant » à travers cent réseaux de pratiques sociales, homme ordinaire rendu à l'obscurité de la « vie commune », pour « renoncer ainsi à la possession et à l'héritage », tout en restant membre de la Compagnie de Jésus, attaché à une « résidence » et à une communauté de « compagnons ». À ce lien maintenu il accorda toujours une valeur forte, et pas seulement au nom de l'amitié, de la fidélité ou des habitudes. Mais il ne voulait pas en tirer un profit matériel ou social et chercha à trouver une position tierce entre le « dedans » et le « dehors ». En même temps, il estimait impossible de se dire chrétien en se fondant sur son seul jugement. À ses yeux, pour être réelle, cette appartenance revendiquée devait sans arrêt être mise à l'épreuve du discernement d'un groupe, rapportée aux pratiques le définissant : « Une communication est nécessaire à la reconnaissance d'une radicalité. »

Son mode de christianisme ne l'incitait ni à poser des interdits, ni à découper des frontières, ni à décider des mérites d'autrui. Il se souciait de chaque interlocuteur pour lui-même, cherchant à lui ouvrir un « espace de liberté » pour lui donner confiance dans sa propre capacité d'avancer, d'où une écoute délicate, respectueuse des différences, qui fortifiait les élans les plus fragiles, soutenait les projets les plus fous. Généreux de son temps, de son savoir, de son intelligence, il accueillait avec joie toute occasion de réfléchir et travailler à plusieurs. Un grave accident, en 1967, lui avait fait comprendre que son temps serait compté ; il sut dès lors, de cette « science expérimentale » apprise avec Surin, qu'il lui faudrait « faire vite ». Mais au visiteur inconnu, à l'étranger de passage, à l'étudiant incertain, sa porte était toujours ouverte et son aide dispensée sans compter. Au terme de la rencontre, il remerciait chaleureusement celui qui était venu, comme s'il s'était juré, lui aussi, de pratiquer ce devoir de « l'hospitalité sacrée » que Louis Massignon tenait du monde arabe[6].

---

6. Il n'avait pas eu l'occasion de nouer de liens personnels avec Massignon, bien que le hasard les ait fait longtemps résider dans la même rue tranquille du VIIᵉ arrondissement, à vingt mètres l'un de l'autre. Mais il avait lu de près, avec admiration, son œuvre sur les mystiques d'islam : voir son article « Massignon, pèlerin et professeur », in *Libération*, 2 décembre 1983. De plus une solide amitié, accompagnée de fréquents échanges intellectuels, le liait à deux jésuites de sa génération, consacrés à la culture arabe : Paul

Bien que ce fût devenu en apparence son métier, il n'aimait pas se dire « professeur », ne voulant pas être un « maître » entouré de « disciples »[7]. Avec une ironie souriante et légère, il se présentait souvent comme un « voyageur », de fait il ne sembla jamais tout à fait installé, mais chaque jour à la veille d'un nouveau départ. Il avançait d'un pas allègre, éveilleur et passeur au pays des vivants et des morts, tissant mille liens des uns aux autres, faisant circuler les projets, les idées et les textes, interconnectant des réseaux qui jusque-là s'ignoraient. Voyageur inoubliable dont la rencontre éblouissait et ébranlait. Voyageur infatigable d'un ici à un ailleurs qui ne fut pour lui ni la Chine autrefois désirée, ni l'Afrique un temps considérée (où la Compagnie songea à l'envoyer), mais le continent américain parcouru du Sud au Nord (avec une dilection particulière pour le Brésil aux mille métissages, à l'extraordinaire subtilité), au cours de longs séjours, commencés en 1966, régulièrement répétés, couronnés par six années d'enseignement en Californie (1978-1984), « pour regarder là-bas, au loin, vers les rivages d'Asie », avait-il expliqué. Il y avait du Segalen en lui.

« Mais on n'en a jamais fini avec Dieu », écrivait-il en 1970. Ce fut vrai jusqu'au terme. De la mystique chrétienne, il scruta inlassablement la figure historique (figures sociales, trajectoires individuelles, textes et figures de pensée). De ses analogues dans d'autres traditions (judaïsme, orthodoxie, islam, etc.), il s'informait avec soin. Il étudia ainsi de près l'œuvre de Gershom Scholem[8] ; il courut pendant plusieurs jours les librairies à Londres en 1975 pour trouver un exemplaire de son *Sabbataï Sevi. The Mystical Messiah* (1973) : « L'érudition fantastique de Scholem offre le matériau nécessaire, jusque-là manquant, d'une réflexion qui restait pour lui un deuxième temps, un avenir et un horizon, de ses ouvrages pionniers. Elle appelle cette réflexion comme un travail (de gratitude) qu'elle rend désormais possible. » Sur ces sources foisonnantes, « océaniques », il multipliait les angles de vue,

---

Nwyia (1925-1980), spécialiste de cette tradition mystique, et Michel Allard (1924-1976), installé à Beyrouth où un obus de mortier le tua.

7. Il s'en est expliqué nettement : « Qu'est-ce qu'un séminaire ? », in *Esprit*, novembre-décembre 1978, p. 176-181.

8. « Utopie, politique et mystique » (1984), repris in *Confrontation*, n° 15, printemps 1986, p. 168-169.

variait les techniques d'analyse et de prise, conjuguant au
plus près les ressources de méthode tirées d'un pluriel de disciplines, mettant au service de ce travail interminé, intermi-
nable comme l'analyse selon Freud, « une intelligence sans
peur, sans fatigue et sans orgueil[9] ».

Sous la diversité apparente de ses recherches, du passé au
présent, de l'histoire à l'anthropologie sociale[10], la même
question était chaque fois reprise, retraitée et mise à l'épreuve.
Il s'agissait de chercher avec véracité « comment dans une
situation épistémologique donnée le christianisme est pensable », donc vivable dans la présence au monde. La difficulté
de l'entreprise résidait dans son refus de tenir pour satisfai-
santes des réponses de principe, des illusions, des archaïsmes
ou des généralités édifiantes. Concernant la théorie et la pratique, sa radicalité englobait le domaine de l'intelligible et prenait au sérieux les impatiences de la culture contemporaine.
Un unique désir sous-tendait une unique exigence éthique. Le
travail de la pensée ne lui servait pas à se protéger des sollicitations du présent, la fréquentation des mystiques ne lui avait
pas appris « le mépris du monde », le souci du théorique n'oc-
cultait pas la pression du réel. Chez lui, le mystique s'articulait
au politique, ensemble ils nourrissaient un feu central. Au sortir de l'adolescence, il avait hésité entre trois voies : Dieu, sous
la figure de la Chartreuse, le combat politique, la physique où,
je crois, son intelligence imaginative et sa rigueur analytique
auraient fait merveille. De la Chartreuse, il garda la nostalgie,
mais son entrée dans la Compagnie lui fit rejoindre un Ordre
qui avait eu, dès ses commencements, des liens forts et
durables avec les chartreux. En matière d'engagement politique, des noms avaient alors cristallisé (vers 1940-1942) ses
admirations : Gandhi[11], Jaurès, Emmanuel Mounier (mais le
côté prédicateur de Charles Péguy l'agaçait).

Si le politique le retenait, par souci de la chose publique et

9. Marc Augé, « Présence, absence », *in* L. Giard (éd.) *Michel de Certeau*,
p. 84.

10. Voir sa « Bibliographie complète », *in* Luce Giard et al., *Le Voyage
mystique, Michel de Certeau*, Paris, Cerf et RSR, 1988, p. 191-243.

11. De cette ancienne admiration, il conserva toujours une mince pla-
quette : *Guide du lecteur. Bibliographie élémentaire de la spiritualité hin-
doue*, Paris, Adrien Maisonneuve, 1942, où les quelques références à Gandhi
étaient cochées.

du sort de la foule, l'activité politicienne ne l'intéressait pas, il ne fut jamais un homme de parti ni l'un de ces intellectuels acharnés à signer des pétitions et des manifestes. La scène internationale l'attirait bien davantage que les débats de politique intérieure. Après avoir acquis, avec d'autres jésuites de sa génération, une connaissance directe de Hegel grâce au travail exemplaire fait sous la direction de Joseph Gauvin, ce dont il lui garda toujours une vive gratitude, il avait lu Marx d'assez près avec quelques « compagnons » (comme historien, il portait une tendresse particulière au *Dix-Huit Brumaire*), et encore Gramsci, Althusser, etc. Deux fois, il employa, pour intituler l'un de ses travaux, la formule « mystique et politique » (en inversant, de l'une à l'autre occurrence, l'ordre des mots), nouant ainsi ce qui, de plus fort et de plus vif, l'avait enraciné dans le champ de l'histoire. Par là il s'inscrivait, plus qu'il ne le supposait peut-être, dans la tradition de la Compagnie ; dans la première génération des « compagnons » ses préférences s'étaient tournées, dès le noviciat, vers Pierre Favre (1506-1546), savoyard comme lui, mystique au discernement très sûr, « itinérant » lui aussi dont la vie fut « jalonnée » d'amitiés dans les chartreuses, de Savoie en Rhénanie. Il commença d'ailleurs ses recherches historiques en traduisant, avec une très longue introduction, le journal spirituel de Favre (1960). À relire aujourd'hui le portrait ainsi tracé de Favre, on relève d'étranges ressemblances de l'un à l'autre, comme si une longue fréquentation textuelle, née d'une affinité élective, avait à son insu modelé le peintre sur son inspirateur. « Sensible et lucide, cet homme [Favre] était fait pour comprendre les autres et pour reconnaître en eux cette Action, unique dans sa source et sa fin, multiple pourtant dans le mystère de chacun. Son affection était faite de respect religieux et de cet amour de père et de mère qu'il eut pour tant de dirigés. »

Cette fonction centrale tenue par l'articulation du mystique au politique explique, je crois, la nature de sa distance critique envers certaines thèses de Michel Foucault, en dépit d'une forme d'amitié et de son admiration pour cette œuvre dès son commencement [12]. Contre l'analyse pessimiste d'une

---

12. Ses articles sur Foucault sont réunis dans son recueil *Histoire et Psychanalyse entre science et fiction*, nouv. éd., Paris, Gallimard, « Folio Histoire », 2002.

mainmise des pouvoirs qui réussiraient à imposer à tout le corps social la marque de la loi, par un « quadrillage » des individus à chaque instant, il maintenant le surgissement intérieur d'une liberté inventive, productrice de mille petites ruses, créatrice de micro-pouvoirs dont le jeu subtil entre forces et contre-forces ménageait dans l'ordre social des interstices, ouvrant ainsi de minuscules espaces de liberté silencieusement mis à profit. La foule innombrable dans sa rumeur océanique le fascinait, son sort le touchait au cœur. D'où son attention à la réalité diverse des gens et des circonstances, son habitude de suivre des chemins de traverse pour tourner, autant que possible, les barrières d'une origine de classe, d'un statut social, d'une culture, sans se faire illusion sur les fictions de « peuple » mises en honneur par les chantres d'une « culture populaire »[13]. Il s'était beaucoup intéressé au procès du travail ouvrier, avait eu de solides amitiés parmi les prêtres ouvriers, s'efforça de mettre à l'honneur les mille « arts de faire » cachés dans la vie quotidienne. Car, à ses yeux, tout pouvait devenir objet du comprendre : ainsi avait-il autrefois étudié les matériaux d'une histoire de l'expérience ouvrière réunis par Paul Feller, un jésuite hors du commun, familier de Sartre au temps de leur commune captivité en Allemagne[14]. Ce mouvement de la pensée le conduisait à examiner de près toutes sortes de situations locales, dont il cherchait à saisir la spécificité. Ses textes nous le montrent consacrant le même soin érudit à suivre les traces de Labadie, mystique « dissident » errant d'Église en Église au XVIIe siècle, à décrire le réveil politique des Indiens d'Amérique latine ou à discuter des manières d'alphabétiser des ouvriers turcs à Bruxelles[15]. Rien n'était secondaire, car rien n'était étranger au travail de l'intelligence, à l'exigence d'une éthique et d'un croire.

---

13. Voir *La Culture au pluriel* (1974), chap. 3 « La beauté du mort » (écrit avec Dominique Julia et Jacques Revel). Dans sa dernière semaine, il lut un dernier livre qu'il aima beaucoup et qui revenait sur cette même question : Geneviève Bollème, *Le Peuple par écrit*, Paris, Seuil, 1986.

14. Voir Luce Giard, « Le vieux Socrate est mort encore une fois », in *Esprit*, juillet-août 1980, p. 27-28.

15. Voir *La Fable mystique* (1982), chap. 9 : « Labadie le nomade ». Et sa postface « La longue marche indienne » (1977) in *La prise de parole et autres écrits politiques*, Paris, Seuil, « Points », 1994, p. 147-161.

S'il fut dès lors « ce jésuite devenu braconnier » comme le nota une voix amie[16], c'est que le Dieu de sa foi s'était incarné dans ce monde-ci, un monde en devenir, traversé de conflits, d'injustices et de violences. « Il n'y a pas d'autre sol que celui des places et des tâches sociales », « il n'y a pas d'autre corps que le corps du monde et le corps mortel ». D'où cette nécessité d'avoir à prendre position (toujours la *nettezza*), d'entrer dans les débats de la société civile : « Il n'y a pas de place neutre chrétienne. » Ce qu'il avait vu adolescent, en Savoie, entre maquisards, paysans et forces de l'ordre, il le reconnaissait pareillement à l'œuvre en Amérique latine et voulait que ce fût dit sans ambiguïté : « S'abstraire du politique, c'est ici, pratiquement, accepter une politique, celle-là même qui espère des autorités morales un appui au moins tacite », écrivait-il au retour de son premier séjour là-bas. Un tel regard porté sur les autorités, un tel refus de toute connivence entre l'Église et le pouvoir établi lui valurent des reproches et des attaques, parfois de ceux-là mêmes qu'il avait aimés, respectés ou admirés. S'il en fut atteint, il n'en laissa rien paraître, évita toute polémique et continua du même pas égal son « voyage à découvert », convaincu qu'une radicalité chrétienne devait envelopper l'agir et l'être en leur entier, ou se reconnaître mensongère. Il se borna à remarquer qu'il fallait accepter, avec « le devoir de s'engager », « le risque de se tromper ».

Il avait un jour caractérisé l'historien par « le goût de l'autre » et défini ailleurs le chrétien comme celui qui veut « faire place à l'autre ». Ainsi décrits, l'un et l'autre lui ressemblaient comme à un frère. Pour réinterpréter le christianisme dans la pensée contemporaine, il essaya d'emprunter à Heidegger la notion du « pas sans »[17] – « pas sans toi », dit la voix amoureuse. Il liait cet emprunt à un verset de la tradition qui le touchait profondément : « Que je ne sois jamais séparé de toi. » L'empilement des références est ici caractéristique d'un mode de constitution de la pensée[18]. Ce verset de l'ordinaire de la

---

16. Michelle Perrot, « Mille manières de braconner », in *Le Débat*, n° 49, mars-avril 1988, p. 117-121.

17. Voir ci-dessous chapitre 7.

18. Le texte figure dans un sacramentaire d'Amiens (IXᵉ siècle), selon A.-G. Martimort, *L'Église en prière*, t. 2, *L'Eucharistie*, Paris, Desclée, 1983. Mais il remonte probablement plus avant. Le désir de Paul de « ne pas être séparé du Christ » devient, chez Ignace d'Antioche, une exhortation centrale

messe, dans la dernière prière du célébrant avant sa propre communion, est déjà l'écho d'un thème paulinien (Rm 8, 35 et 38), souvent repris chez les premiers Pères de l'Église, en particulier par Ignace d'Antioche. Mais il figure aussi dans la prière *Anima Christi* chère à Ignace de Loyola. Que le goût de cette formule soit venu à Michel de Certeau par l'une ou l'autre voie importe peu, il est probable que les trois modes de transmission se sont superposés : la liturgie d'abord écoutée, plus tard célébrée ; les lectures patristiques (ce fut son premier domaine de spécialisation à partir de 1949, il y définit un projet de thèse, commencé, puis abandonné quand la Compagnie, en 1956, lui demanda de travailler sur l'histoire de sa propre tradition au temps des commencements) ; enfin la tradition ignatienne, fréquentée à partir de 1950 (antérieurement à son entrée dans l'Ordre, il n'avait eu aucun lien avec les jésuites, n'ayant en particulier jamais été élève d'un collège de la Compagnie). Le plus significatif est ici l'association de ce verset à une catégorie prise chez Heidegger, avec l'intention explicite de construire un modèle d'intelligibilité. Cela marque un « style » intellectuel, au sens où Granger emploie ce mot à propos de la production mathématique pour Euclide ou Desargues [19]. Il voyageait entre les traditions textuelles, les registres de pensée, les moments de l'histoire, avec une seule et même question comme fil d'Ariane.

Ce mouvement d'un ici à un ailleurs ne servait pourtant ni à effacer les différences ou les antagonismes, ni à mélanger les systèmes et les concepts, ni à produire un discours éclectique au goût du jour. La rigueur de sa pensée et sa conscience aiguë du caractère « régional » de toute rationalité le protégeaient des tentations de l'éclectisme. S'il aimait parcourir le

---

(par exemple in *Épître aux Tralliens*, 7, 1). Quant à la prière *Anima Christi*, très répandue dans la dévotion moderne (Ignace de Loyola la recommande aux novices jésuites comme à ceux qui font les *Exercices*), elle date au moins du début du XIVe siècle : voir M. Villey, « Aux origines de la prière *Anima Christi* », in *Revue d'ascétique et de mystique*, t. 2, 1930, p. 208-209. Je suppose que, selon un mode de confusion fréquent, l'homonymie des deux Ignace et leur relation à un même verset ont suscité un glissement d'attribution : ainsi fut placée, peut-être, sous la paternité d'Ignace de Loyola une prière qu'il se bornait à aimer et dont le contenu était encore vaguement associé à la mémoire d'Ignace d'Antioche.

19. Gilles-Gaston Granger, *Essai d'une philosophie du style*, Paris, Armand Colin, 1968.

champ des savoirs, confronter les méthodes et comparer les techniques, c'était toujours en soulignant les ruptures de niveau, les incompatibilités de principes et le caractère local des résultats obtenus. Il répétait souvent que tout travail scientifique repose sur le « découpage » d'un champ, la « construction » d'un objet et la définition d'« opérations contrôlables », car sa réflexion sur le christianisme s'enrichissait au contact des sciences humaines et sociales, comme de l'histoire des sciences ou de l'épistémologie. Dans ce voyage d'un domaine de savoir à l'autre, dans cette curiosité inlassable, il y avait quelque chose de leibnizien. Parlant du christianisme, il revenait souvent sur le sens étymologique de deux mots clés : *religio*, « ce qui relie, rassemble », et *absolu*, « le délié, le séparé ». Sa manière de penser et de croire dépendait des deux : d'un côté, le rapport aux autres, où je reconnaissais « le politique » ; de l'autre, la relation à ce qui, de plus autre, reste hors d'atteinte du désir, où je vois « le mystique ». Cette centration sur l'articulation du mystique au politique avait pris la forme visible d'une irréductible *passion de l'altérité*. Elle était à l'œuvre dans ses recherches d'histoire et d'anthropologie, à l'évidence, mais aussi dans sa réflexion philosophique : après le temps des lectures hégélienne et heideggérienne, il fréquenta surtout Merleau-Ponty, Levinas et Wittgenstein ; pendant le séjour californien, il se familiarisa avec la philosophie classique de langue anglaise, Hume en particulier, à propos du « croire ». Enfin, son intérêt jamais démenti pour Freud et la postérité diverse de la psychanalyse s'enracinait aussi dans sa fascination de l'autre, d'une « inquiétante étrangeté ».

Ancré au cœur de son interrogation de l'histoire et tout aussi déterminant de sa décision éthique (pour la voie chrétienne), le rapport à l'autre engendrait chez lui un intérêt sans limites pour le pluriel des sociétés, des cultures, des récits et des temps de l'histoire. Aiguisant sa conscience de la particularité des situations et des destins, cette passion de l'altérité avivait, en corollaire, sa perception de la *particularité* du christianisme. Sans cesser d'appartenir à cette tradition, de s'en reconnaître dépendant, de s'y rapporter avec respect et gratitude, il prit ses distances vis-à-vis d'un discours théologique trop prompt à se donner pour universel. « Le christianisme n'est que quelque chose de particulier dans l'ensemble de l'histoire des hommes. » Option « particulière », offerte et ouverte dans « la singularité de la foi », option risquée dans la gratuité d'un acquiescement, comme un geste d'amour fou, visitation d'une « grâce » sans raison ni preuve autre que ce qu'elle fait naître dans le risque d'une vie. Cette foi dépouillée, nue, sans grandes déclarations, visées apologétiques ou leçons de morale, ne ressemblait guère à l'image publique du religieux qui convient aux médias. Elle ne se donnait ni en spectacle ni en exemple, elle ne faisait commerce ni des certitudes d'un discours de vérité (supposé valable une fois pour toutes et pour tous), ni d'assurances sur l'éternité. Elle avait partie liée avec la nuit, le silence, la faiblesse, elle s'aventurait sur « le chemin obscur », « non tracé », « tout intérieur » que cherchait déjà Hadewijch d'Anvers au XIIIe siècle.

« La foi suppose une confiance qui n'a pas la garantie de ce qui la fonde : l'autre. » Elle ne sait ni ne possède ce dont elle est l'objet, ce à quoi elle se réfère. Possibilité toujours offerte et toujours récusable d'un croire et d'un vouloir-croire, elle inspire le « texte fragile et flottant » d'une « écriture croyante », aventure éphémère, écume à la surface de l'océan des jours. Étrangère à toutes les arrogances, cette manière de croire déconcertait ou décevait, par son style réservé et pudique, par la « faiblesse » qu'elle avait pour emblème, comme autrefois Paul (1 Co 1, 26-29). Des mystiques, de ceux-là mêmes dont il avait pris si grand soin à marquer qu'il ne pouvait prétendre leur ressembler, Michel de Certeau concluait, comme pour redire la musique essentielle d'une poursuite sans fin, d'un désir inépuisable : « Est mystique celui ou celle qui ne peut s'arrêter de marcher et qui, avec la certitude de ce qui lui manque, sait de chaque lieu et de chaque objet que ce n'est *pas ça*, qu'on ne peut résider *ici* ni se contenter de *cela*. » Sans le savoir, sans le vouloir, il traçait de lui-même un portrait tout à fait ressemblant. Plus d'un, à sa rencontre, fut en silence comme ébloui [20]. Feux de l'intelligence et feux de l'âme, il y avait du Pascal en lui.

---

20. Gwendoline Jarczyk, « Un mystique qui s'ignorait », in *La Croix*, 11 janvier 1986, texte consacré à Michel de Certeau, au lendemain de sa mort.

Les textes réunis dans ce volume, sous un titre emprunté au chapitre 11, voudraient restituer quelques moments d'une trajectoire de pensée et de vie. Dans une œuvre abondante (dont le soin m'a été remis par l'auteur), j'ai retenu quelques textes rangés par ordre chronologique. Si, après 1974, sur la foi et le christianisme, les articles se font rares, cela tient au fait que tout son travail d'écriture fut alors concentré sur des tâches précises, où la question de Dieu, du croire et de la tradition chrétienne était reprise par d'autres voies. Il y eut d'une part l'écriture, plusieurs fois recommencée, du tome 1 de *la Fable mystique* (1982). Le tome 2 devait, en principe, être achevé pendant l'été 1985, que la maladie vint soudain occuper. Or, dans ce traitement des mystiques, toute une conception de l'aventure chrétienne était mise en jeu et à l'épreuve. De plus, dès 1976, fut commencée en parallèle une « anthropologie du croire », dont des fragments furent rédigés et publiés ici ou là (avec d'autres pièces du même dossier restées inédites, il avait en projet un volume dès 1984). Ce furent aussi les années d'enseignement à l'étranger : Genève d'abord, en 1977-1978 ; la Californie ensuite, de 1978 à 1984. Consacrées à d'autres thèmes, elles donnèrent lieu à la publication de nombreux articles. Enfin on ne saurait oublier le coût, aux USA, du passage par une langue seconde et la nécessité d'y prendre ses repères dans un autre contexte culturel.

L'ordre adopté permet de suivre la pensée dans son déploiement, à mesure qu'elle s'approfondit, se libère, trouve sa distance critique, son registre propre et sa tonalité : « ... l'œuvre naît au moment où elle se ferme. Elle est désormais ce qu'elle dit et rien d'autre, parole pleine qui ne se rapporte qu'à elle-même, ne repose que sur elle-même[21]... » Une seconde intention a guidé la composition de ce recueil : illustrer les divers domaines de travail et de réflexion traversés, montrer comment la pensée s'approprie des matériaux relevant de la patristique (chapitre 1), de la théologie (chapitre 2), de la tradition ignatienne (chapitre 3), d'une

---

21. Claude Lefort, « Postface », *in* Maurice Merleau-Ponty, *Le Visible et l'Invisible*, Paris, Gallimard, « Bibliothèque des idées », 1964, p. 337. Sur ce même livre, voir Michel de Certeau, « La folie de la vision », *in Esprit*, juin 1982, n° intitulé *Maurice Merleau-Ponty*, p. 89-99.

anthropologie politique et sociale, sans se séparer de l'actualité (chapitres 4 à 6, qui se rapportent respectivement à la
France, au Brésil et aux USA), ni de l'ensemble des sciences
humaines et sociales (chapitres 7 et 8), en référence à ce qui,
de plus essentiel, oriente « l'itinéraire d'une âme à Dieu »
comme disait le Moyen Âge (introduction et conclusion).

Le hasard fit que, pour les éditions du Seuil déjà, j'avais
travaillé en 1972 et 1973 avec Michel de Certeau à un projet
de recueil voisin de celui-ci, auquel il avait donné le titre provisoire de « la Fable chrétienne ». Cet ouvrage ne fut jamais
réalisé, parce que lui-même répugnait à republier des textes
antérieurs sans les retravailler : il remaniait, corrigeait,
complétait, car aucune formulation ne le satisfaisait, d'où
ainsi le très long engendrement de *la Fable mystique*, livre le
plus aimé, le plus travaillé, dont j'ai connu cinq ou six ver-
sions. Fin 1973, il préféra se consacrer, mis à part l'histoire
des mystiques qui sans cesse l'accompagnait, à d'autres travaux : *L'Écriture de l'histoire* (1975), le dossier à trois
devenu *Une politique de la langue* (1975), etc. De l'ancien
projet inabouti, dont j'ai retrouvé dans ses papiers les états
successifs, j'ai conservé ici la plus grande partie. Cependant,
quelques textes ont dû être écartés pour faire place à la production postérieure à 1973.

Les articles repris le sont dans leur intégralité, à l'exception du chapitre 11 sur lequel je reviendrai plus loin. J'ai établi le texte avec soin, d'après le manuscrit dactylographié,
quand il avait été conservé (cela vaut pour la seconde moitié
du volume), à défaut sur l'exemplaire imprimé que détenait
l'auteur et sur lequel, à l'occasion d'une relecture, d'une discussion avec un ami, il notait des corrections, additions,
modifications. J'ai suivi ces indications secondes quand leur
sens m'a été clair, j'ai aussi corrigé quelques fautes d'impression manifestes. Quand il m'a semblé utile d'apporter
une précision, souvent une date, j'ai inséré cette addition
entre crochets. Dans les notes, j'ai harmonisé les références
aux écrits de l'auteur en renvoyant chaque fois à la dernière
édition disponible [22].

22. Cette nouvelle édition du recueil ne diffère de la précédente, parue en
1987 dans la collection « Esprit », que par des corrections de détail quant aux
textes de Michel de Certeau. Dans mon introduction, j'ai supprimé l'annonce
d'un petit volume à paraître sur « l'anthropologie du croire » (auquel j'ai

En introduction, seul manquement au rangement chronologique, « Réflexions sur un personnage énigmatique », in *Informations catholiques internationales*, n° 381, 1ᵉʳ avril 1971, p. 15-16. Au titre choisi par la rédaction de la revue, j'ai substitué une formule prélevée dans le corps du texte. Il s'agit d'un sermon prononcé pour les « grands vœux » de trois jésuites (église Saint-Ignace, Paris, février 1971). L'un d'eux devait, à son tour, avoir à prononcer dans le même lieu le sermon d'adieu à Michel de Certeau (13 janvier 1986).

Au chapitre 1, « L'homme en prière, cet arbre de gestes », in *Bulletin du cercle saint Jean-Baptiste*, n° 28, février 1964, p. 17-25.

Au chapitre 2, « Cultures et spiritualités », in *Concilium*, n° 19, novembre 1966, p. 7-25.

Au chapitre 3, « L'épreuve du temps », in *Christus*, t. 13, 1966, n° 51 intitulé *Se dire aujourd'hui jésuites*, p. 311-331. Au titre d'origine a été substitué celui que l'auteur lui avait attribué dans le projet de 1972.

Au chapitre 4, trois articles se faisant suite dans la même revue : A. « Structures sociales et autorités chrétiennes », in *Études*, t. 331, juillet 1969, p. 134-148 ; B. Même titre, *ibid.*, août-septembre 1969, p. 285-293 ; C. « Autorités chrétiennes », *ibid.*, t. 332, février 1970, p. 268-286. Il s'agit d'une commande sur le thème de « l'autorité » faite par Bruno Ribes, directeur de la revue, à trois collaborateurs réguliers. En raison de sa longueur, la réponse de Michel de Certeau fut découpée en trois livraisons. On en complétera la lecture en se reportant à deux autres pièces du même dossier : d'une part Henri de Lavalette, « Aperçus sur l'autorité de l'Église et l'autorité dans l'Église », *ibid.*, t. 330, janvier 1969, p. 59-67 ; d'autre part, Louis Beirnaert, « Note sur l'autorité de l'autorité », resté inédit, publié dans son recueil posthume *Aux frontières de l'acte analytique*, Paris, Seuil, 1987, p. 112-115 – deux « compagnons » qui devaient précéder de peu Michel de Certeau dans la mort, Beirnaert, le plus âgé, en avril 1985, Lavalette, son contemporain, en novembre 1985.

Au chapitre 5, « Les chrétiens et la dictature militaire au Brésil », in *Politique aujourd'hui*, novembre 1969, p. 39-53.

---

renoncé comme tel), modifié les quelques lignes sur « la rupture instauratrice » et ajouté la note 23 à son propos.

Michel de Certeau avait rapporté du Brésil le premier dossier
de documents établissant le recours à la torture, ce qui lui
valut d'être pendant quelques années interdit de séjour dans
ce pays. Mais, disait-il en riant, il avait alors « découvert un
usage positif d'un nom à particule, composé de plusieurs
patronymes » ; contrairement à son habitude, il en utilisa
alors la première partie et put obtenir son visa d'entrée sans
coup férir.

Au chapitre 6, « Conscience chrétienne et conscience politique aux USA. La conspiration des pères Berrigan », in
Études, t. 335, octobre 1971, p. 353-370. Le titre a été raccourci. Le hasard l'avait servi, en le faisant inviter à ensei-
gner à Berkeley au plus fort de la contestation étudiante
contre la guerre du Vietnam.

Au chapitre 7, « La rupture instauratrice ou le christianisme dans la culture contemporaine », in *Esprit*, juin 1971,
p. 1177-1214. Le titre a été abrégé. Ce texte a une histoire à
part. Depuis 1964, Michel de Certeau assurait un séminaire
de doctorat en théologie à l'Institut catholique de Paris, sans
avoir lui-même de doctorat en la matière (il avait obtenu un
doctorat en sciences des religions à la Sorbonne, en 1960,
pour ses recherches sur Pierre Favre). On lui demanda de
régulariser la chose, en soutenant un doctorat sur travaux, à
partir de ses nombreuses publications sur Surin et l'histoire
de la mystique, en ajoutant, pour la circonstance, un texte
inédit qui expliciterait ses conceptions théologiques. Dans ce
but, il rédigea cette « rupture instauratrice », un texte de
méthode et de principes ; l'ensemble proposé déplut aux rap-
porteurs désignés par l'institution. On lui suggéra de propo-
ser un autre dossier de textes[23]. Il fit savoir qu'il n'avait

23. Je suis le récit que me fit Michel de Certeau en 1973, quand nous reli-
sions ensemble ses « lieux de transit » (qui constituent ici le chapitre 8).
Claude Geffré, alors professeur de théologie à l'Institut catholique et chargé
de cette affaire, en a donné plus tard une version institutionnelle qui mini-
mise le rôle de cette « rupture instauratrice » et reporte de façon erronée sa
publication à 1973 : voir « Le non-lieu de la théologie de Michel de Certeau », *in* C. Geffré (éd.), *Michel de Certeau ou la différence chrétienne*,
Paris, Cerf, 1991, p. 165, 171. Les informations détaillées réunies par François Dosse, *Michel de Certeau. Le marcheur blessé*, Paris, La Découverte,
2002, p. 362-365, 368, éclairent le déroulement de toute l'affaire, elles corro-
borent le récit abrégé que j'avais reçu du principal intéressé.

guère le temps ou le goût de se livrer à ce genre d'exercice, publia cette « rupture » telle quelle sans rien dire de ses conditions de naissance, passa à d'autres travaux et continua à assurer ledit séminaire jusqu'à son départ en Californie (septembre 1978).

Au chapitre 8, « Lieux de transit », in *Esprit*, février 1973, p. 607-625. Il exista d'abord une version plus longue, d'environ un quart, mais je ne l'ai pas retrouvée. Paul Thibaud, alors rédacteur de la revue, m'avait chargée de raccourcir le texte, en accord avec l'auteur : c'étaient les premiers temps de ma présence au comité de rédaction de la revue, je me souviens d'avoir vivement défendu ce texte contre la volonté du rédacteur, toujours désireux de « gagner de la place ».

Au chapitre 9, « La misère de la théologie, question théologique (note discutable et à discuter) », in *La Lettre*, n° 182, octobre 1973, p. 27-31. Le titre a été raccourci, on y reconnaîtra bien sûr l'écho du titre de Marx, *Misère de la philosophie* (1847), dirigé contre Proudhon et sa *Philosophie de la misère* (1846).

Au chapitre 10, un texte resté inédit dans sa forme complète et dont l'histoire est particulière. Après le débat radiodiffusé entre Michel de Certeau et Jean-Marie Domenach, alors directeur d'*Esprit*, sur « Le christianisme, une nouvelle mythologie ? » (France-Culture, mai 1973), je suggérai aux deux interlocuteurs d'en tirer un petit volume, chacun corrigeant la transcription de ses propres répliques et ajoutant une courte postface à la discussion. Mais celle de Michel de Certeau prit de l'ampleur. Pour ne pas déséquilibrer le volume prévu ou obliger à y renoncer, il accéda à ma demande de prélever quelques passages pour constituer une brève postface. Ce montage, intitulé « Comme une goutte d'eau dans la mer », parut in *Le Christianisme éclaté*, Paris, Seuil, 1974, p. 79-99. Mais je gardai en mémoire ses réticences et l'impression d'avoir fait tort à son texte. En 1985, j'eus l'occasion de relire la version intégrale, elle me sembla avoir gardé sa force et son intérêt, et je lui proposai d'en négocier avec l'éditeur la publication. L'hypothèse lui sourit, mais la maladie arriva alors.

Au chapitre 11, « La faiblesse de croire », in *Esprit*, n° intitulé *Les Militants d'origine chrétienne*, avril-mai 1977, p. 231-245. Une bonne part de cet article provenait du texte inséré au chapitre précédent, mais avec des omissions diverses. J'ai choisi de donner au chapitre 10 la version complète du texte écrit en 1974, ce qui fait que ce chapitre-ci est réduit aux quelques pages composées spécialement pour l'article de 1977.

En conclusion, « Extase blanche », in *Traverses*, n° 29 intitulé *l'Obscène*, octobre 1983, p. 16-18. Ce texte court, écrit d'un trait, l'auteur hésita à le publier. Il me le donna à lire, je fus saisie d'une évidence : ce poème mystique annonçait la venue proche de l'ange de la mort. Plus tard, je compris que l'introït de *la Fable mystique* le disait déjà d'une autre manière : « Cette clarté (...) serait peut-être l'éclat même d'un désir venu d'ailleurs. Mais elle ne se donne pas au travail ni à l'âge. Elle est testamentaire : c'est un baiser de la mort. »

Luce Giard

Une figure énigmatique

L'actualité donne à la vie religieuse une physionomie nouvelle. Les religieux et les religieuses héroïques, vénérables, odieux, ou exceptionnels, peuplent l'histoire. Mais désormais ils semblent avoir pour trait commun d'étonner. Comme le prêtre, quoique pas tout à fait pour les mêmes raisons, le religieux *intrigue* plus qu'il ne provoque la crainte ou le respect. Il rejoint le sauvage ou le sorcier dans le folklore propre à la France de l'intérieur. Son personnage a valeur d'énigme plus que d'exemple. Il a la figure de l'étrangeté, mais une étrangeté ambiguë qui désigne tour à tour un *secret* important et un *passé* révolu. Il fascine comme quelque chose de caché, en même temps qu'il a le statut d'un objet périmé, telle une relique de sociétés disparues. Cette figure énigmatique, qui est-ce ?

Il n'y a de réponse que celle qui vient d'une nécessité interne. Car la vie religieuse ne reçoit pas du dehors sa justification. Elle n'a pas pour raison d'être une utilité sociale. Pas davantage un conformisme, comme s'il lui fallait être bien « adaptée », couleur muraille. Elle n'est pas non plus la simple conséquence d'une doctrine. Ce qui la définit, ce n'est pas le bénéfice de la société ou le profit qu'en tirerait le religieux, mais un acte : l'acte de croire.

Le poète n'écrit pas pour avoir un public ou à cause des rentes que lui vaudra peut-être son livre. Il lutte et il joue avec les mots par nécessité, *parce qu'il ne peut pas faire autrement*. Sans doute faut-il d'abord en dire autant du religieux, comme du croyant ou de bien d'autres « vocations ». Le religieux *ne peut pas vivre sans cela*, quels que soient les risques ou les modes de vie qu'entraînera cette reconnaissance, quelles que soient aussi les formes nécessairement particulières – psychologiques, intellectuelles, socioculturelles – que prend cette urgence.

Il a découvert « quelque chose » qui ouvre *en lui* l'impossibilité de vivre sans cela. Cette découverte est parfois cachée dans le murmure continu des jours ; d'autres fois, au contraire, elle en brise la chaîne par la surprise d'un silence ou d'un choc. Peu importe. L'expérience tient à une parole, ou à une rencontre ou à une lecture qui vient d'ailleurs et d'un autre et qui pourtant nous ouvre à notre propre espace et nous devient l'air sans lequel nous ne pouvons plus respirer. Ouverture et blessure à la fois, elle tire de nous une irréductible, exigeante et modeste confession de foi : « Sans toi, je ne puis plus vivre. Je ne te tiens pas mais je tiens à toi. Tu me restes autre et tu m'es nécessaire, car ce que je suis de plus vrai est entre nous. » La prière avant la communion, pendant la messe, dit avec force et pudeur le sens de cet acte de croire : « Que jamais je ne sois séparé de toi. »

Cette expérience, le religieux la choisit pour place. C'est là qu'il s'installe et c'est là-dessus que, pour parler comme l'Évangile, il bâtit sa maison. Il mise socialement et publiquement sur ce numéro-là. Tel est son lieu d'élection – un lieu, de fait, bien étrange et bien fou, comme chaque fois qu'il s'agit d'amour. La décision d'être toujours, le plus possible, au plus près de cet acte peut recevoir beaucoup de modalités différentes. Elle se trouve chez des croyants ou chez des hommes qui ne se posent d'aucune manière le problème de Dieu. Elle a des formes « religieuses » et d'autres, chrétiennes, mais sans la transcription publique et sociale que lui donnent des religieux. Dans sa particularité, la vie religieuse comporte, je crois, deux éléments complémentaires. D'une part, c'est un *geste* ; d'autre part, c'est un *lieu*. Le geste, c'est de *partir*, et on n'en a jamais fini. Le lieu, c'est une *pratique communautaire*, un partage actif, l'instauration d'un « faire ensemble », et cela aussi est toujours à reprendre.

Partir, cela signifie rompre avec le siège pour se mettre à avancer, faire un pas de plus pour avancer, ne pas se fier au support des mots bien garantis pour les confronter ou les conduire à une pratique, ne pas confondre la foi avec la solidité des institutions assises, préférer à l'opulence des apologétiques ou des installations la pauvreté du voyage. Aujourd'hui, la promesse des « vœux » est un geste de départ ; elle consiste à passer un seuil, et à tenir ce geste même comme un mode de vie, comme ce qui devra être incessamment refait, demain, après-demain, en d'autres jours et sur d'autres modes.

Mais ceci n'est possible qu'ensemble, dans une *pratique communautaire*. Le départ entraîne ailleurs, vers l'espace illimité, infini, qu'ouvre l'expérience de la foi ; mais il n'a de réalité que dans le vis-à-vis, dans l'échange et le partage. Les autres sont nos véritables voyages. Aussi la pratique de la communication est-elle le lieu *réel* de la vie religieuse. Chaque départ change, élargit, renouvelle ce lieu, qui reste pourtant la référence et l'enjeu d'une vérité qui n'appartient à personne en particulier. La communauté est finalement la règle de tous les gestes qui semblent d'abord la menacer : la relation est la loi, dans la vie du groupe comme dans l'expérience de la foi. Il n'y a plus de place ici pour l'individualisme qui accorde à un homme seul le privilège de définir la vérité en devenant le propriétaire, l'ermite ou le tyran du groupe. La vérité religieuse ne se capitalise pas. Elle ne peut que se partager. Elle partage. Aussi la pratique communautaire consiste-t-elle à faire ensemble cette vérité et à miser en commun sur l'acte de croire. Celui qui pense pouvoir être séparé de ses frères sans être séparé de Dieu, ou qui croit détenir ses frères sans faire de Dieu sa propre idole, celui-là se trompe et n'est plus religieux. Aussi le départ, aujourd'hui professé par des vœux, a-t-il pour lieu nécessaire une « congrégation » de ce risque, une communauté qui rend possibles des voyages réels et qui doit être constamment changée par eux.

L'entreprise est téméraire, mais pas plus que les folies discrètes qui conduisent à travers le temps : l'amour, l'aventure scientifique ou l'invention poétique des choses. Elle est la folie qui se fragmente dans la quotidienneté de la vie et qui suscite, renouvelle ou déplace les raisons de chaque travail. Aujourd'hui, les « vœux » n'en sont qu'une marque, même s'ils engagent l'avenir. Il en va de cette promesse comme de ce que l'Évangile nous dit de Siméon : ce « vieillard » vient de très loin, d'une attente bien plus ancienne que lui. Il sort de la nuit d'un espoir millénaire, quand il découvre l'enfant, mais cette arrivée est un commencement, le terme heureux d'un cheminement qui trouve son accomplissement avec un nouveau départ. Ce jour de profession solennelle s'inscrit aussi dans la longue histoire qu'elle change. C'est une marque sur le temps, avec la couleur d'une fête. En vérité, cette trace présente d'une confession de foi désigne quelque chose qui nous échappe davantage : un désir inguérissable, irréductible. De ce désir, tour à tour, nous osons ou nous n'osons plus avouer l'ambition démesurée ; nous savons ou nous ne savons plus bien en dire le nom propre. Mais reste la prière qui toujours peut répéter : « Que jamais je ne sois séparé de toi. »

I

Lire une tradition

1

L'homme en prière,
« cet arbre de gestes »

La prière se crée un espace sacré : « cercle de l'oraison » (*inclusio in circulo*) des moines de l'antiquité chrétienne, cercles (*mandala*) dans lesquels est introduit le néophyte indien, église destinée à rassembler les fidèles autour de l'autel, cellule où le moine recueille ses facultés au « centre ». La prière organise ces espaces avec les gestes qui donnent à un lieu ses dimensions et à l'homme une « orientation » religieuse. Elle meuble cet espace d'objets mis à part, bénis et consacrés, qui épellent son silence et deviennent le langage de ses intentions. On pourrait dire encore – mais nous ne nous en occuperons pas ici – que, dans l'oraison, les sentiments constituent aussi une topographie : la prière privilégie certains aspects et certaines manifestations de la vie psychologique ; elle construit de la sorte, grâce aux comptes rendus de tant d'itinéraires spirituels, une « carte » analogue aux « cartes du tendre » dessinées d'après les aventures de l'amour.

Ponctuant l'uniformité de l'espace, la prière a des lieux propres et des attitudes définies. De telles déterminations étonnent. L'orant n'a-t-il pas à reconnaître, par tout ce qu'il est, que Dieu est tout ? Circonscrire le culte, n'est-ce pas nier ce projet, en réduisant l'aire des interpellations divines et des réponses humaines à la propriété privée que délimitent ces frontières ? Lui fixer un geste, n'est-ce pas le paralyser ? De fait, ce qui ne peut être qu'universel dans son intention n'apparaît que sous la forme de la particularité. De ce point de vue, la prière est paradoxe. Mais son acte dévoile la signification du paradoxe : le geste est esprit. Si la prière aspire à rencontrer Dieu, le rendez-vous se situe toujours sur les terres de l'homme, au croisement de son corps et de son âme.

Gestes de la prière

Le samedi soir, debout, le moine Arsène « abandonnait le soleil derrière lui, tendait les mains vers le ciel, priant jusqu'à ce que le soleil se lève devant lui. Alors seulement il s'asseyait [1] ». Littéralement, il « rejette » dans son dos le soleil qui choit et, luttant contre la nuit, droit sur ses pieds, il lève les mains vers le point de l'horizon d'où la lumière, comme une réponse, viendra saisir ses paumes ouvertes. Entre le soir et le matin, entre le haut et le bas, entre ce qui meurt et ce qui naît, il n'est qu'un geste d'attente et un corps fatigué par le désir. C'est l'homme en prière, tel un arbre entre ciel et terre. Qu'a-t-il besoin de parler ? Le bois de la croix, corps immobile dans le silence nocturne, sera demain couvert de la gloire du ressuscité. Alors ce sera l'heure du repos.

« Fils d'homme, tiens-toi sur tes pieds : je vais te parler » (Ez 2, 1). L'orant se met donc *debout*, levé vers le haut ; le stylite, ascète de l'attention, fait ainsi de son corps, qui prolonge l'élan de la colonne, le cri sans voix qu'attire jusqu'à soi le Dieu qui descend. Chose entre les choses, le corps devient axe du monde. Mais, jetée vers le ciel par la prière qui répond à l'appel divin, la colonne vivante reste inachevée : ces hommes dressés ne sont encore que des pierres d'attente et désignent seulement le lieu d'où leur viendra l'achèvement.

Dieu se trouve aussi « dedans ». Fidèle, le corps qui se déployait vers le ciel se rassemble donc vers son centre, comme celui de la femme sur l'enfant qu'elle porte. D'après I. Hausherr, il se passa une révolution le jour où le père spirituel dit à son disciple : « Quand tu veux prier, *assieds-toi.* » Mais, pas plus que la « station » debout, l'attitude du recueillement corporel n'est un décor de l'âme ou un simple commentaire physiologique. C'est la prière même, non plus tendue vers le haut, mais groupée autour de ce qui l'inspire : une concentration où le désir entoure physiquement son objet sans jamais pouvoir l'atteindre. L'attitude de l'hésychaste, comme celle du stylite, est construite par une présence qui pourtant ne peut jamais être possédée. Ce ne serait pas assez

---

1. *Patrologie grecque* 65, 97.

dire qu'elle accompagne une intériorisation de la prière ; elle est le mouvement même de revenir au centre. La posture sur la natte, la position des mains, la fermeture des yeux, etc., autant de gestes qui disent la conversion vers le cœur ; ils forment le vocabulaire d'une assurance : la grotte du corps est faite pour le Dieu qui naît dans le secret, apaisant le désir sans le rassasier, captivant tout l'homme sans jamais lui appartenir.

Dieu est au-dessus, à l'intérieur, mais encore devant. La prière est donc aussi *prosternation*, comme jadis pour Abraham devant ses hôtes mystérieux (Gn 18, 3), comme pour les « mages » devant la crèche (Mt 2, 11) : Le fidèle « fléchit les genoux devant le Père » (Ep 3, 14) ou réitère ces « métanies » qui, tant de fois, aujourd'hui comme hier, inclinent le moine vers les signes que Dieu lui offre de sa présence. Il tombe sur la face, il reste à genoux, il se met de toute sa longueur dans l'une des « treize attitudes de prière » chères à saint Dominique[2]. Ou bien encore, il se laisse emporter par un rythme d'exultation, telles ces carmélites espagnoles qui dansaient devant le Saint Sacrement, chantant et frappant des mains, au grand étonnement de leurs compagnes françaises[3]. Mais quoi ! l'*Hymne de Jésus* donné par les *Actes de Jean* ne montre-t-il pas le Seigneur conduisant lui-même, à la Cène, une danse solennelle et cosmique : « La grâce danse... Dansez donc tous, joignez-vous à ma danse[4]. » L'orant prie « à corps perdu », soulevé par la supplication, prosterné par l'adoration, ou même saisi par une sainte chorégraphie.

Les mains, elles aussi, disent la prière. Faites pour le soc, la machine à écrire ou la fraiseuse, comment ne continueraient-elles pas, dans l'oraison, de lier l'homme à celui qui l'entoure ? Tant de fois déjà l'intériorité a été expliquée comme un poème des mains ! Tels, dans l'iconographie indienne et chinoise, ces gestes des *boddhisattva* : la méditation, ce sont des mains dans le giron, l'une sur l'autre, paume en dessus ; l'adoration, ce sont des mains jointes, paume à

2. Balme et Lelaidier, *Cartulaire ou Histoire diplomatique de saint Dominique*, t. 3, p. 276 et s.

3. Henri Bremond, *Histoire littéraire du sentiment religieux en France*. Paris, t. 2, 1928, p. 312-313.

4. *Dictionnaire d'archéologie chrétienne et de liturgie*, t. 4, col. 248-249.

paume, etc. Comme les voix, les mains ont des tonalités et
des sens différents pour parler à Dieu. Celles du chrétien tracent sur le corps la graphie de la croix ; reproduisant le cérémonial qui engageait le féal au service de son seigneur, elles
se joignent pour être prises par les mains de Dieu ; elles se
croisent, comme désoccupées du monde où elles se mou-
vaient, pour assembler une supplication qui n'a pas d'interlocuteur visible ; elles sont levées : « Je veux te bénir en ma vie,
à ton Nom élever les mains » (Ps 62, 5). Elles s'étendent,
comme celles du crucifié, pour une oblation qui refuse les
restrictions[5]. « Mon âme est recueillie entre mes mains »
(Jb 13, 14). Mets-les devant toi, recommande Syméon le
Nouveau Théologien : elles te diront le mal que tu as fait et tu
seras dans l'attitude du repentir ; mets-les derrière toi, et tu
seras un condamné devant le Juge miséricordieux[6]. Est-ce
théâtre et comédie ? Non, tout au contraire, vérité devant
Dieu, avec tout ce qui peut l'exprimer. « Le sensible est la
cause du conceptuel, dit Philoxène de Mabboug ; le corps est
la cause de l'âme et la précède dans l'intellect. » Les mains
portent en elles une intelligence des choses quotidiennes et
savent des tendresses ou des labeurs qui n'ont pas de nom ;
elles ont aussi la capacité de dire ce pour quoi l'intellect n'a
pas encore ou n'a plus de vocabulaire. Elles ne serrent que le
vide ; ce qu'elles désignent pourtant n'est pas une absence,
mais une aspiration ou une certitude de la foi.

Un discours de gestes

« Comment devons-nous prier ? – Il n'est pas nécessaire
d'user de beaucoup de paroles, répondait Macaire. Il suffit de
tenir les mains élevées[7]. » Pour trouver le Vivant qui habite
l'espace entier, l'orant ne peut utiliser les mots habiles à cap-
ter des complaisances humaines et les idées qui lui soumet-
tent les choses. Comment prendrait-il Dieu dans le filet de ses
pensées d'homme ? Dépouillé de cet habit qu'il s'est taillé
dans le langage humain, il se tient donc là, pauvre de savoir,

---

5. Maxime de Turin, *Patrologie latine* 57, 342.
6. *Catéchèses* 30, 7.
7. *Patrologie grecque* 34, 249-250.

riche de ce qu'il espère, dans une vigilance physique où l'âme est le sens tacite du langage corporel. Ainsi l'hémorroïsse se contentait de toucher le vêtement du Maître ; la pécheresse, de répandre le parfum précieux et d'essuyer les pieds du Seigneur ; l'aveugle-né, de se prosterner.

Pourquoi faudrait-il « beaucoup de paroles » ? La mère n'en a pas besoin pour se rappeler l'enfant qui l'habite, ni les époux pour doubler ce que leurs corps ont appris. Inutile de produire tant d'idées, de considérants et de discours ! Intense, la prière du corps découvre le repos dans l'abandon ; désarmée, elle est une quête et une attente, comme on s'assied auprès d'un malade, comme on esquisse un geste après une brouille. En devenant plus cérébrale, l'oraison a peut-être des prétentions plus hautes ; a-t-elle plus de vérité ? Elle se croit plus universelle ; en est-elle plus totale ? Elle pense plus de choses à propos de Dieu ; mais lui parle-t-elle mieux ? L'humble offrande corporelle est déjà don total : « Voici mon corps » qui devance comme une proue l'élan du cœur et que suivent, bien rangées, des pensées toujours inégales au geste de l'espoir ou de la démission. Peut-être, d'abord, les mots manquent parce qu'ils sont en retard. Mais vient le jour où ils manquent parce qu'ils sont épuisés : l'orant *n'en a plus*, – ou de très simples, dépouillés de toute arrogance, liés à la vie d'amour comme son souffle : « Je t'aime », « Aie pitié », « Viens, Seigneur »... Un bruissement du cœur dans le silence du corps.

Nombreuses sont les « contenances en l'oraison, comme de tenir tantôt les mains croisées sur l'estomac, tantôt jointes, tantôt bandées, tantôt être debout, tantôt à genoux sur un genou, tantôt sur l'autre[8] ». Aucune d'entre elles ne suffit. Chacune a son sens, mais ne dit pas tout, ni assez. Dans le langage, un mot en appelle d'autres pour que le mouvement de l'esprit se décrive en son entier ; cette prière a aussi un cheminement propre. L'orant est un pauvre. Il suit de ses gestes le Vivant qui les éveille. Il modèle son corps sur les lieux de son désir, mais il va toujours plus loin. Il cherche à tâtons, de ses mains jointes ou levées, le Dieu insaisissable qui s'absente des premiers rendez-vous. Il passe lentement de

---

8. François de Sales, *Œuvres*, t. 14, p. 237.

geste en geste, et avance dans la prière comme le pèlerin qui
multiplie et répète les différentes postures de la marche.

L'ouvrier spécialiste réitère bien souvent les mouvements
qu'a stylisés une tâche précise et qui, nécessaire chacun,
pourtant successifs, ne définissent pas seulement un travail,
mais *sont* l'homme au travail. De même, l'orant refait le
cycle, jamais clos, des attitudes dans lesquelles, tour à tour, il
s'engage et se repose, comme s'il pesait de tout son corps à
chaque pas de cette déambulation processionnelle. Instant
après instant, il ne peut être autre chose que *ce* pas ; mais son
pas sera suivi d'un autre, lui aussi réalité de la prière, et qui
révélera l'insuffisance du précédent. La prière n'est ni extérieure, ni non plus identifiable à l'un d'eux. Elle est leur succession : un discours de gestes. Bien sûr, elle comporte
également les paroles qui s'adressent à Dieu. Mais des mots
aux gestes, s'opère un passage aussi nécessaire que d'un
geste à l'autre : ils sont tous des moments dans l'itinéraire où
se succèdent rencontres et dépossessions. Pour n'être pas
magique, le geste a besoin de la parole qui en fait un appel ou
une récollection. Inversement, pour n'être pas une illusoire
capture de l'esprit ou une course abstraite et désespérée, le
langage requiert une résidence et une épiphanie physiques,
formées de ce corps opaque où la vie s'enracine et se manifeste, modelées par les travaux et les amours quotidiens, et
ajustées à la rencontre de l'Homme-Dieu en ce monde.

L'orant marche donc vers Dieu. Avec le mince bagage de
ses gestes et de ses mots, il poursuit son humble pèlerinage.
De ce point de vue, la succession des postures et des pas, sur
cette route, implique la négation de chaque posture : non,
Dieu n'est pas là, mais ailleurs, toujours plus loin, dit en
d'autres vocables, recueilli en d'autres « contenances ». Le
geste n'est pas une localisation de l'Absolu. Mais il n'est pas
non plus le simple moment d'un départ. Déjà, il est accueil et
réponse, en même temps que désir et attente. Il saisit dès
maintenant ce qu'il doit encore chercher. L'orant trouve dans
son geste – que d'autres suivront – le Dieu déjà venu au-
dedans, déjà descendu des hauteurs, déjà manifesté dans sa
gloire, de sorte qu'il peut énoncer avec chaque terme de son
vocabulaire corporel : *Dieu est là aussi*. Il se lève, il part, il
va, il court *vers* Dieu ; mais il est aussi *en* Dieu, il le prend

dans ses mains vides, il le reçoit sur ses paumes ouvertes, il le contient dans la cellule de son corps.

Si donc la prière est voyage corporel vers l'au-delà, elle est également prégnation du sens et reconnaissance réelle du Présent. Aussi la suite des gestes prend-elle une allure circulaire. Le voyage est défini par un déambulatoire et s'accomplit autour de l'autel. Tous les pas disent une Présence ; aucun ne lui est identique, aucun ne se pose au lieu saint et définitif. La méditation s'achemine, comme la procession des Hébreux autour de Jéricho (Jos 6) : sûre de celui qu'elle ne quitte pas, et pourtant sans jamais pouvoir passer les murs de sa transcendance. Elle avance, captivée par son centre, mais non pas captatrice. Elle tourne autour de Lui, prise dans son orbite, mais elle attend encore, sous la forme de cette répétition et de cette circulation, qu'avec la mort, « le septième jour », tombent les murs et s'ouvrent les portes du paradis où Dieu se donnera totalement à l'âme éblouie d'un corps ressuscité.

L'espace de la prière

La prière a aussi un environnement. Elle s'entoure de choses, termes et repos du geste : le livre, l'icône, le crucifix, les reliques, l'image, et jusqu'à la médaille ou cet outil oratoire magnifiquement identifié comme « prie-Dieu » ; ailleurs, ce seront le *yantra* du yogin, le moulin de prières lamaïste, la clochette ou la natte. Des choses, oui, mais qui appartiennent au geste. L'outil, fait pour la main qui le possède, modelé sur elle, la prolonge, tel un os emboîté dans le précédent. Ainsi l'objet se définit en fonction du mouvement où le corps, lui-même objet parmi les objets, n'est que l'un des termes. La prière édifie un microcosme de relations dont les éléments se forment réciproquement, à la façon dont, sur les plans de l'architecte, le dessin des allées et venues de la cuisinière fixe aux meubles de la cuisine leurs formes et leur emplacement. Cet espace organisé par des mouvements et par l'accord intime des choses avec les gestes, c'est la réalité symbolique de l'oraison ou, comme on l'a dit savamment, son « anthropocosmos »[9]. « Salue la croix, conseille Phi-

---

9. Mircea Eliade, in *Eranos Jahrbuch*, t. 19, 1950, p. 258.

loxène de Mabboug au moine qui veut prier, et prends l'évangile dans tes mains. Place-le sur tes yeux et sur ton cœur. Mets-toi debout devant la croix, sur tes pieds, sans t'asseoir par terre et, après chaque chapitre que tu y auras lu, place l'Évangile sur le coussin et prosterne-toi devant lui jusqu'à dix fois en faisant monter des actions de grâces vers celui qui t'a rendu digne de méditer et de lire "le mystère caché aux siècles et aux générations", selon la parole du divin Paul (Col 1, 26). Grâce à cette adoration extérieure que tu fais devant lui, prendra naissance dans ton cœur cette adoration intérieure, et l'action de grâces qu'une langue de chair ne peut exprimer telle qu'elle est [10]. »

De tous les objets que la prière, tel un arbre, tient dans le réseau de ses gestes, elle fait son dialogue avec Dieu. Le corps symbolise avec les choses bénites et consacrées pour le culte, elles-mêmes « symboliques », instruments microcosmiques, métaphores de gestes. Son insertion dans l'immense puzzle organisé par un ordre mystérieux donne à l'orant une place en un point d'une géographie mystique où chaque lieu de prière est un « centre ». Si, comme les gestes, aucun de ces objets n'est la prière, ils en représentent l'enchaînement et les étapes sous la forme de relations à l'intérieur du monde qui révèle Dieu tacitement. Baisant la croix, prenant le livre ou le déposant sur le trône du coussin, monté sur la colonne ou les genoux posés sur le prie-Dieu et les mains occupées à égrener le chapelet circulaire, l'orant ne prie pas seulement au milieu des choses, mais *avec* elles ; la nature, avec laquelle son corps a partie liée, lui fournit de quoi parler au Père des choses visibles et invisibles ; il se trouve situé physiquement et spirituellement dans le cosmos.

« L'orientation » du corps en prière est caractéristique de cette situation cosmique. Arsène se tournait vers le Levant, et sa prière n'admettait pas n'importe quelle position au milieu de la croix tracée par les quatre points cardinaux. C'était même si essentiel que d'autres n'indiquent plus que cette « orientation » quand ils répondent aux disciples désireux d'apprendre à prier. Ainsi Paphnus à Thaïs : « Tu n'es pas digne de nommer Dieu, ni d'amener le nom de sa divinité sur tes lèvres, et pas davantage de tendre les mains vers le ciel,

---

10. Traduit par P. Graffin, in *L'Orient syrien*, t. 6, 1961, p. 463-464.

car tes lèvres sont pleines d'iniquité et tes mains souillées d'ignominies ; mais contente-toi de t'asseoir et de tourner tes regards vers l'Orient, répétant seulement, sans te lasser : Toi qui m'as façonnée, prends pitié de moi [11]. » Qui ne se sentirait vrai, en refaisant la même prière ? « Nous prions tournés vers l'Orient », dit encore le pseudo-Alcuin [12]. Mais là aussi, rien n'est identifiable au véritable objet de la prière. Ce n'est pas seulement vers Jérusalem que se portent les yeux de l'orant, ou les pas du pèlerin. Au-delà de la ville sainte, si l'on habite plus à l'Est, on regarde encore à l'Orient (et de la même façon, des pèlerinages plus récents multiplient les Jérusalem et créent sans cesse de nouvelles routes pour les itinéraires de la prière). Le chrétien, connaissant *qui* est cet homme né et mort en Palestine, dépasse les points repérables sur une carte pour porter sa vue jusqu'à l'horizon de l'existence, dans la direction qui, en ce monde, désigne l'habitation impossible à situer et le Vivant dont toute créature reçoit, avec le mouvement, son espace. Se tourner vers l'Orient, c'est donc « chercher notre patrie originelle [13] » ; c'est, d'après le pseudo-Alcuin, « se convertir vers la nature plus excellente, c'est-à-dire à Dieu » [14]. Ainsi le font les communautés qui, en priant, ne savent même plus qu'elles sont « orientées » par leurs églises. L'apparente contradiction de cette orientation physique et de son sens mystique exprime simplement le paradoxe de la prière ou, si l'on veut, sa dialectique. Mais le geste qui cherche l'Absolu selon les déterminations de la vie humaine signifie bien plus encore le « paradoxe » de la miséricorde qui s'est donné de tels vis-à-vis : Dieu vient trouver, avec le langage de son humanité, les mains, les visages et les corps qu'il oriente vers lui et qui répondent aux siens.

11. *Patrologie latine* 73, 662.
12. *Patrologie latine* 101, 1245.
13. Basile, *Patrologie grecque* 33, 189 ; voir Grégoire de Nysse, *ibid.*, 44, 1184.
14. *Patrologie latine* 101, 1245.

Une chaîne de gestes

Si le sujet n'avait été abordé ailleurs [15], il faudrait dire encore que le geste est mémoire : il récupère les attitudes millénaires – le baiser au sol, les mains levées ; il recueille les rites de salutation inventés au cours des siècles et devenus hommages religieux – la prosternation du Sémite, le cérémonial du féal. Une longue histoire se récapitule dans la posture de l'orant et fait de lui, dans sa solitude même, un témoin du passé qu'il ne sait plus et des frères que sa prière mentionne sans pouvoir les nommer. Comme son corps dit à Dieu ce que son intelligence est incapable d'exprimer, il dit des hommes ce que sa mémoire n'a pas retenu ; grotte, colonne et « temple du Saint Esprit » (1 Co 6, 19), c'est aussi un reliquaire de l'Homme. Comment s'étonner, dès lors, que les mains jointes de la pauvre femme assise au fond d'une église, ou les mains levées du prêtre debout, ou la prosternation de la carmélite aient tant d'homologues, hindous, kikuyu, égyptiens, – antiques ou modernes ? Tous ces gestes, peut-être originellement destinés aux relations sociales, symbolisent les uns avec les autres et, pour reprendre l'exemple du vieil Arsène, le soleil levant qui les atteint à tour de rôle circule de main en main et les unit par une mystérieuse solidarité.

Ainsi l'humble prière du corps jalonne de ses gestes et de ses choses l'histoire humaine. Et si l'on en croit le plus vénérable des orants, elle survit même à l'esprit après l'avoir souvent devancé : venant voir Paul l'ermite, Antoine le trouva un jour dans l'attitude de la prière, recueilli et immobile ; mais, après un moment, il s'aperçut que son frère était mort et, nous dit sa *Vita*, « il comprit alors que le cadavre même du saint, accomplissant toujours le ministère du geste, priait encore le Dieu pour qui tout reste vivant » [16].

15. Jean Mouroux, « Prière et temps », in *Bulletin du cercle saint Jean-Baptiste*, n° 26, décembre 1963.
16. *Patrologie latine* 23, 27.

2

Cultures et spiritualités

Les études actuellement consacrées à l'histoire de la spiritualité offrent à première vue un paysage assez paradoxal. Deux positions s'affrontent, dont les occupants se situent à l'encontre de ce qu'on pourrait supposer. Mus par des préoccupations religieuses, les uns soulignent la scission malheureuse dont témoignent les spiritualités à l'égard du « monde » et des cultures contemporaines ; ils tendent à chercher hors de ce langage « spirituel », et en tout cas au-delà de cette scission, l'expression authentique de la vie spirituelle. À l'inverse, les historiens qui s'inspirent de méthodes socioculturelles ne partagent pas ces vues, pour eux encore empreintes d'un dualisme dogmatisant ; dans l'ensemble d'un langage et dans la cohérence d'une société, les spiritualités leur sembleraient plutôt une émergence des grands courants obscurs et fondamentaux qui organisent tour à tour des univers mentaux. À vrai dire, d'un côté comme de l'autre, une même visée oriente le regard. Une optique présente définit un rapport au passé. Mais il y faut reconnaître un souci d'ordre spirituel. Toute génération entretient avec les précédentes un débat dont elle fixe elle-même le terrain ; la nôtre pourrait le désigner par les mille avenues orientées vers une « anthropologie[1] » ou une science de l'homme. Où est l'homme, quel est son risque, sa vérité, son histoire ? Cette urgence explique également la distance prise à l'égard de spiritualités suspectées d'avoir méprisé la culture, et le dessein d'y considérer une modalité du langage humain.

Mais cette problématique essentielle se diversifie, car

---

1. Voir Paul Rivet, « Lettre à *Diogène* sur l'évolution du sens du mot Anthropologie », in *Diogène*, nᵒ 13, 1956, p. 140-143.

chaque analyse est nécessairement proportionnée à des précédents, à une histoire qui est l'histoire même de l'enquête et non plus seulement son objet. Aussi varie-t-elle selon que l'historien vient d'un positivisme scientifique qui excluait de son domaine les spiritualités, ou d'un spiritualisme qui voulait y voir les seuls témoignages authentiques sur l'homme véritable. Sous cet angle, l'examen des siècles passés implique un passé immédiat qui est le sien et qui commande (avec une visée anthropologique aujourd'hui commune à tous) une façon particulière d'interroger et donc d'interpréter les spiritualités. Lorsqu'il englobe la littérature spirituelle dans la culture ou qu'au contraire il l'en distingue pour préciser leurs relations, l'examinateur *se* situe par rapport à son propre passé et il *est situé* par lui. Par le souci qui l'habite (et qui est celui de notre temps), par sa façon propre de le traduire dans une méthode (qui se réfère à tel ou tel milieu), il exprime culturellement une question spirituelle alors même qu'il juge de situations plus anciennes et des rapports historiques entre cultures et spiritualités. La formulation de la question appartient donc au problème qu'il nous faut aborder. Elle représente, dans les termes de notre culture, une interrogation sur l'homme. Pour analyser les relations entre cultures et spiritualités, il importe de savoir que notre question est déjà révélatrice de son propre objet. Un examen actuel des liens entre culture et spiritualité peut alors préciser l'analyse des problèmes présents.

1. La spiritualité dans une perspective culturelle

Histoire et culture

La lecture du passé reste toujours question sur le présent. Le fait est constatable dans les deux perspectives que nous avons prises comme points de départ. Chez les uns, l'analyse historique doit saisir *la* conscience qu'une société a eue d'elle-même, et donc l'unicité diversifiée de la symbolique sociale à laquelle se réfère constamment une *Geistesgeschichte :* les multiples aspects de la « communication » culturelle, y compris les spiritualités, représentent ici (à travers les idées conscientes, les structures de la pensée, les postulats sous-jacents ou les formes de la sensibilité) autant de registres dans l'utilisation d'un langage. Tous ces aspects « synchroniques » se réfèrent à la « cohérence » mentale de la *psychè* collective. Réagissant contre une science occupée et quasi obsédée par des « objets » culturels, il y a là une vue qui restitue au langage sa véritable signification ; elle y discerne un échange de biens et de mots, une circulation sociale, un « entre-tien » réciproque qui élabore ses « valeurs » comme des références communes et qui suppose une combinatoire des « centres d'intérêt[2] ». Ainsi se dégage, sous-sol des parlers, une solidarité implicite : dans ce qui est dit, c'est ce qui n'est pas dit ; dans les pensées des hommes, c'est un « *nonpensé* qui, d'entrée de jeu, les systématise, les rendant, pour le reste du temps, indéfiniment accessibles au langage et ouvertes à la tâche de les penser encore[3] ».

Certes, la notion d'une « cohérence » sociale – d'un « complexe », d'une « mentalité » ou d'un « spécifique collectif » – a un caractère « opératoire » ; elle est un instrument d'analyse, de soi ni évident ni clairement défini, mais nécessaire à l'intelligibilité de l'histoire. Elle laisse apparaître une liaison synchronique entre les systèmes mentaux et les spiritualités qui s'y inscrivent. Car avant d'être un refus ou une adhésion, toute réaction spirituelle est un *fait* d'adaptation. Toujours « l'expérience est définie culturellement[4] », fût-elle religieuse. Elle répond et, par là, elle s'ajuste à une situation globale. Les signes mêmes d'une protestation, d'une « rupture » ou d'un « retour aux sources », ont une forme nécessairement relative à une problématique d'ensemble. Dans son « mépris » ou dans son isolement, le fidèle dépend encore de ce qu'il combat ; les nouveautés déterminent ce que, dans les formes d'hier, il va tenir pour immuable et la façon dont il va le vivre ou l'affirmer ; le présent lui fournit les idées qu'il inverse en croyant s'en éloigner.

2. Il suffit de renvoyer ici aux travaux de Claude Lévi-Strauss (en particulier *Anthropologie structurale*, Paris, Plon, 1958, chap. : « Histoire et ethnologie », et chap. : « Langage et société »), ou, dans une optique bien différente, aux exposés d'Alphonse Dupront, par exemple « Problèmes et méthodes d'une histoire de la psychologie collective », in *Annales ESC*, t. 16, 1961, p. 3-11.

3. Michel Foucault, *Naissance de la clinique*, Paris, PUF, 1965, p. xv.

4. M.J. Herskovits, *Les Bases de l'anthropologie culturelle*, Paris, Payot, 1952, p. 17.

Cultures et mouvements spirituels

Chaque culture a donc un excellent « révélateur » dans les grands mouvements spirituels qui jalonnent son histoire. Ce sont les problèmes nouveaux et l'évolution d'une société, ses troubles et ses aspirations qui explosent en de vastes pulsions religieuses. Ainsi, au Moyen Âge, la croisade parcourt et franchit l'espace pour atteindre l'étranger et l'ailleurs de l'histoire ; elle est « sublimation politique », « expression de besoins élémentaires et vitaux de l'être collectif », acte et panique de salut commun[5] ; de même, la valorisation, puis la critique, de la « pauvreté » spirituelle accompagne un déracinement collectif qui renouvelle, puis ébranle, toute une société[6]. Au XVIe siècle, les groupes d'« illuminés » (*Alumbrados, Recogidos* ou *Dejados*), fascinés par l'expérience subjective, sont les témoins du passage qui conduit d'une angélologie et d'une cosmologie à une psychologie religieuse par-delà un désenchantement de la tradition[7]. Au milieu du XVIIe siècle, tandis que la politique se laïcise, la naissance de « sociétés » spirituelles marginales exprime une « vie mystique » qui se distingue des règles objectivement imposées par les institutions chrétiennes ou par le bon plaisir du roi[8] ; elle préfigure la « dévotion » qui réagira au « siècle des Lumières » par des instituts tels que « la congrégation des idiots ». De nos jours, né dans les années immédiatement antérieures à l'indépendance, le mouvement de la Jamaa a la grandeur spirituelle d'*une* heure historique pour le Congo ; il dévoile, par ses traits religieux, les problèmes de la décolonisation au moment précis où elle n'est encore que le contre-pied nécessaire du

---

5. Voir Alphonse Dupront, « La croisade après la croisade », *in* P. Alphandéry, *La Chrétienté et l'Idée de croisade*, Paris, Albin Michel, t. 2, 1959, p. 273-289.

6. Voir les recherches dirigées par Michel Mollat à la Sorbonne depuis 1962 sur « les pauvres et la pauvreté au Moyen Âge » et sur les relations de la spiritualité avec la conjoncture.

7. Voir les nombreuses études de L. Sala Balust, en particulier *En torno al grupo de Alumbrados de Llenera*, Madrid, 1963 ; et les travaux d'A. Selke de Sanchez, in *Bulletin hispanique*.

8. Voir Michel de Certeau, « Politique et mystique. René d'Argenson (1596-1651) », in *Revue d'ascétique et de mystique*, t. 39, 1963, p. 45-82.

temps précédent : les rapports des prêtres et des fidèles sont alors inversés et, à travers eux, ceux du Blanc et du Noir, de l'homme et de la femme, de la technique et des coutumes, de l'institution occidentale et des traditions ancestrales, du notionnel et du « vital », sans qu'une visée prospective puisse encore assumer la conjugaison historique d'un double passé.

Langages spirituels, langages d'un temps

Dans ces divers cas, le langage d'un moment culturel se trouve réengagé dans une position « spirituelle », mais il implique une constellation d'autres modalités, analogues ou différentes, toujours « cohérentes » par rapport au tout. Ce sont les structures d'une société, le vocabulaire de ses aspirations, les formes objectives et subjectives de la conscience commune qui organisent la conscience religieuse et qu'ils [les langages spirituels] manifestent. Un type de société et un équilibre culturel (en y comprenant ces éléments essentiels que sont la signification du pouvoir, la conception sociale du mariage, etc.) se traduisent dans la problématique de l'expérience spirituelle. Bien plus, l'élaboration d'une spiritualité au sein d'un mouvement collectif entraîne à son tour une réinterprétation des notions les plus traditionnelles (celles de père, de mère, d'épouse, de roi, d'amour, etc., mais aussi tout le vocabulaire « spirituel ») : les mêmes mots, les mêmes idées ou les mêmes définitions n'ont donc plus la même portée ni la même fonction dans le langage nouveau où ils sont repris et tous transposés de façon plus ou moins perceptible.

Dans une perspective analogue, comment ne pas voir la cohérence mentale dont témoignent, au XVIIᵉ siècle, l'ébranlement d'une civilisation chrétienne attachée à retrouver des « objets » de certitude et, d'autre part, la glorification du réalisme eucharistique ou le rôle de l'hostie offerte à la vue et au goût ; au XIXᵉ siècle, la société « introdéterminée [9] » fondée sur les principes de l'autonomie morale et, d'autre part, l'intensification de la culpabilité et la place de la confession dans

---

9. En référence aux notions définies par David Riesman, *Anatomie de la société moderne*, Paris, Arthaud, 1964.

la vie religieuse ; au XXe siècle, la structure « extrodétermi-née » d'une conscience tendue vers la socialisation, aiguil-lonnée par l'angoisse d'« être avec », et, d'autre part, la fonction exercée par l'équipe, la rencontre ou le dialogue, jusque dans la communion liturgique ? À ces diverses époques, entre l'audace conquérante de l'explorateur à la recherche de « raretés » et l'itinéraire « mystique » jalonné d'expériences « extraordinaires », entre la mentalité du colo-nisateur et la spiritualité du missionnaire, entre la prise de conscience de la question sociale et la thématique spirituelle de l'ouvrier de Nazareth ou du « pauvre » moderne, n'y a-t-il pas aussi interférences et cohérences ?

Dira-t-on que c'est là ne saisir les choses que par l'extérieur et n'envisager de la spiritualité que le superficiel, avec ces lunettes déformantes que serait une sociologie des religions ou une histoire du seul « sentiment » religieux ? Mais l'essen-tiel n'est point hors du phénomène ; celui-ci, d'ailleurs, est la forme de la conscience ; il structure l'expérience de l'essentiel chez les chrétiens et chez les mystiques eux-mêmes. Pour affirmer un *essentiel* immuable dans l'expérience, il faudrait donc se fier à l'immuabilité d'une part de son vocabulaire. L'histoire et la sociologie nous interdisent une vue aussi superficielle ; elles montrent à l'évidence, pour ces mots eux-mêmes, la muabilité de leur sens et la variabilité de leurs rap-ports. Non, dans chaque spiritualité, l'essentiel n'est pas un *ailleurs*, extérieur au langage du temps. C'est ce langage même que le spirituel prend au sérieux ; c'est là, dans cette situation culturelle, que « prennent corps » son désir et son risque ; c'est par lui qu'il trouve Dieu et le cherche encore, qu'il exprime sa foi, qu'il expérimente simultanément un entretien avec Dieu et un entretien avec ses frères réels.

II. Le langage de l'expérience : l'homogénéité culturelle

Historicité de la spiritualité

Une culture est le langage d'une expérience spirituelle. L'histoire de la spiritualité le montre, si du moins on renonce à l'envisager avec des œillères qui en excluraient le contexte. Et par « contexte », il ne faut pas entendre seulement un cadre ou un décor, mais l'élément dont l'expérience reçoit sa forme et son expression. Une dialectique culturelle définit chaque fois le problème qui devient, pour le « spirituel », le problème de son union à Dieu. Une spiritualité *répond* aux questions d'un temps et n'y répond jamais que dans les termes mêmes de ces questions, parce que ce sont celles dont vivent et que se parlent les hommes d'une société – les chrétiens comme les autres. Parce qu'elle décrit souvent une expérience et qu'en tout cas elle vise, à travers une pratique, les difficultés vécues, toute spiritualité a un caractère essentiellement historique. Moins qu'à élaborer une théorie, elle tend à manifester comment vivre de l'Absolu dans les conditions réelles fixées par une situation culturelle ; elle s'explique donc en fonction des expériences, des ambitions et des peurs, des maladies et des grandeurs propres à des hommes pris, avec leurs contemporains, dans le monde que définit un type d'échanges et de conscience. Mieux que des considérations générales, un exemple peut le montrer.

XVIe et XVIIe siècles : un problème nouveau

Ainsi, la spiritualité des XVIe et XVIIe siècles est indissociable de la « crise » qui modifie alors toute la civilisation occidentale, renouvelant ses horizons mentaux, ses critères intellectuels et son ordre social (qui est en dernier ressort sa « raison »)[10]. Un univers s'effondre : les guerres de religion relativisent les convictions ; le pluralisme des Églises lézarde l'homogénéité des sécurités religieuses et mentales ; les révoltes paysannes, les famines, les épidémies attestent et accentuent le démantèlement des structures politiques. La nature est vécue comme un flux puissant et omniprésent : elle *peut tout* et elle emporte tout, vie magique et monstrueuse qui, seule, « dans le désordre et l'écroulement des institutions, des doctrines et des croyances, malgré et contre tout,

10. Voir surtout Roland Mousnier, *Les XVIe et XVIIe Siècles*, 3e éd., Paris, PUF, 1961 ; Robert Mandrou, *Introduction à la France moderne, 1500-1640*, Paris, Albin Michel, 1961 ; Michel Foucault, *Folie et Déraison. Histoire de la folie à l'âge classique*, Paris, Plon, 1961.

maintient sa force et sa vitalité[11] ». L'ubiquité de la peur se
traduit également par l'agressivité sociale des groupes, par
l'hypersensibilité larmoyante et cruelle, ambitieuse et raffi-
née des individus[12], enfin par d'obscures poussées démono-
logiques qui tentent de localiser la menace innommable en
sacrifiant, par milliers, « sorciers » et « sorcières » qui n'ont
pas en eux de quoi résister à cette désignation et qui trouvent
plutôt dans leur propre angoisse de quoi s'en faire les
complices. Plus encore, la découverte d'humanités inconnues
ouvre, à travers l'apologie du « bon sauvage » ou du « sage
chinois », une mise en cause des valeurs traditionnelles et
détériore le crédit accordé à l'enseignement intellectuel et
religieux reçu du passé[13]. Les découvertes scientifiques
jouent dans le même sens ; en astronomie, elles brisent « le
monde clos » dont l'organisation interne disait la providence
divine et l'ascension spirituelle, de sphère en sphère, depuis
la concavité terrestre du cosmos jusqu'à son empyrée[14].
Ruines ou vide démystifient un savoir et un pouvoir de
l'homme.

Pourtant, la réduction est l'envers d'une création culturelle. « Voyageur égaré, non plus *dans* le monde, mais *par* le
monde[15] », perdant le cosmos qui formait le cadre de son
existence et l'objet de son savoir, l'homme de ce temps est
acculé à chercher *en lui* une certitude et une règle : à travers
la vogue du scepticisme et celle du stoïcisme, à travers la critique de la tradition et des institutions, c'est la question du
sujet qui surgit partout, celle d'une autonomie témoin et créatrice de raison, celle d'une individualité qui soit « monde »
elle-même et vérité du monde comme *cogito*. Ce virage de
toute une culture se traduit par une littérature de l'*illusion* :

11. Alexandre Koyré, *Mystiques, Spirituels, Alchimistes du xvie siècle
allemand*, Paris, Armand Colin, 1955, p. 50-51.

12. Voir Robert Mandrou, *op. cit.*, p. 336-346.

13. Voir Geoffrey Atkinson, *Les Relations de voyage du xviie siècle et
l'Évolution des idées*, Paris, s.d.

14. Voir Alexandre Koyré, *Du monde clos à l'univers infini*, Paris, PUF,
1962 ; Robert Lenoble, « L'évolution de l'idée de nature du xvie au xviiie siècle », in *Revue de métaphysique et de morale*, t. 58, 1953, p. 108-129 ; Paul-
Henri Michel, « La querelle du géocentrisme », in *Studi secenteschi*, t. 2/1,
1962, p. 95-118.

15. Paul-Henri Michel, *op. cit.*, p. 110.

fugitive, changeante, irisée et fragile comme une bulle, la réalité se métamorphose constamment; elle n'a point de consistance; le ciel suit le mouvement des coupoles de Borromini, qui se décomposent et tournoient comme saisies d'un vertige cosmique; la terre n'est qu'un théâtre fait d'apparences flatteuses et futiles, *A Mad World*, comme le dit Thomas Middleton. La *vanité* a une logique indéfinie, car il n'y a jamais qu'apparence derrière l'apparence: malignement invité par le théâtre même à voir ce qui se passe dans les coulisses, le spectateur ne trouvera, dans l'envers du spectacle, qu'un autre décor [16]. Les prestiges du roman ne peuvent lui fournir qu'un miroir de son désarroi avec les « paradis » que lui annoncent alors tant d'ouvrages littéraires [17] ou spirituels. Entre mille autres, le médecin et chimiste Jean-Baptiste van Helmont (1577-1644) exprime bien cette interrogation lorsque, dans un songe déjà cartésien, il perçoit le cosmos tel une « vaine bulle » au-dessus d'un « abîme d'obscurité », lorsqu'il se résout à chercher le critère de la certitude dans sa seule expérience, et qu'il renverse la structure de ce cosmos illusoire pour placer au « centre » de l'homme (et non plus au sommet de l'univers) le principe de sa vie biologique et spirituelle [18].

La mystique d'un temps : Thérèse d'Avila

Le langage des spirituels n'est pas autre. On leur reprocherait donc bien à tort d'avoir vécu le drame de l'époque : c'est leur problème; ils le perçoivent et ils le pensent en fonction d'une sensibilité et de catégories intellectuelles communes, mais aussi comme leur rendez-vous avec le Dieu qui révèle chaque fois sa vérité comme la vérité de l'homme. Aussi rien n'est-il plus proche du songe philosophique de van Helmont que les visions et les illuminations des mystiques ses contemporains.

16. R. Alewyn, *L'Univers baroque*, Paris, 1964, p. 92-98. Voir aussi Jean Rousset, *La Littérature à l'âge baroque en France*, 3ᵉ éd., Paris, 1960.
17. Voir J. Ehrmann, *Un paradis désespéré. L'amour et l'illusion dans « L'Astrée »*, Paris et New Haven, 1963.
18. J.B. van Helmont, *Confessio authoris*, 2, in *Ortus medicinæ*. Amsterdam, 1652.

Pour n'en rappeler qu'une, mais la plus célèbre, qu'il suf-
fise de mentionner la vision que Thérèse d'Avila raconte au
seuil des *Demeures* et qu'elle tient pour « le thème » *(motivo)*
et « le fondement de cet écrit », son grand traité de mystique [19]. Le symbole dit la structure à laquelle la pensée se
réfère sans parvenir à l'expliciter tout à fait. À ce titre, il est
particulièrement révélateur. Chez Thérèse, il est encore cosmologique ; il reprend en somme la structure de l'univers
telle que la décrit Peter Apianus dans sa *Cosmographia*
(1539) : au centre est la terre, entourée des sphères définies
par les orbites de la lune, de Mercure, de Vénus, du soleil, et
ainsi de suite jusqu'aux huitième, neuvième et dixième cieux,
le tout enveloppé par le « *Cœlum empireum habitaculum Dei
et omnium electorum* [20] ». Mais ce schéma est ici exactement
inversé. Le « thème » symbolique de Thérèse ne dit plus la
structure d'un *objet* cosmique, mais celle du *sujet ;* il trans-
pose en une anthropologie l'ancienne cosmologie. Le cosmos
(dont le fond est la terre où descend l'influx céleste et d'où
s'élève l'âme pour rejoindre l'empyrée) devient microcosme
humain : « globe » comme le monde ancien et « cristal »
comme la bulle, c'est un monde que chaque sujet constitue à
lui seul, dont le centre est « résidence » de Dieu et dont l'environnement est « abîme d'obscurité ». Dans la vision théré-
sienne, les cercles concentriques de l'ancienne cosmologie
subsistent aussi, mais ils jalonnent un *devenir intérieur* dû au
« soleil » qui habite le cœur de l'homme, et non plus une
ascension à travers la succession des cieux.

Le globe devient donc le langage *nouveau* de l'expérience
mystique. Non pas en ce sens qu'il s'agirait d'une image ou
d'une notion inédite : le vocabulaire de la « demeure » ou du
« centre » est traditionnel ; celui du « château » entouré de
remparts a, au XVIe siècle, des antécédents connus de Thérèse.
Ce qui est nouveau, c'est le rôle totalisateur que joue le
moment culturel d'une désagrégation et d'une innovation,
lieu récapitulatif et signifiant, structure culturelle et spiri-

---

19. *Moradas del Castillo interior*, I, 1-2, in *Obras completas*, Madrid,
BAC, t. 2, 1954, p. 341-343, 348-349. L'idée de Thérèse d'Avila date du 2 juin
1577. Sur l'événement et les sources littéraires, voir Efrén de la Madre de
Dios, *ibid.*, p. 311-314 ; et surtout R. Ricard, « Le symbolisme du "château
intérieur" chez sainte Thérèse », in *Bulletin hispanique*, t. 67, 1965, p. 25-41.
20. Voir Alexandre Koyré, *Du monde clos*, p. 31.

tuelle d'une prise de conscience mystique. Le symbole désigne à la fois ce qui périt et ce qui naît. La détérioration d'un univers devient pour Thérèse le langage d'un autre univers, celui-là anthropologique. Le désarroi qui dépouillait l'homme de son monde et, simultanément, des signes objectifs de Dieu, est précisément pour lui le rendez-vous de sa renaissance spirituelle. C'est là que le fidèle trouve le signe de Dieu, certitude désormais établie sur une conscience de soi. Il découvre *en lui-même* ce qui le transcende et ce qui le fonde dans l'existence.

Bien plus, son histoire ne consiste plus à parcourir des étapes objectives ; elle ne se mesure plus à des objets d'ordre cosmologique ou religieux. Elle est un cheminement en soi. Le progrès spirituel est l'itinéraire du sujet vers son centre. Répondant au problème de l'époque, mais proportionnée aux données de ce problème, une conscience du sujet spirituel naît d'une ressaisie qui crée en face de soi une « objectivité », celle même de la « vanité ». Cette détermination réciproque d'un « intérieur » et d'un « extérieur », alors indissociable de l'expérience religieuse, explique le destin prodigieux du mot *mystique* au XVIIᵉ siècle : le vocable désigne un itinéraire qui n'est plus signifié par une pérégrination visible ou par un accroissement de savoir, car c'est un devenir *caché* sous la stabilité de termes religieux, mais échappant aussi à la mutabilité des choses ; c'est une mutation secrète qui se saisit et se reconnaît elle-même en fonction d'un désenchantement par rapport à l'univers des mots, des idées ou des assurances objectives [21]. Et dans la vision de la mystique, ce devenir a *un sens* : principe unique d'un continuel dépassement, le Véritable est le « centre » qui ne cesse d'attirer à soi en se révélant et qui construit ainsi l'être à travers la multiplicité des épisodes, des décisions et des adhésions qui y conduisent.

21. Michel de Certeau, « "Mystique" au XVIIᵉ siècle. Le problème du langage "mystique" », in *L'Homme devant Dieu. Mélanges Henri de Lubac*, Paris, Aubier, 1964, t. 2, p. 267-291.

Questions de l'homme, questions spirituelles

Par ces quelques traits, l'expérience des mystiques est analogue à celle des plus audacieux parmi leurs contemporains. De son côté, parti « comme un homme qui marche seul et dans les ténèbres [22] », Descartes découvrira dans le *cogito* l'innéité actuelle de l'Idée de Dieu. Et de même que chez eux, la forme de l'exposé désigne le contenu, Descartes présente comme une autobiographie intellectuelle, « comme une histoire [23] » personnelle, ce *Discours de la méthode* destiné à reconstruire l'ordre d'un univers à partir d'une *perceptio* de l'infini dans le moi. Les récits biographiques des spirituels ont une portée semblable ; ils sont inspirés par la même question radicale (celle du sujet) et guidés par les mêmes critères (des expériences jalonnant le processus d'une découverte personnelle). Ce serait donc une profonde erreur que de ne pas discerner le problème essentiel de toute une culture dans le vocabulaire « psychologique » dont usent les mystiques et qui nous trompe souvent sur le sens de leur langage comme il n'a cessé de tromper les moins grands d'entre eux.

De telles convergences ne sauraient être expliquées par des influences : elles tiennent à une question posée par une situation culturelle et reconnue dans un langage commun. Elles témoignent d'un grand problème contemporain, à telle époque. Aussi bien, les images, comme la problématique, évoluent-elles avec la culture. Chez les mystiques, le type « microcosmologique » ne prédomine que pendant un temps assez court, celui d'un passage et d'une révolution mentale. Bientôt, et dès le milieu du xviie siècle, ces images « microcosmiques » disparaissent, et de même les références « naturelles ». Un registre social et technique leur succède, dans la langue religieuse : ainsi le vocabulaire des « éléments » naturels est remplacé par les reprises symboliques de l'ordre social qui s'instaure (la fonction royale, les relations entre la « cour » et la ville, le statut et les préjugés qui définissent les rapports entre corps sociaux, la conception du mariage, etc.) ;

22. *Discours de la méthode*, 1, in *Œuvres*, éd. Adam et Tannery, t. 6, p. 16.
23. *Ibid.*, p. 4.

de plus en plus fréquemment, c'est l'activité technique (par exemple le filage, l'astronomie, etc.) qui devient le langage de la quête spirituelle. De même, l'union à Dieu a dès lors pour élément et pour symbole les relations sociales[24], elle qui s'exprimait antérieurement à travers l'urgence d'un ressaisissement pour le sujet et, plus anciennement, comme l'intériorisation d'une tradition reçue... L'évolution du vocabulaire spirituel suit l'expérience culturelle, mais parce que l'expérience spirituelle est tout entière engagée dans les questions posées à l'homme par son histoire et par la conscience qu'il en a collectivement ; elle ne se situe pas ailleurs.

III. « Ruptures » spirituelles

« L'expérience »

Même évidente ou démontrable, cette homogénéité ne suffit pas à rendre compte de tout : à l'intérieur d'un système collectif, la spiritualité offre un caractère particulier. Elle le désigne par *l'expérience*. « Science de l'expérience », sagesse « pratique », littérature de « l'existentiel » : elle circonscrit de la sorte sa spécificité. Mais l'expérience risque d'être une détermination équivoque. On ne peut pas l'entendre au sens où elle serait propre à la seule spiritualité, et pas davantage au sens où elle impliquerait un au-delà du langage. D'une part, cette expérience est elle-même définie par le type d'expression qui s'y réfère et qui se distingue ainsi d'autres « sciences » (théologique, philosophique, physique, etc.) en soi pourtant indissociables d'une expérience. D'autre part, « l'ineffable » qu'elle désigne constitue en réalité un discours particulier, la spiritualité, qui récuse d'autres langages (théologique, par exemple), mais non pas tout langage. Dans « *in*exprimable », la négation ne porte que contre telle ou telle forme d'expression, intellectuelle par exemple. Mais il n'est aucun langage qui ne dise et qui ne soit une expérience, sur un mode discursif, descriptif ou dialectique. Inversement, il n'est pas d'expérience qui ne se dise et, plus

24. Jean-Joseph Surin, *Correspondance*, éd. M. de Certeau, Paris, Desclée De Brouwer, 1966, p. 51-56.

fondamentalement, qui ne soit langage, fût-ce celui de l'intuition. L'expérience n'est donc ni propre à un langage ni exclusive du langage. À ce titre, elle ne suffit pas à définir un caractère propre. Elle en est seulement l'indice, dont la signification doit être cherchée dans *le rôle* que jouent la nécessité et la manière d'en parler, ainsi que dans la fonction de ce recours.

La rupture

Nous revenons ainsi à cet aspect de distinction ou de scission que nous avons dû considérer jusqu'ici à l'intérieur d'un *continuum* culturel. La *rupture* est une constante de la spiritualité ; elle est d'ailleurs déjà repérable dans le privilège accordé à « l'expérience ». Certes, ce qui est spécifique, ce n'est pas l'expérience, mais le fait qu'elle soit « spirituelle ». De plus, la rupture n'est pas un élément isolable dans le langage nécessairement collectif de la spiritualité. Elle appartient au « style » de ce langage. Essentiellement, c'est peut-être une *surprise* qui caractérise la rupture. Immanente à la démarche spirituelle, elle grandit avec la hardiesse de la foi que Dieu prévient, suscite et désarçonne toujours par une conjoncture humaine. Sous des formes diverses, l'audace consiste à vouloir aller jusqu'au bout des tensions et des ambitions propres à un temps ; à prendre au sérieux un réseau d'échanges pour y attendre et y reconnaître l'avènement de Dieu. Ce sérieux est l'origine même d'un désarroi. La surprise, c'est qu'engageant davantage sa foi au cœur d'une histoire humaine, on vient à constater un « vide » tant du côté de l'enseignement religieux que du côté des activités et des connaissances pourtant susceptibles de devenir, dans une situation donnée, le lieu de la rencontre avec Dieu.

Rupture par rapport à la tradition religieuse

D'une part, la tradition religieuse révèle un « manque » par rapport à la lumière qu'on était en droit d'en attendre. Selon le contexte culturel, selon qu'il fait confiance à l'objet de la foi ou au sujet croyant, on accusera de ce manque ou le fidèle ou la théologie ; on le tiendra pour un déficit du premier ou de la seconde. Mais, pour justifiées qu'elles soient, ces explications désignent une faille plus radicale. Entre la parole « évangélique » à laquelle le croyant répond et sa réponse, il y a une distance, il n'y a pas correspondance. Première forme de la rupture. Épreuve, aujourd'hui, hier ou avant-hier, de tout chrétien engagé par la parole qu'il a donnée. Ainsi naguère, des femmes courageuses et fidèles vinrent, au petit matin, visiter le lieu où Jésus *devait* se trouver, déposé là comme un objet et un signe ; elles découvrirent le tombeau « *vide* », et elles furent saisies de « *stupeur* » (Mc 16, 5-7). Quel est le chrétien qu'un vide semblable n'a pas rempli de stupeur ?

L'épreuve sera culpabilisée ou bien elle deviendra une critique ; elle peut être désarroi ou contestation. Elle est d'abord un fait qui, à bien des égards, rejoint l'expérience de Job. Quand il discutait la vérité qui lui venait de ses pères et de ses amis, Job dévoilait, comme une nudité, la « vanité » d'une tradition qui reste un savoir : vous me dites des vérités, mais ce sont des généralités ; quel rapport ont-elles avec ma situation ? Elles trompent mon attente parce qu'elles l'ignorent ; les vérités me sont inutiles et vaines, qui ne me font pas vivre. Même reconnues valables en soi, peut-être irrécusables à ce titre (c'est loin d'être toujours le cas), les paroles des sages et des savants déçoivent, faute d'être proportionnées à la question. Quoi d'étonnant que, « déçu par les termes du langage ordinaire », comme l'était Descartes[25], le spirituel cherche, avec Thérèse, de « nouvelles paroles *(nuevas palabras)*[26] » ! Cette surprise initiale localise une rupture ; par là, elle spécifie déjà un langage et détermine ce qu'il entend par « expérience ». Constante, elle a seulement une forme plus aiguë dans les récents procès entre théologiens et spirituels[27].

Ce serait mal saisir le sens de cette rupture que d'y voir seulement le symptôme de fixations psychologiques, ou une distance entre le vécu et la doctrine, entre le particularisme de

---

25. *Méditations*, II, 8, in *Œuvres*, éd. Adam et Tannery, t. 9, 1, p. 25.

26. *Vida*, 25, in *Obras*, t. I, 1951, p. 748.

27. F. Vandenbroucke, « Le divorce entre théologie et mystique », in *Nouvelle Revue théologique*, t. 72, 1950, p. 372-389 ; Yves Congar, « Langage des spirituels et langage des théologiens », in *La Mystique rhénane*. Paris, PUF, 1963, p. 15-34.

l'un et « l'universalisme » de l'autre. La solitude du chrétien vis-à-vis de sa propre tradition est l'envers d'une solidarité, participation à un type de langage qui n'a pas été évangélisé. La déception du « spirituel » parle un langage qui n'a pas encore reçu ou créé sa ponctuation chrétienne. Avec tout ce qu'elle peut comporter d'infirmité, de déséquilibre ou d'illusion (aspects qui se réfèrent encore aux besoins, aux problèmes et aux formes de la conscience, etc.), elle témoigne d'une foi qui sait devoir trouver Dieu là où est la question de l'homme, et qui refuse de tenir pour absence de Dieu l'insuffisance des signes religieux.

Pour une part, il est vrai, c'est l'image que le chrétien se fait de la théologie qui crée une distance. Mais, plus fondamentalement, pourquoi donc son présent, terre natale de son expérience d'homme et de chrétien, s'avère-t-il un « ailleurs » vis-à-vis de l'enseignement religieux, sinon parce qu'il est nouveau, étranger aux cultures qui ont déjà su désigner Dieu ? Le chrétien s'est jeté dans une région de risques et de recommencements. Par rapport à ses connaissances religieuses, c'est son « désert », un désert qui est aujourd'hui sa ville et, en tout cas, telle zone du changement culturel. À cet égard, la distance qui sépare le croyant de sa théologie est une avance qu'il a prise sur elle, dans le champ étroit d'une expérience particulière. Il la voue à une tâche qu'il lui indique. La rupture se mesure à sa hardiesse. C'est le signe même d'une foi qui commence à faire d'une nouvelle mentalité son propre symbole, mais un symbole encore négatif, saisi à travers une absence ou un retard de la théologie telle qu'elle apparaît du lieu nécessairement étroit mais réel où se situe l'expérience. Une appartenance humaine s'avère apte à devenir le langage nouveau d'une expérience spirituelle.

Rupture par rapport au « monde »

D'autre part, une rupture se produit au cœur de cette appartenance. Elle lézarde la solidarité même qui créait une « distanciation » par rapport au langage religieux. Ce nouvel aspect inverse le rapport dont témoigne le premier. Ce qu'un homme a reconnu de nécessaire et de vital dans la prédication de la foi, il le cherche dans ses entretiens et ses travaux d'homme, mais, là où il *devrait* le trouver, il découvre une forme nouvelle du « manque ». Il éprouve la déception qui crée devant elle cet objet qu'est « le monde ». Dans le réseau de ses échanges, sur les voies de son investigation, il espère un visage imprévisible et connu. Toutes les œuvres de la communication humaine lui sont des signes qui renouvellent sa question sans y répondre : « Où donc es-tu caché ? » Elles ne formulent jamais que son désir. De ces « messagers », il espère plus qu'ils ne donnent (en attendant qu'il y décèle ce qu'ils lui donnent des autres et de lui-même en le décevant) : « Aucun d'eux ne sait me dire ce que j'attends [28] ».

Comme précédemment, la déception atteste une innovation et une rencontre. La foi est cette découverte qui reconnaît dans le langage quotidien la parole de Quelqu'un à qui répondre. Elle saisit déjà ainsi que tout parler humain a un sens divin. Comme le langage de la foi est prévenu par l'expérience réelle des croyants, de même leurs œuvres et leurs recherches d'hommes ne cessent d'être appelées, interpellées par la certitude que ce langage leur a dévoilée. Il est vrai que, si elle est lucide, cette certitude a un caractère encore négatif. Elle est fondée sur une Présence qui se manifeste en contestant des assurances, en ouvrant, au point le plus vif de l'existence, la nécessité de l'autre et en se découvrant comme ce sans quoi il est impossible de vivre : « À qui irons-nous ? Tu as les paroles de la vie éternelle » (Jn 6, 68). Mais tout « éternelle » et inaccessible que soit cette « vie », elle n'en est pas moins annoncée au croyant par une tradition, par un enseignement religieux, par une Église, réalités historiquement et sociologiquement situées. La certitude de la foi a déjà *un* langage. C'est donc au nom de connaissances catéchétiques ou théologiques, d'une expérience liturgique ou de la méditation de l'Écriture qu'une critique des appartenances humaines se formule, également nécessaire ; elle est tension, dans la double acception du terme ; elle prophétise une Présence qui est tout à la fois sens et avenir, qu'on ne peut refuser sans trahir tout langage, et qu'il est pourtant impossible de saisir immédiatement dans la particularité d'un langage.

---

28. Jean de la Croix, *Cantique spirituel*, 1 et 6.

Le sens de la double rupture

Avec cette double « rupture », apparaît donc une dialectique non seulement interne à chaque culture, mais caractérisée par l'incessante confrontation de ses formes particulières. La critique réciproque est la modalité d'une rencontre. Les deux moments contradictoires de l'expérience désignent *un mouvement* qui ne peut être identifié à l'un quelconque de ses termes ou de ses jalons. Dans chacun des secteurs où le chrétien estimerait pouvoir ou devoir localiser la vérité, *le sens de l'autre* est la vérité que lui rappelle une réciprocité et qui détériore les objets successifs qu'il se donne. La « déception » est, par rapport à chacun d'eux, l'écho de cette confrontation. La « rupture » est la forme que prend une dépendance réciproque ; c'est l'envers, peut-être seul exprimable, du cheminement vers Dieu.

Un pluralisme culturel est ici l'élément de l'itinéraire spirituel qui vise déjà l'unité mais en interdisant de lui fixer un pays propre, qui démystifie l'espoir d'un pur au-delà mais en affirmant une vérité déjà donnée dans le mouvement de la chercher, et qui forme l'histoire consciente des renouveaux suscités par la différence. Au sein d'une même culture, des langages deviennent symboliques quand leur conjugaison révèle de chacun ce qu'à lui seul il ne pouvait dire. La vérité n'a jamais que l'histoire pour langage. Elle arrache à lui-même celui qui l'a reçue ; elle est toujours plus que le « moi » ou le « nous » qui la dit ; elle se fait reconnaître dans la blessure qui ouvre le langage même où elle se manifestait. La théologie de l'expérience (qui saisit le sens comme immanent à un langage) ne peut être qu'une théologie de la distance (privation due à la présence de l'autre). Son expression est toujours relative à la situation où resurgit, comme interpellation, le « manque » révélateur d'un symbolisme entre des langages différents tous nécessaires à la manifestation du Véritable.

Chaque spiritualité exprime cette réciprocité dans l'élément d'une culture, jusque dans la manière dont elle renvoie à son contraire : la solitude de son désert égyptien ne cesse de référer l'ermite à la ville d'Alexandrie et au marchand plus saint que lui ; l'abbaye médiévale, aux misères du temps ou aux nécessités de la politique contemporaine ; la psychologie mystique de Thérèse, aux drames provoqués par l'effondrement progressif de la chrétienté, etc. Chaque forme de la « rupture » doit trouver son propre sens dans l'exigence d'un dépassement intérieur à cette rupture même. La division s'insinue dans la position même qui exprimait une audace sur le mode d'une séparation ou d'un départ. Pour le Père du désert, il n'y a pas de « solitude » ou de « bonne œuvre » qui garantisse la fidélité à l'Esprit ; pour le spirituel du XVIe siècle, il n'y a pas de « motion » ou de « vision » identifiable à la volonté ou à la connaissance de Dieu. Nul « retour à l'Évangile » n'est l'assurance d'une parole véritable. Jamais, sous quelque forme que ce soit, le spirituel ne peut indiquer sur une carte quelle est « la situation du paradis terrestre [29] ». Il apprend à connaître le « paradis » par le dépaysement exigé de lui, vis-à-vis de sa propre localisation, par ceux-là mêmes qu'il a quittés pour le trouver.

Il parcourt les possibilités offertes à son expérience par son temps. Il exprime par telle d'entre elles un objet signifiant sa quête et son ambition spirituelles, mais cet objet lui est enlevé par ce que d'autres lui révèlent de son désir. Voyageur, itinérant, son langage suit, par les chemins que lui fraient des communications humaines, une série limitée d'éléments culturels. Son bagage n'est pas plus riche que celui de ses contemporains. Mais ce qu'il reçoit d'eux et ce qu'il leur rend au cours des échanges qui se poursuivent jusque dans le secret de sa conscience, jusque dans les « tentations » ou les « appels » qui parlent encore en lui le langage des autres, il le saisit comme une question que renouvelle chaque rencontre, comme une plaie heureuse au cœur de toute solidarité humaine ou religieuse, comme une Présence que les absences et les dépassements n'ont jamais fini d'épeler.

---

29. C'est un titre de Daniel Huet, *Traité de la situation du paradis terrestre*, Paris, 1691, « avec une carte », est-il précisé.

IV. Fixations culturelles et spirituelles

L'erreur n'est pas d'ajouter à un entretien culturel une répartie, qui récuse ou défende une position religieuse : toujours exprimées en fonction d'une culture, ces réactions ou ces « ruptures » participent au mouvement nécessaire grâce auquel elle évolue en inventant les homologies qui déplacent lentement ses « centres d'intérêt » et les valeurs postulées par la communication. L'illusion est ailleurs. Elle consiste à freiner ce mouvement, à le croire devenu inutile ou dangereux, à vouloir fixer l'un de ces « passages » indispensables et à le prendre lui seul pour *la* vérité dont il n'est qu'*un* signe. Elle refuse à d'autres le droit de signifier quelque chose au cours d'une évolution ou d'une tension. Elle nie une réciprocité ou un symbolisme des signes. En s'enfermant dans son propre témoignage, l'expérience contredit ce dont elle prétend témoigner, à savoir la « similitude » dans la « dissimilitude », l'union dans la différence, le mouvement de la charité. La tentation est fixation. Là où Dieu est révolutionnaire, le diable apparaît fixiste.

La fixation

De mille manières, l'illusion tient en une déclaration : « Pour moi, pour nous, être chrétien, c'est *ça*. » Le « ça » varie, mais non pas l'exclusivité qu'il réclame. Il peut être l'ermitage du désert égyptien ou le compagnonnage épique de la croisade ou du pèlerinage, l'éblouissement de l'âme au cœur de son recueillement psychologique ou bien les « bonnes œuvres » d'une générosité active, ou encore l'« engagement » qu'appelle la conscience de responsabilités humaines. Au cours des âges, chacune de ces positions a des correspondants et des homologues culturels ; elle a également sa nécessité spirituelle. Mais elle cesse d'être vraie si, *à l'intérieur d'elle-même*, elle n'implique pas son propre dépassement, et ce dépassement lui est toujours indiqué par une rencontre et une contestation, fût-ce, modestes mais essentielles, celles d'une relation avec un « père spirituel » et avec des frères. Le vrai « spirituel » tend à recevoir, comme signifiante, la contradiction qui lui vient des autres ou des événements, et que lui révèle aussi le paradoxe interne d'une fidélité *particulière à l'Infini*. La négation devient ainsi la norme du « progrès », et aussi la forme de leur « discours », chez les plus grands mystiques, Grégoire de Nysse, Maître Eckhart ou Jean de la Croix [30]. Mais un travail tout contraire, dans leur entourage par exemple, estompe cette audace jamais lassée, arrête et fixe la négation à l'un de ses moments, et fait un « objet » spirituel de ce qui était un *mouvement*. Retenue dans le filet d'un groupe, statufiée ou devenue idéologie, la « lettre » d'une spiritualité (avec ses déterminations psychologiques, sociologiques et mentales) ne dit plus ce qui en était l'esprit.

Cette paralysie n'est que trop compréhensible, et elle explique aussi les réactions qui suivront. Elle est repérable dans le « spiritualisme » qui fige l'expression d'une « rupture » pourtant nécessaire, ou dans « l'humanisme » grisé par une « insertion » indispensable mais dont le sens lui échappe progressivement. Du mouvement, un seul élément est retenu, et cette image isolée n'en donne plus que la caricature. Ce moment exorbité n'est pas moins révélateur ; comme la photo d'une coupe, il permet de discerner à quel point *une* spiritualité s'enracine dans une psychologie et dans la géographie mentale d'un espace cosmique et social. Par exemple, il est indéniable qu'en France « l'invasion mystique », pendant la première moitié du XVIIe siècle, est étroitement liée au destin des robins ; que les magistrats « conquérants » paient alors, soutiennent et remplissent les instituts nouveaux dont les naissances sonnent à l'époque comme les trompettes d'une aventure proportionnée à la leur ; qu'il y a, pour les « spirituels », une sociologie possible ; qu'il y a aussi une politique des « spirituels », bientôt un « parti » des dévots, face aux progrès d'un pouvoir centralisateur dénué de scrupules à l'égard de la chrétienté mourante et décidé à faire de la hiérarchie religieuse un service public dans l'État...

---

30. Jean Orcibal, *Saint Jean de la Croix et les Mystiques rhéno-flamands*. Paris, Desclée De Brouwer, 1966, p. 119-166, a analysé les analogies entre Eckhart et Jean de la Croix.

Le jugement de la théologie, de la raison et de la tradition

Cette conjoncture de la spiritualité n'étonne pas. Elle en
est le langage. Mais une spiritualité devient suspecte lorsqu'elle n'admet plus d'être contestée par des vis-à-vis, lorsqu'elle est identifiée au destin d'un groupe ou d'une
politique, lorsque le « parti » adverse n'apparaît plus susceptible de dire et de révéler *aussi*, à sa manière propre, ce dont
une « école » particulière prétend légitimement témoigner
dans la position d'où elle parle. Cette réduction du signifié au
signifiant, ou de l'esprit à un *ça*, justifie dès lors une « réduction » en sens inverse : la spiritualité sera considérée par les
théologiens comme un pur « psychologisme » ; par les philosophes, comme un « sentimentalisme » ou un « pragmatisme » ; par le sociologue, comme la défense idéologique d'un
groupe ; par l'historien, comme une modalité exacerbée de la
culture en un temps, etc. Et, certes, ces lectures sont légitimes. Disons plus, elles sont indispensables à l'intelligence
de la spiritualité, car elles brisent l'identification de la vérité
à l'*une* de ses expressions. Elles ont, hier et aujourd'hui, la
fonction que n'ont cessé d'exercer, vis-à-vis des « spirituels », les exigences, les rappels ou simplement l'enseignement d'une théologie, de la raison ou d'une tradition.

Sous ces trois formes différentes, la rupture resurgit, mais
elle vise désormais la spiritualité en tant qu'elle est nécessairement particulière. Doctrinale, rationnelle ou historique, la
critique rend un langage spirituel à ce qu'il veut dire. Elle lui
est indispensable parce qu'elle démystifie le vocabulaire des
« expériences » ou des « réalités » spirituelles, pour en rappeler le sens. L'enseignement théologique, lui aussi lié à un
type d'intelligibilité, représente l'objectivité de la révélation
comme une société fondée sur la reconnaissance d'un même
Esprit ; la loi de la communauté ne peut pas ne pas avoir une
signification pour ceux qui attestent et prétendent bien
confesser, par des « paroles nouvelles » et des gestes présents, les inventions actuelles de l'Esprit qui est « communion » (2 Co 13, 13). À sa manière, la science (si l'on entend
par ce terme la logique élaborée en fonction d'un processus
créateur de ses objets) doit aussi arracher les spiritualités à
l'immédiatisme affectif ou subjectif d'une « expérience »

réelle mais encore peu lucide sur sa dialectique interne ; elle brise un « chosisme » naïf, mais précisément et déjà pour restituer à l'objet ou à l'expérience sa valeur de signe (et de signe opératoire) dans un « discours » proportionné à ce qu'une société se donne comme « raison ». L'histoire enfin révèle la diversité culturelle des manifestations « spirituelles » ; l'étrangeté du passé confirme dans son *mouvement* l'expérience religieuse, mais la surprend toujours en lui révélant, par une « différence » entre les époques, le sens spirituel de chaque dépassement et des différences entre contemporains. Et ce ne sont là que trois formes d'une présence de l'autre, principe d'un mouvement spirituel dans la culture moderne.

L'histoire du vocabulaire religieux montre que le terme *athée* ou *athéisme* a été utilisé par les théologiens contre les « illuminés » ou les « spirituels » du XVIe siècle ; que les catholiques et les protestants l'ont bientôt employé pour se désigner mutuellement ; qu'il a été ensuite reporté sur les jansénistes du XVIIe siècle, puis sur les théistes du XVIIIe siècle, puis sur les socialistes du XIXe, etc. Inversement, les « athées » définissaient par ce mot leur réaction contre la religion qu'ils avaient devant eux, cette religion même que, un ou deux siècles plus tard, des croyants auront peine à reconnaître comme la leur. Chaque fois, les opposants expriment comme absolues leurs positions réciproques, alors qu'elles sont relatives à une conjoncture. On ne voit pas comment il pourrait en être autrement. Les options se précisent dans les termes que lui fournit une culture, mais elles représentent aussi, dans ces termes relatifs, des prises de position radicales. Il y a là, rétrospectivement, une leçon. Comme la frontière entre la raison et la déraison change avec la société dont elle est le signe, de même le rapport entre la foi et l'athéisme est indissociable du langage historique qui l'identifie au rapport entre *cette* foi et *cet* athéisme, ou entre *ces* croyants et *leurs* adversaires.

L'histoire d'un mot a une valeur d'apologue. On en peut retenir deux aspects qui interfèrent avec le problème des rapports entre spiritualités et cultures : d'une part, la relativité de positions qui se définissent l'une par rapport à l'autre dans le système culturel d'un temps ; d'autre part, l'affirmation (au moins théorique) d'une identité entre Dieu et une position des chrétiens, de sorte que leurs opposants deviennent ses négateurs. Le premier aspect souligne l'homologie des positions (« spirituelles » ou non) dans une mentalité ; la rupture apparaît dès lors dans la différence entre des systèmes mentaux. Le second aspect amène à situer la rupture véritable là où une opposition est considérée comme un refus de Dieu : cette intolérance vis-à-vis d'une résistance et l'impossibilité de donner un sens à l'autre ne ferment-elles pas la voie qui est celle de la foi ? Pareille incapacité est d'ailleurs reconnaissable sous des formes très différentes : ce peut être l'accusation d'« athéisme » portée contre l'adversaire, ou bien son homologue, le mépris pour le « dévot » ; ce peut être la suffisance qui rend inadmissible l'étrangeté du passé ou bien la nouveauté du présent ; ce peut être le rejet d'une lecture socioculturelle des spiritualités ou bien la fuite devant la possibilité (et nous dirons la nécessité) d'une lecture spirituelle de la culture.

Ces deux aspects nous permettent, en terminant, de reprendre différemment la question initiale. D'une part, nous devons reconnaître l'homologie des positions qui, pour être qualifiées de « spirituelle » ou de « mondaine », de « surnaturelle » ou de « naturelle », n'en sont pas moins cohérentes à l'intérieur de la culture qu'elles signifient également. À cet égard, leurs opposants ou leurs critiques sont *déjà* présents aux spiritualités qui réagissent contre eux ou s'en distinguent ; une solidarité culturelle lie les uns aux autres non seulement malgré, mais par leurs différences mêmes. Mais le chrétien doit reconnaître un *sens* à cette situation de fait. Elle lui désigne une tâche, sa tâche présente, et elle lui dicte une gratitude. Par un effort pour vivre en fidèle les exigences inédites que révèlent à l'homme ses propres inventions, il découvre, de sa propre foi, de ce qui exprime déjà sa réponse à Dieu, ce qu'il n'en avait pas encore perçu. L'œcuménisme lui ouvre la sereine liberté que l'orthodoxie a gardée aux saints mystères, ou une intelligence de l'Écriture que lui ont préparée la méditation et l'exégèse protestantes. Les mouvements sociaux lui apprennent à lire aujourd'hui l'Évangile de Nazareth. Les découvertes scientifiques lui enseignent les dimensions de la genèse et les responsabilités humaines que

sa foi énonçait déjà, mais dans les termes d'une culture passée. L'évolution du droit le conduit à mieux discerner le
respect de Dieu pour la liberté des consciences. Les téléparti-
cipations lui fournissent les images par quoi s'exprime l'urgence chrétienne d'une solidarité universelle... Autant de
réinventions qu'a permises et que doit développer la grâce de
chercher Dieu dans le langage de son temps, mais que seul
rend possibles l'approfondissement spirituel suscité par un
tel conditionnement culturel [31].

31. Voir Michel de Certeau, « Situations culturelles, vocation spirituelle », in *Christus*, t. 11, 1964, n° 43, p. 294-313 ; et « Expérience chrétienne et
langages de la foi », *ibid.*, t. 12, 1965, n° 46, p. 147-163.

3

Le mythe des origines

Pour nous dire encore « jésuites », ne faut-il pas regarder le présent avec les yeux d'une tradition, vivre dans le cadre d'institutions fixées il y a quatre siècles, nous inspirer de la spiritualité qu'Ignace a inscrite dans l'histoire ? Cependant, parce que nous sommes du XXᵉ siècle, comment ne pas regarder ce passé comme un monde étranger ? Quelle qu'elle soit, jusque dans ses refus ou ses hésitations, notre action participe à la mentalité qui nous donne des yeux nouveaux (ceux-là mêmes de ceux qui nous interrogent) pour considérer l'antique époque des commencements. Nous sommes *avec le passé* pour discerner ce que doit être aujourd'hui notre esprit, et *avec nos contemporains* pour juger ces origines et pour décider de nos engagements d'hommes, de chrétiens et de jésuites. Cette question initiale ne nous vient pas seulement des autres ; elle nous est intérieure. Elle est radicale, car elle nous atteint là même où nous prétendons exister. Elle signifie : « Peut-on être jésuite ? » Ce mot désignerait soit une *survivance*, le reste d'une institution normalement logée dans les musées ou dans les livres d'histoire, soit plutôt, chez des hommes solidement enracinés dans le présent, une *fiction*, l'illusion d'une référence vidée de son contenu et couvrant aujourd'hui une réalité toute différente. Nous devons aborder le problème. D'abord parce qu'il est réel. Mais aussi parce qu'il ne nous est pas propre. En essayant de saisir quel peut être le service du jésuite dans l'Église et le monde présents, nous participons à l'interrogation des autres, fût-ce pour examiner le sens actuel de notre tradition. Bien plus, nous nous trouvons ainsi devant la question à laquelle, sous des modes différents, le religieux, le chrétien, l'Occidental ou le Noir doivent également répondre : leur tradition leur devient tout à la fois étrangère et plus nécessaire avec l'évolution des échanges culturels.

On l'a noté souvent dans les études sur les rencontres culturelles : les collaborations qui élargissent et renouvellent la communication sociale trouvent leur limite dans l'inertie de l'uniformité. Le progrès implique une permanente tension entre la circulation qui transforme les particularismes et la diversification qui suscite et assure un mouvement interne. Quoi d'étonnant si l'extension de la civilisation technique invite chaque culture à mettre en valeur ses traditions et son passé ; si, dans l'Église, le temps de la « conversion au monde » est aussi celui du « retour aux sources » ; ou si, dans la culture française de ce dernier siècle, l'âge de la rationalisation technique a promu au rang de genre littéraire le « journal », qui ouvre à la mémoire les enracinements du présent ? Pour tous, il s'agit d'*exister*, c'est-à-dire de se trouver soi-même. En chaque cas, une décision doit assumer à un titre nouveau l'histoire qui la préparait et dont elle se sépare.

Cette question vitale a des aspects généraux qui ne sauraient être envisagés ici. Mais nous pouvons l'entendre avec la forme particulière qu'elle a pour nous, sans pour autant nous désolidariser des autres. Notre situation nous indique à chacun le lieu où nous rencontrons ce problème commun ; elle nous évite les considérations destinées à tous et donc vraies pour personne. Nous parlons de quelque part, quand nous nous demandons qui nous sommes et quel service nous pouvons rendre. Cette délimitation existentielle fera le sérieux de notre analyse. Elle nous évitera de camoufler nos problèmes propres sous des vues générales. Pareil examen est d'ailleurs toujours entrepris avec et devant les autres. Sous toutes ses formes, il retrouve comme son terrain et son terme les échanges culturels et spirituels qui en sont déjà l'origine. Que la Compagnie de Jésus ait à revenir sur sa tradition pour inventer son présent, qu'un commencement nouveau puisse être un recommencement fidèle, et la lecture du passé un acte de lucidité, qu'enfin une différenciation due à l'intelligence d'un « esprit » propre soit le fruit et le principe d'une plus étroite participation à la tâche commune : ce sont là questions réelles parce que particulières, et qui pourtant ne peuvent d'aucune manière être enfermées dans les limites d'une méditation purement privée.

Le retour aux sources

Nous avons appris la langue de notre temps, nous participons à sa mentalité, nous en sommes les témoins et les acteurs, lorsque nous revenons à notre tradition. Une relation avec les autres précède et détermine ce qui nous ramène à la première génération de la Compagnie. Nous ne venons pas du passé pour accéder au présent. Nous venons d'un présent qui requiert de nous, vis-à-vis des autres et avec eux, une analyse visant à discerner les arrêts implicites et la force endormie dans l'histoire que nous portons à notre insu. Lorsque nous examinons notre situation présente et notre histoire, nous espérons pouvoir distinguer ainsi le mort et le vif. Nous croyons avoir le moyen d'éliminer de notre « trésor » les pièces dévaluées et déjà retirées du commerce. En réalité, il s'agit là, nécessairement, d'un choix, et c'est nous qui jugeons des idées et des sentiments dont nous faisons notre monnaie. Le sens que nous avons d'urgences nouvelles organise le passé ; il en transforme les proportions et il l'ordonne au système mental de nos échanges. Combien de fois n'avons-nous pas coupé, arrangé ou négligé des témoignages gênants ? Mais, dès lors, si les idées aujourd'hui reçues sont à la fois le principe et le terme de nos critères, comment saurons-nous ce qui est déjà périmé dans nos conceptions actuelles et ce qui nous est encore nécessaire dans nos origines ? Comment distinguerons-nous ce qui, du passé, commande à notre insu l'intelligence du présent, et ce qui, du présent, déforme le passé où nous prétendrons découvrir les signes d'une vérité ?

Il y a dix ans, la présentation que *Christus* faisait de la spiritualité ignatienne était différente de ce qu'elle est aujourd'hui, et elle se séparait alors de celles qui l'avaient précédée, tout en s'autorisant comme elles d'un retour aux origines. En changeant, nous changeons le passé, mais nous tenons à garder la justification d'un passé. Moins qu'à un progrès continu (explication qui participe à une idéologie déjà ancienne), on peut, par une première approximation, comparer ce mouvement à celui d'une caméra qui se déplace autour d'un objet central, tout en le modifiant. Ainsi l'interprétation de la spiritualité ignatienne a d'abord quitté le ciel de Manrèse, d'où

l'on avait prétendu que toute son œuvre avait été révélée au
fondateur ; elle a descendu le cours de sa vie ; elle s'est fixée
sur les *Exercices*, puis sur la vision de la Storta, puis sur les
Constitutions. Mais, tout en suivant et en prenant au sérieux
l'évolution de l'homme, elle obéissait à un réflexe inverse
puisque, chaque fois, elle récusait une rédaction pourtant
approuvée par Ignace et remontait à une autre version, plus
ancienne, tenue pour seule génuine et authentique. Un mouvement (le nôtre) définit l'espace historique où une découverte doit rejoindre un trésor « primitif » et, du même coup,
réduire les précédentes lectures à n'être que des demi-vérités
ou des erreurs. Quelque chose de sacré *doit* se trouver aux
origines, qui soit le secret de *notre* présent.

Déjà, en 1631, à propos des présentations d'Ignace, le Père
Chauveau déclare que « toutes quatre sont manquées et bien
au-dessous de l'idée qu'il faudrait avoir tant de ce grand saint
que de notre Compagnie ». L'idée de « ce grand saint *caché*
même à la plupart de ses enfants », il la tenait de la révélation
mystique que son ami Bernier aurait reçue du fondateur
lui-même[1]. Il ne savait sans doute pas que trois des quatre
biographies dont il parlait étaient nées d'une contestation
analogue (à vrai dire plus critique) vis-à-vis de la première,
celle de Ribadeneira[2]. L'*euréka* du Père Chauveau, bien
d'autres l'avaient donc prononcé avant lui, et, depuis, quel
exégète ne le répète ? Chaque présent se fait son *Imago primi
sæculi* et saisit dans le passé une *image* jusque-là cachée qui,
sur le mode d'un objet « mystique » ou « primitif », lui est
proportionnée. Chaque génération prétend dégager enfin « le
véritable esprit » d'Ignace, comme bien des titres le montrent,
mais elle semble plutôt déléguer vers les commencements
quelques explorateurs tacitement chargés de l'approvisionner
en « origines » conformes à ses besoins[3].

1. Voir Michel de Certeau, « Crise sociale et réformisme spirituel au
début du XVIIe siècle », in *Le Mépris du monde*, Paris, Le Cerf, 1965, p. 144-
146.

2. Voir les « censures » de la *Vita Ignatii* de Ribadeneira, in *Fontes narra-
tivi*, t. 4, Rome, 1965, p. 933-998.

3. L'évolution d'un homme l'amène, lui aussi, à percevoir différemment
le « vrai » sens des origines. Dès le début, on le constate. Ainsi Gonçalves da
Câmara avait, jeune, rédigé en espagnol un *Mémorial* sur Ignace (1555) ;
après les années d'un supériorat difficile, il lui apporta des retouches portu-
gaises qui répondaient aux discussions de sa province sur la nature du gouvernement et qui donnaient de nouveaux « souvenirs » sur la « rigueur »

La critique historique renouvelle la question, lorsqu'elle constate le phénomène au cœur de ces origines mêmes, lorsqu'elle fait apparaître chez les premiers compagnons une diversité, voire une divergence entre leurs interprétations de l'esprit ignatien, lorsqu'elle constate, chez Ignace même, la mobilité de ses positions et la série des conceptions auxquelles se sont successivement arrêtés ses interprètes. Bien plus, elle aggrave le problème lorsqu'elle en vient à justifier cette évolution par l'inadéquation des formes ou du langage dans lesquels un « esprit » s'est tour à tour formulé, et lorsqu'elle souligne la profonde différence culturelle qui sépare notre monde mental de l'univers où s'est élaborée la spiritualité ignatienne.

Où sont donc les « sources » enchantées qui nous renvoient toujours ailleurs, au-delà de l'endroit où nous espérions les trouver ? Par rapport à notre projet d'aller saisir la Compagnie à sa naissance, le passé apparaît simultanément comme la terre natale et comme le pays déserté. Nous espérons y trouver, encore transparent dans ses origines, l'*esprit* qu'un développement aurait adultéré, mais nous en rejetons le *langage*, aujourd'hui désaffecté et qu'il ne nous est plus possible d'habiter. Il y a, d'une part, une vérité initiale à laquelle il nous faudrait revenir pour y discerner le critère des choix actuels ; d'autre part, sur le monde, sur le salut et les fins dernières, sur les païens et les relations humaines, sur le rôle paternel, sur le gouvernement ou sur la psychologie religieuse, en somme sur toutes les dimensions de l'existence, une mentalité et des conceptions dont nous ne pouvons que nous désolidariser. Un « esprit » serait là, mais caché sous des formes devenues inintelligibles. Les commencements représenteraient à la fois le lieu de l'essentiel et le lieu du périmé, le plus nécessaire et le plus étranger au présent.

Finalement, qu'est-ce donc qu'une spiritualité ? Prise en son principe, comme le terme d'un « retour », elle serait un « esprit » originel déjà trahi par tout son langage initial et compromis par ses interprétations ultérieures, de sorte que,

---

manifestée par les faits et gestes du fondateur lui-même (voir L. Gonçalves da Câmara, *Mémorial*, Paris, Desclée De Brouwer, 1966, surtout n. 46-63 ; et F. Rodrigues, *História da Companhia de Jesus na Assistència de Portugal*, t. 2, 1, Porto, 1938, p. 293-329 : « Rigor ou Brandura ? »).

n'étant jamais là où elle est dite, elle serait l'insaisissable et l'évanescent. Considérée dans son histoire, comme une suite de lectures au bout desquelles se situe la nôtre, elle formerait une collection d'images dans l'aire circonscrite par les institutions et les actions d'une société, et, puisque les circonstances ont appelé et doivent provoquer encore des réajustements indéfinis, puisque mille interprétations différentes sont possibles et que leur multiplicité les relativise toutes, cette mobilité signifierait de nouveau l'évanescence de l'unité toujours postulée.

En scrutant de plus près les origines, l'analyse semble n'atteindre qu'un vide là où nous attendions la vérité. Mais elle nous ouvre au contraire une voie lorsqu'elle nous oblige à deviner tout un système de relations humaines, au lieu de l'objet sacré que nous cherchions. Dès le début, par leurs évolutions réciproques, cent témoins divers ou divergents renvoient les uns aux autres et, par là même, à leurs successeurs. Entre eux, des liens dus à une recherche commune, mais aussi à des insuffisances et à des changements, nous situent déjà, vis-à-vis d'eux, dans une position qui n'est pas fondamentalement différente de la leur : ils n'ont pas et ne sont pas le trésor dont nous voulions trouver l'emplacement quelque part. Nos pères sont des hommes ; ils ne sont que des hommes. Les origines ne sont pas d'une autre nature que nous. Elles s'évanouissent à notre approche si nous les identifions à un secret qui serait détenu par le passé et avec lequel il nous faudrait ruser pour nous trouver nous-mêmes en le récupérant. De telles « sources » ne cessent de nous fuir, car elles ne sont qu'un mirage.

Mais nous constatons la proximité des commencements si nous discernons en eux un mouvement déjà orienté vers le projet qui nous porte à leur recherche. L'*esprit*, en ces origines, s'exprime dans la mouvante multiplicité de créations et d'interprétations qui rendent déjà les nôtres légitimes et nécessaires. Aussi bien notre démarche actuelle est-elle du même type lorsque nous n'espérons plus du passé des idées-programmes ou des images-modèles, mais une sorte de réciprocité qui surmonte la discontinuité temporelle en la justifiant et qui nous fasse retrouver, à travers d'autres glissements et d'autres ruptures, le vivant pluralisme déjà constable entre les premiers compagnons, entre les divers moments de leur évolution, entre eux et leurs premiers successeurs. C'est cette réciprocité qui triomphera des différences en les conjuguant et qui forme elle-même le *langage* d'un esprit jamais localisable quelque part. Il y a là une expérience dont le temps est l'élément. Mais, une fois admis que ces origines ne nous sont ni tout à fait étrangères (elles ont désormais un sens pour nous), ni tout à fait nôtres (elles restent le fait d'une autre époque), une reconnaissance mutuelle nous éclairera si nous laissons à ce passé le droit de nous résister (parce qu'il est autre et que nous en dépendons) et si nous avons la force de lui résister (parce que nous sommes encore capables de créer).

La résistance du passé

L'histoire peut-elle assurer une communication avec le passé ? Parviendra-t-elle à découvrir tels qu'ils furent les chrétiens et les jésuites d'hier, à ne pas les transformer en bibelots et en arguments, à ne pas les changer en ces « chers disparus » maquillés selon les exigences d'une théologie ou d'une apologétique et destinés à satisfaire nos avidités, nos peurs ou nos polémiques ? Il n'y a pas d'histoire véritable qui n'aspire à cette rencontre, qui ne quête la résistance des autres, et qui n'éprouve ou ne fomente cette hérésie du passé par rapport au présent. À cette fonction de l'histoire correspond, doit correspondre une passion de l'historien. Car s'il a pour tâche de fournir à ses contemporains cette part nécessaire et légitime de leur « image » sociale qui intègre un passé au présent, il découvre progressivement une mission plus essentielle et plus difficile, qui consiste à leur révéler, dans un moment du passé, la négation de cette image même. Son travail, et jusqu'à ses manies, sont au service de ce désir. Il veut être peu à peu dépossédé du savoir qui réduisait les hommes d'hier à n'être que des semblables. Il refuse de tout voir avec les yeux d'une culture, de sa culture. Il a le goût de l'autre. Sans doute est-ce la raison lointaine et profonde du prix qu'il attache au moindre fait, à la moindre miette de l'histoire : « Cela s'est passé ; cela a été. » Il y a là quelque chose qui brise une facilité de l'intelligence et ouvre l'esprit à l'étonnement. Ce n'est qu'un grain de sable, mais il enraie

la logique d'un système ; il fêle un miroir collectif ; c'est déjà
le signe d'autre chose, au même titre qu'une photo de la face
nocturne de la lune ou que l'onde enfin perçue d'une étoile
inconnue. En se multipliant, en se corroborant, ces indices ne
cessent de surprendre les formes mêmes du désir qu'ils éveil-
laient. Ils révèlent un être, un moment, des hommes, une
société *autres*.

Certes, on n'arrive jamais aux hommes d'hier sans passer
par ceux d'aujourd'hui. Ce détour, nous l'avons vu, est un
grave handicap, dans la mesure où notre paysage mental reste
le fond sur lequel s'impressionne toute connaissance historique. Mais il est aussi une chance. La médiation des autres,
aujourd'hui, est la condition d'un accès à l'altérité du passé.
Déjà, une lecture de *notre* histoire, lorsqu'elle est faite *par
d'autres* que par nous, peut nous dégager des a priori et de
l'idéologie qu'à notre insu nous y défendons. La distance
dans le présent ouvre la possibilité de saisir la distance du
passé. Une sorte d'écart entre les observateurs permet la
détermination d'un « objet » distinct de chaque visée.

Ainsi, là où nous lisons, dans le « discernement des
esprits », une propédeutique à la libre décision, un historien
retrouvera, commune à tout le XVIᵉ siècle, l'expérience cosmologique des *spiritus* (« esprits » ou « motions »), influences
célestes et vitales, indissociablement matérielles et spirituelles, impulsions descendues des sphères les plus hautes
jusque dans les profondeurs les plus secrètes de la vie[4]. Ou
bien, là où nous voyons l'originalité d'une invention pédagogique conforme à l'esprit des *Exercices*, un historien reconnaîtra, à quelques différences près, la reprise et la généralisation du « *modus parisiensis* », lui-même élaboré par
les écoles flamandes du XVᵉ siècle puis également adopté par
les collèges jésuites et protestants du XVIᵉ siècle[5]. Là où
l'apologie d'un « humanisme » audacieux met en valeur les
grandes aventures apostoliques que sont les « réductions » du
Paraguay ou les missions scientifiques en Chine, d'autres

---

4. Voir Alexandre Koyré, *Mystiques, Spirituels, Alchimistes du XVIᵉ siècle
allemand*, Paris, Armand Colin, 1955 ; Robert Mandrou, *Introduction à la
France moderne, 1500-1640*, Paris, Albin Michel, 1961 ; ou Pierre Favre,
Mémorial, Paris, Desclée De Brouwer, 1960, p. 50-54.
5. Voir A. Hyma, *The Christian Renaissance. A History of the « Devotio
moderna »*, New York, 1925, p. 89-98, 122-135, 236-299, etc.

études souligneront le caractère trop abstrait d'une structure certes égalitaire et vigoureuse, mais « paternaliste », réduisant tout à ses catégories et finissant par éliminer « le reste[6] », ou encore, en Chine, l'équivoque d'un service qui favorisait la politique des empereurs et entrait dans la logique d'un système contraire aux intentions religieuses des missionnaires[7].

Est-ce à dire que notre passé soit ainsi, purement et simplement, déterminé par la connaissance des autres et identifiable aux éléments d'un système culturel ? Non. Il n'est réductible à un *objet*, ou à quelques variations sur le thème d'une époque, que si l'on néglige *ce qui s'est dit* dans le langage d'un temps, si l'on identifie le sens à son vocabulaire ou la parole à son outillage mental. Discutables donc, ces points de vue nous obligent pourtant à discerner *un acte spirituel* dans les expressions que nous prenions d'abord pour les « choses » de l'esprit : à reconnaître, dans le discernement des esprits, l'intelligence d'un mouvement spirituel à l'intérieur de la culture qui en fournissait les termes ; dans une pédagogie, la visée religieuse désormais véhiculée et universalisée avec des méthodes préexistantes ; dans une mission, le sens de Dieu qui s'est traduit par des audaces humaines nécessairement conçues en fonction des régions historiques et mentales qui en étaient le point de départ. Ces travaux nous posent donc une question. Bien plus, ils ouvrent dans nos connaissances une faille par où peuvent également entrer les « autres » d'aujourd'hui et ceux d'hier. Ils amorcent un mouvement plus général et en quelque sorte circulaire. Tour à tour, nous sommes avec notre passé pour juger ce qu'y voient les historiens actuels, et avec ces historiens pour trier et comprendre ce passé en nous en distinguant. Cette relation triangulaire dessine l'espace d'une prise de conscience nouvelle.

Car le lien dont témoigne le regard nouveau qu'avec d'autres nous jetons sur ce passé nous rend perceptible le lien

6. Voir L. Capitan et H. Borin, *Le Travail en Amérique avant et après Colomb*, Paris, 1930, IV, 1 ; Régine Pernoud, *L'Amérique du Sud au xviiie siècle*, Paris, 1942, p. 92-111 ; et surtout Gilberto Freyre, *Maîtres et Esclaves*, Paris, Gallimard, 1952, p. 137-152.
7. Voir Étiemble, *L'Orient philosophique au xviiie siècle*, Paris, CDU, 1958, chap. « Missionnaires et philosophes ».

de nos origines religieuses avec un autre monde, avec
l'époque où elles s'inscrivaient : le point de vue (disons
« culturel ») que nous recevons de l'historiographie moderne
nous apprend à quel point les initiatives et les découvertes
originelles de la Compagnie *correspondaient* au temps qui
les a vues naître. Par là, nous nous en éloignons ; nous pre-
nons du recul par rapport à des institutions et à des conceptions dont nous découvrons ainsi qu'elles seraient maintenant
des survivances. Cette liberté nouvelle, nous la devons à une
solidarité qui répond, dans le présent, à celle que nous perce-
vons dans le passé. C'est aux autres que nous sommes débiteurs de cette autonomie progressive et, de la sorte, nous
saisissons une situation aujourd'hui analogue à celle d'hier.
Inversement, au moment où peut-être nous serions tentés de
nous considérer comme étrangers à ces lointaines origines et
quittes par rapport à ce lourd héritage, au moment où nous
nous donnons la facilité de nous présenter avec une théorie
universelle, admirablement proportionnée au présent, homogène aux besoins de tous et telle que chacun s'y reconnaisse
en disant : « Mais cela, c'est être chrétien, c'est être homme
aujourd'hui, c'est ce que je veux être » – à ce moment-là,
voici que les autres nous ramènent à nos origines, discernent
dans notre langue l'accent natal, constatent la permanence
des réflexes et des choix sous la diversité de leurs formes, et
nous renvoient à la particularité du destin que nous signifie
une histoire. En apprenant que nous ne pouvons nous identifier au passé pour en faire notre image, nous apprenons que
nous n'avons pas le pouvoir de lui fixer n'importe quel rôle
dans la mobilisation d'une exégèse nouvelle. Il ne nous
appartient pas de ne pas avoir eu *ce* passé : il survit en nous.
Les nobles visées du dialogue ou du « sens de l'homme »
cachent un esprit toujours reconnaissable sous la variété de
ses expressions anciennes ou modernes. Entre hier et aujour-
d'hui, comme entre deux frères qui se savent différents, l'observateur étranger décèle d'abord la ressemblance et saisit
une continuité.

Double leçon : de *modestie* à l'encontre des utopies géné-
reuses où l'universel n'est que le visage nouveau d'une tradition particulière ; de *liberté* à l'égard du passé, dans la mesure
où l'homogénéité entre chaque étape de cette tradition et son
temps nous indique la réalité et l'urgence actuelles d'une

semblable conformation au nôtre. Tour à tour, nous sommes ramenés à l'universalité du présent par les générations qui ont parlé chacune le langage de leur époque, et nous sommes « remis à notre place » par une histoire qui ne cesse de nous situer au milieu de nos contemporains. Nous ne pouvons ni fuir le présent en nous appuyant sur la permanence du passé, ni fuir le passé en l'escamotant habilement derrière une idéologie. Toujours relue avec d'autres et devant eux, l'histoire devient une psychanalyse du présent : des « scènes primitives » resurgissent au cours de ce dialogue actuel, et celui-ci les change dans la mesure où nous y découvrons le conditionnement d'un risque nouveau.

Renouveaux de la tradition

Le passé n'a pas la malléabilité que nous lui prêtions d'abord et que parfois nous lui voudrions. Il résiste. Mais c'est une résistance qui n'apparaît jamais qu'en fonction d'un présent, c'est-à-dire par rapport à la volonté (tacite ou explicite) de s'en libérer pour être d'aujourd'hui. Chaque génération lui résiste donc aussi au moment où elle le reconnaît ; elle l'altère, alors même qu'elle s'y conforme ; elle en éprouve l'altérité et, simultanément, elle le fait autre. Une vue simplificatrice nous fait désigner par un singulier tout ce qui nous a précédés : *la* tradition, disons-nous. Mais ce que nous appelons ainsi n'est pas ce qui, hier ou avant-hier, était mis sous le même nom. Le passé par rapport auquel nous avons aujourd'hui à nous situer se diffracte en mille « passés » différents, depuis celui que nous considérions il y a dix ans jusqu'à celui qu'envisageait Ignace lorsqu'il parlait de Manrèse comme de son « Église primitive ». La totalité embrassée par ce terme comporte en réalité une multitude de moments, définis chacun par la décision qui créait un passé en même temps qu'un présent. Et chaque fois, dans l'enseignement « reçu », quelques absences ou tout au moins des distorsions trahissent une rupture (souvent inconsciente) et un mouvement du sous-sol, un renouveau de la tradition.

Un exemple rendra perceptibles ces failles cachées sous le langage de la fidélité : l'interprétation nadalienne de l'union entre action et contemplation, pierre de touche de la spiritualité ignatienne [8]. Aux origines mêmes de l'Ordre, sur ce point central, il existe un écart entre le fondateur et son interprète ; il s'accompagne pourtant, chez Nadal, de la conviction qu'il reproduit la pensée de son père. D'une part, en présentant Ignace comme un « contemplatif dans l'action » (1557), Nadal affirme que ce « privilège » personnel, « concédé à toute la Compagnie », survit à la mort de son fondateur (1556). « Nous expérimentons, dit-il, que je ne sais quoi de cette grâce est comme descendu *(derivatum)* en nous. » Cette « dérivation » se prolonge en une mystique « insinuation » : « Le Père Ignace comme embrassant l'âme et s'y insinuant avec douceur et dans la paix [9]. » La spiritualité qu'il expose n'est pour lui rien d'autre que la théologie d'une expérience, celle d'Ignace, car « la forme de cette contemplation » est communiquée à tous les jésuites [10] ; « la grâce spéciale et l'influx » accordés par Dieu au fondateur inaugurent une vocation d'un « mode particulier » dont tous ses disciples bénéficient par « dérivation » et qui fait d'eux les destinataires et les contemporains spirituels de la vision de la Storta [11].

Mais, d'autre part, à cette théologie de la continuité (que renforce, chez un homme de la seconde génération, une idéalisation du rôle joué par Ignace), la doctrine exposée ne correspond pas tout à fait. Pour Nadal, les activités des jésuites *(ministeria et colloquia)* sont participation, en eux comme chez le fondateur, aux « ministères » du Fils et à son « colloque » avec le Père dans l'Esprit. La contemplation de la Trinité apprend donc à vivre les actions apostoliques « en esprit », comme « toutes spirituelles » ; elle en fait naître le mouvement et percevoir le sens. L'apôtre participe à un unique mystère par son oraison et par ses ministères « même extérieurs [12] ». Ce dernier mot signale déjà un écart : la contemplation « s'étend » aux opérations, elle « s'élargit vers

8. Le texte fondamental, que bien d'autres éclairent, est ici *In examen annotationes* (1557), in Nadal, *Commentarii de Instituto S. J.*, Rome, 1962, p. 161-163.
    9. Nadal, *Orationis observationes*, Rome, 1964, p. 195.
    10. *Ibid.*, p. 61.
    11. Voir *Pláticas espirituales del P.J. Nadal...*, Grenade, 1945, p. 72.
    12. *De la oración...*, in *Epist. Nadal*, Rome, 1905, t. 4, p. 681.

le prochain par les ministères de notre vocation [13] ». De cette extension, intuition fondamentale chez les premiers compagnons, Nadal donne une exégèse personnelle (où se reconnaît d'ailleurs l'influence de la théologie dionysienne et de la doctrine de saint Bonaventure sur la contemplation [14]). L'action est l'extériorisation de la grâce reçue dans l'oraison. La vie spirituelle, surgie des profondeurs de l'être *(spiritu)*, accueillie et reconnue comme impulsion et comme lumière *(corde)*, se répand au-dehors en œuvres de charité *(practice)*, c'est-à-dire en opérations conformes à leur origine. Aussi les sentiments spirituels, fruits de la méditation, doivent-ils subsister tout au long du jour dans les activités qu'ils inspirent et qu'ils guident [15]. S'il y a « circularité » entre l'action et l'oraison, c'est parce que l'une naît des motions intérieures perçues dans l'autre et que, par ailleurs, le dévouement au prochain purifie l'âme, l'assouplit et la prédispose à la prière [16] ; ce n'est pas d'abord, comme le pensait Ignace [17], parce que l'action est religieuse au même titre, parce qu'elle obéit à une même dialectique universelle et qu'elle est l'expérience permanente des relations spirituelles dont témoigne aussi l'oraison. Pour Nadal, celle-ci « s'étend jusqu'à l'action ». L'apôtre doit être un « contemplatif » qui ne perde pas l'union à Dieu « dans son action », mais qui la nourrisse de sa prière ; il doit *rester* un contemplatif *jusque* dans ses ministères « extérieurs ».

Nadal exprime la « grâce » du fondateur en ses catégories propres, marquées par une doctrine de la contemplation à laquelle il répondait et qui séduisait alors beaucoup de ses confrères, ou par l'enseignement qu'il avait lui-même reçu dans sa jeunesse. En même temps qu'une fidélité au « père »,

---

13. *Ibid.*
14. Voir M. Nicolau, *Jerónimo Nadal*, Madrid, 1949, p. 423-431 ; J. Hejja, *Structura theologica viiæ spiritualis apud H. Nadal*, thèse, Univ. Grégorienne, Rome, 1957, p. 17-19.
15. Sur le thème nadalien des « *reliquias de la cogitación* », voir *Orden de la oración*, in *Regulae S.J.*, Rome, 1948, p. 490 ; et M. Nicolau, *op. cit.*, p. 321-323.
16. Voir R. Hostie, « Le cercle de l'action et de l'oraison d'après le P.J. Nadal », in *Christus*, t. 2, 1955, n° 6, p. 195-211.
17. Voir Michel de Certeau, « L'universalisme ignatien », in *Christus*, t. 13, 1966, n° 50, p. 173-183.

son exégèse est une résurgence d'un passé antérieur à la rencontre d'Ignace et la réaction à une actualité plus récente. Elle répond à des nécessités diverses : la confrontation avec l'illuminisme, l'assimilation d'une tradition théologique et contemplative, les exigences d'un esprit soucieux de « fixer la ligne » doctrinale. Nadal n'en fut pas moins approuvé par Ignace qui, à la fin de ses jours, avait fait de lui son représentant en Espagne, son vicaire général et son interprète officiel.

Faut-il donc ramener l'une à l'autre ces deux positions, ou choisir entre elles ? Une fois de plus, la difficulté nous éclaire sur le mouvement qui ne cesse de renouveler la fidélité. Si l'on tient compte de bien d'autres cas historiques, on peut reconnaître dans l'exégèse nadalienne trois relations qui, jouant les unes sur les autres, sont également nécessaires à l'élaboration et au discernement de la tradition.

1. Toute interprétation se réfère au fondateur et se dit « ignatienne ». Dans la pensée de son auteur, cette intention première la construit et la justifie. Nadal le soulignait très fortement par son comportement personnel (il parlait « au nom de quelqu'un », et seule, à ses yeux, sa position de délégué autorisait son discours), dans ses commentaires (qui donnaient un rôle central à l'expérience d'Ignace) et dans sa théologie (qui postulait chez le fondateur une grâce capitale fixant leur « vocation » à tous ses disciples). Il se soumettait lui-même au critère d'une fidélité à son maître, et cela jusqu'à la minutie, jusqu'au scrupule. Il reste donc essentiel à son œuvre d'avoir été une « traduction autorisée », un développement reconnu par Ignace, mais aussi d'être lue par la postérité en fonction de sa conformité avec l'œuvre de son père. C'est au nom de cette norme que l'exégète demande lui-même à être jugé.

2. Le rapport entre Ignace et Nadal ne joue pas dans un seul sens, et il ne comporte pas seulement deux termes. Il s'inscrit dans une réciprocité historique. D'autres lectures ne cessent de situer l'une par rapport à l'autre les deux œuvres. De ce point de vue, l'œuvre de Nadal acquiert une sorte de fonction dans la spiritualité ignatienne. Par exemple, elle supplée à un manque d'élaboration théorique chez Ignace ; à ce titre, dès le xvie siècle (mais aussi à diverses époques et encore tout récemment), elle répond à des exigences intellectuelles et religieuses ; elle est nécessaire à l'esprit ignatien,

pour qu'il soit exprimé et compris, et en termes nécessairement différents. Mais, au cours de l'histoire, ces « réveils »
nadaliens suscitent à leur tour l'approfondissement et le jugement qui font discerner dans la vigueur doctrinale de l'interprète une raideur doctrinaire et une systématisation où
certains éléments sont privilégiés par rapport à d'autres. La
confrontation avec un langage initial ne cesse de justifier et
de rectifier les développements qui le modifient tout en
dévoilant son sens.

3. S'il y a un pluralisme nécessaire, fait d'interprétations
successives qui renvoient sans cesse à l'origine dont elles
révèlent progressivement les ressources encore inexplorées,
les riches imprécisions, les adhérences historiques et mentales, il se développe en fonction de cohabitations humaines,
dans le réseau des relations entre les courants de telle ou de
telle époque. Un développement n'est jamais linéaire et
interne à une seule tradition. En le supposant, on serait obligé
de se référer à une « croissance » autonome, à la permanence
d'un « essentiel » caché sous une apparente diversité, ou à
une unité « profonde » allant de l'implicite à l'explicite ; mais
en réalité, ce genre d'explication déduit toujours du présent
les éléments qui doivent, par hypothèse, exister « en puissance » dans les origines – « explication » qui rejoint la « vertu »
dormitive des médecines moliéresques.

La tradition ne peut être que morte si elle reste intacte, si
une invention ne la compromet pas en lui rendant la vie, si
elle n'est pas changée par un acte qui la recrée ; mais chaque
fois elle renaît des questions et des urgences qui font irruption avec le recrutement de l'Ordre, avec son apostolat et ses
mille interférences culturelles. L'histoire de la Compagnie
montre d'ailleurs la dégradation entraînée par la diminution
de ses relations avec les groupes les plus dynamiques qui
sont aussi les plus différents, ceux de la misère, ceux de l'intelligence, ceux du pouvoir. Dans la seconde moitié du
XVIIIe siècle, par exemple, une enquête sociologique constate
la prédominance de novices issus des nobliaux des provinces
« traditionnelles » au moment où la bourgeoisie commerçante et urbaine est à la pointe du progrès social ; on ne
s'étonne plus qu'une pareille fixation dans le passé se soit
accompagnée d'un étiolement intellectuel et spirituel. Il en
va de même pour les apostolats. Tout ce qui injecte dans une

tradition le poison d'un temps nouveau est aussi ce qui la
sauve de l'inertie. Ici encore, l'uniformité interne est mor-
telle. La rupture, courage d'exister, s'exprime dans une
double relation : non pas seulement au sein d'une même
époque, mais dans le rapport qu'elle entretient avec les précédentes. En jouant dans les deux sens, à l'égard du passé et à
l'égard du présent, la différence ne cesse d'être l'élément du
renouveau et de susciter le langage de l'esprit par la création
de formes imprévisibles et réciproques. Et ce langage n'est-il
pas celui que nous trouvons déjà aux origines ?

L'hérésie du présent

« Chaque société a son histoire et la récrit au fur et à
mesure qu'elle change elle-même. Le passé n'est définitivement fixé que quand il n'a plus d'avenir [18]. » Depuis sa naissance, la Compagnie *fait* son histoire en la récrivant, d'étape
en étape, pour un aujourd'hui. Mais, dans ce processus, une
différence nous frappe, qui dénote une conscience et une problématique nouvelles dans le développement. Alors que nous
discernons un *décalage* entre un passé et son interprétation,
les anciens, tel Nadal, ne voient et ne veulent voir que *continuité*. À les entendre, ils répètent la grande voix de la tradition. Ils n'ont pas le sentiment d'innover, et Ignace partageait
déjà cette conviction, prônant d'ailleurs une vie ajustée à
l'honnêteté commune, une pensée conforme à l'orthodoxie
établie, une éducation docile à la tradition « reçue ». Si on
leur signalait quelque nouveauté dans leur doctrine, ils s'en
défendaient comme d'une accusation, et ils avaient raison de
le percevoir ainsi : c'en était une. Aussi répondaient-ils en
prétendant reproduire un passé – mais, comme chez les « spirituels » jésuites du XVIIe siècle, c'était souvent un passé qui
n'était pas le même que celui de leurs interlocuteurs. À cet
égard, notre problème est inverse du leur. Là où ils inno-
vaient en croyant répéter, nous témoignons de la tradition sur
un mode qui d'abord ne se reconnaît pas dans ses modes
antérieurs. De part et d'autre, continuité et discontinuité sont

18. Raymond Aron, *Dimensions de la conscience historique*, Paris, Plon,
1965, p. 18.

également certaines, mais inégalement conscientes : c'est à l'intérieur d'une tradition qu'ils se différenciaient ; c'est à partir d'une distanciation que nous avons à trouver le sens de notre histoire. Ce qui était pour eux participation à une vie reçue, nous le formulons comme une rupture. La décision de vivre aujourd'hui implique pour nous, vis-à-vis du passé, une hérésie du présent.

La différence n'est pas seulement de forme. Nous lisons notre passé comme notre culture lit toutes choses : une solidarité présente nous sépare de ce qui se passait hier ; l'extension des communications actuelles rend problématique la relation à la « tradition ». Sans même que nous le sachions, nos pensées et nos réflexes consonnent avec un milieu qui s'élargit et communique de plus en plus avec les autres. Nous lui sommes adaptés lorsque nous nous posons le problème de l'adaptation. C'est déjà l'indice d'une tacite adaptation que la conscience d'être secrètement étrangers, par un malaise dépourvu de symptômes précis, à l'enseignement « reçu » ou aux institutions dans lesquelles nous sommes « entrés ». Nous partons nécessairement de ce que nous sommes quand nous nous demandons comment nous allons faire de ce « reçu » le langage de nos risques, et de la société où nous sommes entrés une œuvre inventée en vue d'un service.

Du seul fait que nous existons, nous sommes déjà hérétiques par rapport au passé. Notre premier devoir est de ne pas l'être d'une façon inconsciente ou malheureuse. Il nous faut accepter la différence, en y voyant le signe que nous devons exister et que cette existence ne nous est pas garantie par le passé. Il y a toujours quelque angoisse (celle des « abandons ») ou quelque illusion (celle de la « fidélité ») à vouloir *être avec* le passé, à supposer que nous devrions « quand même », « malgré tout », sauvegarder au moins quelque chose du passé dans le présent ou retrouver quelque chose du présent dans le passé, comme s'il fallait à tout prix préserver certaines formes anciennes immuables (mais lesquelles ?) ou tenir pour originelles certaines valeurs actuelles (mais lesquelles ?). Pour que nous ayons le droit de vivre, il nous faudrait absolument identifier dans Ignace quelque chose qui soit « moderne », ou en nous quelque chose qui soit « traditionnel ». Et lorsque nous sommes obligés de constater que, tout au long de l'histoire, ces identifications bougent et tournent, que chacune d'entre elles est inséparable du contexte historique où elle prend un sens nouveau, et qu'elles sont tour à tour critiquées et remplacées par d'autres, nous nous sentons seuls et nous sommes portés à conclure que, de son côté, le fondateur est à jamais le seul témoin authentique de la spiritualité ignatienne, un témoin que trahit toute interprétation et dont le secret échappe à toute enquête.

Renvoyés au présent par le morcellement de l'*Imago* archétypale qui nous dispenserait d'être, nous devons ou périr avec elle (possibilité dont l'histoire des instituts religieux nous offre maints exemples), ou courir le risque d'exister pour aujourd'hui. Ce pas en avant que rien au monde ne peut décider à notre place, il déséquilibre toujours le corps et semble le jeter dans le vide – chute et mouvement dont le sculpteur Donatello surprenait jadis l'instant chez ce marcheur que fut saint Jean-Baptiste. Mais pareille nouveauté spirituelle est précisément ce qui a déjà constitué chaque étape du passé, même si l'on pensait alors répéter l'étape antérieure : une invention évangélique est chaque fois au commencement, alors même qu'elle s'énonce comme un recommencement. Pour nous aussi, quoique d'une autre manière, seul un commencement qui s'avoue et se veut comme tel saura saisir en soi la force et les limites d'un recommencement. Seul, d'abord, un acte inspiré par l'urgence et la lucidité de la charité nous rendra intelligible l'acte qui s'est exprimé aux origines, avant-hier, hier encore, en d'autres langages que le nôtre. Seul, par conséquent, il nous fera saisir dans ce passé autre chose qu'un bagage à déposer ou une inévitable archéologie de l'actuel. Alors, en devenant lisible et reconnaissable spirituellement comme notre passé, l'histoire nous permettra d'éviter cette illusoire liberté qui pense quitter le passé en embrassant aujourd'hui une opinion commune ou son ombre. C'est là pour nous le signe d'un second devoir, celui qui nous amène à distinguer dans le présent l'hérésie nécessaire et l'hérésie condamnable.

Cette dernière se définit par une exclusive. Elle suppose fallacieusement l'absence du passé ou son non-sens. Elle récuse ces frères d'hier. À son tour, elle ne supporte pas, elle nie la différence. Elle refuse de s'insérer dans une histoire qui n'a pas commencé avec nos efforts. Au contraire, en fonction de nos initiatives, il nous faut chercher la *vérification néga-*

tive dont l'étude de la tradition est le lieu. Certes, le passé ne donne jamais le présent, mais il nous apprend la réalité d'une situation dans l'Église. Il est refait par nous, mais il nous révèle un conditionnement qui a le sens d'une vocation et qui se traduit par une « conversation ». Éprouvée à partir d'un projet, la résistance du passé nous renvoie à nous-mêmes l'exigence d'une réciprocité vivante qui doit se développer entre les générations comme entre les membres actuels d'une communauté, ou comme entre les premiers compagnons dans les commencements. L'espace d'un choix est restreint parce qu'il est le nôtre ; il est modeste parce qu'il est réel. Nous le définissons progressivement par le croisement entre nos initiatives et ce qu'elles nous découvrent ou nous laissent entendre de nos frères anciens.

Si tout présent est le principe d'une relecture, il est aussi genèse de la tradition et il en reçoit une réponse d'un type nouveau. Il n'exclut pas d'autres interprétations, passées ou futures. Il les suppose au contraire, mais à la manière dont un nouvel arrivant suscite, par sa présence et par ses questions, ce que des interlocuteurs n'avaient pas encore dit et ce qu'il doit lui-même écouter au cours d'un entretien tout entier occupé par le souci de reconnaître et de dire l'Esprit en tous les langages susceptibles de le parler. Une double confrontation s'impose toujours, dont l'Église d'aujourd'hui reste le juge : un dialogue avec nos contemporains et un dialogue avec la tradition, non pas pour supposer chez les uns ce qu'ils ont abandonné ou dans l'autre ce qu'elle n'a pas été, mais pour entrer délibérément dans la voie d'une reconnaissance mutuelle qu'inaugurent déjà les échanges présents et les confrontations historiques.

Jadis, vieux d'aventures et d'expériences extraordinaires, Ignace décida de partir à l'école. Il recommençait sa vie. Il ne se contenta pas de prophétiser (encore moins de déplorer) des temps nouveaux ; il y entra effectivement, par la voie d'une technique. Il n'en reconnut pas l'importance à seule fin de conseiller les autres ; il expérimenta l'outil de son époque, brisant avec son passé pour trouver Dieu là où travaillaient ses contemporains. Ce départ même devait lui apprendre à discerner dans la tradition et dans sa propre vie les critères d'une docilité, encore inouïe, à l'Église de Jésus-Christ. Une « reconversion » analogue nous est demandée. Si l'audace du

fondateur devenait la justification de notre peur, de notre las-
situde ou de notre sécurité, ne serait-ce pas, comme on le
disait du vieux maréchal Hindenburg en 1932, que nous
serions déjà morts sans le savoir ? Une audace nouvelle reste
le moment décisif de la fidélité ; alors des vérifications peuvent être fournies par le passé. La croire aujourd'hui souhai-
table, mais la récuser ou la laisser à d'autres, c'est lui préférer
une mort douce. La vouloir, c'est en prendre les moyens, passer par la discipline d'engagements inédits et payer le prix
d'une participation à la tâche présente ; après quatre cents ans
d'une riche histoire, c'est aller à l'école.

II

Prendre les risques du présent

4

Autorités chrétiennes
et structures sociales

1. Une sociologie de l'imaginaire

L'interrogation sur les autorités entraîne un examen nouveau de nos sociétés contemporaines[1]. Les diagnostics varient ou se contredisent. Mais ils se réfèrent à une question encore inédite depuis que sont nées les sciences sociales, aujourd'hui appelées en consultation. Les médecins eux-mêmes sont pris au dépourvu. Maladie née du progrès, ou simplement phénomène de croissance ? Par cette crise, chaque société occidentale est renvoyée à ce que suppose son fonctionnement, à un ensemble de références qu'elle ne peut justifier puisqu'elle se définissait en les affirmant. Mais son « choix » fondateur, investi dans un progrès de trois siècles, devient douteux. Atteinte dans ses conditions de possibilité, elle se retourne sur soi, et, à travers ses « autorités », se met en quête de son identité. De ce « mal » incertain, la situation française nous fournit un exemple. De surcroît, elle nous oblige aussi à reconnaître les déterminations géographiques

---

1. Par *autorité*, j'entends d'abord *ce qui fait autorité*. On peut alors distinguer : *a)* soit une *référence sociale* qui a « force de loi » et qui exprime une sorte de contrat fondateur (par exemple, les droits de l'homme et du citoyen ou une constitution) ; *b)* soit un *personnage* (autorité « constituée ») à qui est reconnu le droit de se faire obéir au titre de ce contrat (par exemple, un magistrat, un maire, etc.) ; *c)* soit un *critère* précisant, déterminant et mesurant ce qui a droit au respect (par exemple, la légalité ou la compétence) ; *d)* soit un *recours théorique* qui s'impose à la pensée comme ce qui rend possibles de nouveaux développements (ainsi, hier, Platon, Aristote, ou encore les *auctoritates* au Moyen Âge ; aujourd'hui Marx, Freud, Mao, ou bien, à d'autres égards, l'Évangile, le Coran, etc.). Avant d'envisager les personnages ou les rôles sociaux, il semble nécessaire de les replacer dans un panorama général de « l'autorité ».

et historiques de tout diagnostic ou de toute action. L'universel est une tentation. À d'autres de juger si les hypothèses nécessairement liées à une situation nationale (et personnelle) rejoignent des analyses faites ailleurs.

Une réflexion chrétienne gagne aussi à cette localisation. Remise à sa place (qui n'est qu'*une* place entre beaucoup), elle peut envisager les autorités chrétiennes dans leur contexte, analyser une structure d'Église (et donc une expression de la foi) située au croisement d'une réinterprétation fidèle de la tradition évangélique et d'institutions dont le fonctionnement dépend d'une mutation générale. L'autorité met en cause le rapport entre l'Église (comme lieu théologique) et un nouveau type d'organisation sociale. La question porte sur la possibilité d'*articuler* la *vérité révélée* dans les *systèmes d'entreprises* que deviennent les sociétés modernes. Il convient donc d'esquisser d'abord la problématique globale d'où résultent, dans l'Église, des distorsions, des renouvellements, des interrogations aussi nécessaires aujourd'hui qu'elles auraient été, hier, insolites ou impensables[2].

D'une façon générale, il faut le souligner, l'autorité n'implique pas seulement des « *principes* » (par exemple : nécessité de l'ordre, respect de la personne, priorité de la nation ou du régime socialiste, etc.), mais des principes *reconnus*. Elle ne se réduit pas à un pouvoir de *fait*. Elle n'existe que si elle est *reçue*. Elle repose donc sur un *accord*, tacite ou explicite, qui procure au groupe des références communes, qui sous-tend l'élaboration des lois et des droits, qui rend possible toute une combinaison d'organismes ou de rôles sociaux, et qui finalement fonde, en le mesurant, le respect dû à chacun.

Autorité et représentation

Comment se détermine cette entente sur des références communes, il faudra le préciser. Mais, de toute façon, l'autorité ne peut s'en dispenser. Elle l'explicite, sous la forme de personnages, d'institutions ou de textes qui « font autorité ». Comme un or invisible, caché au fond des banques, crédite la

---

2. Voir aussi François Houtart, « Autorité et changement social. Réflexions sur l'Église », in *La Revue nouvelle*, mai-juin 1969, p. 453-469.

monnaie qui circule, de même, tacite souvent, caché dans le fond de convictions à peine formulées (parce que tenues pour *évidentes*) ou pendant un temps *reconnues* dans les représentations qui en précisent le contenu, un *consensus* fonde seul un système d'autorités.

C'est une vue superficielle de croire ce contrôle absent, du seul fait qu'il ne se distingue pas des appareils officiels. Certes, il peut être éliminé par la pression qu'exerce un groupe particulier. Mais une volonté et des options populaires peuvent également habiter un système, au titre d'une adhésion qui trouve dans une organisation sociale le moyen d'exprimer des convictions propres, et qui n'approuvera pas n'importe quoi[3]. Le silence n'est pas inertie ; massif, il donne leur poids aux énoncés de l'autorité ; mais s'il les abandonne, il leur enlève du même coup leur crédit et, laissant flotter des formulations désaffectées, devenues trop étroites ou trop antiques, il se change en la parole qui conteste ou en un autre silence qui est éloignement[4]. Loin d'être une irruption incompréhensible, cette résistance manifeste autrement ce qui existait déjà : la réalité d'assentiments qu'une élite prenait pour de la passivité se rend visible en se portant ailleurs, alors qu'elle était jusque-là investie dans le langage qu'elle garantissait.

Si donc l'autorité se fige et s'isole du *consensus* qu'elle doit rendre présent (représenter), tout l'édifice se lézarde. La base apparaît nécessaire au moment où elle se met à man-

---

3. Des sociétés entières, dans le passé ou dans le présent, organisent l'adhésion sur le mode d'une *hiérarchie* socioculturelle où s'explicite une idéologie (religieuse, marxiste, etc.) *reconnue*. Ainsi l'Inde ou la Chine. Il serait faux de penser que la manifestation positive de volontés individuelles est le seul type de participation au groupe. Louis Dumont vient de le rappeler dans son grand livre, *Homo hierarchicus. Essai sur le système des castes.* Paris, Gallimard, 1966. Tous les systèmes sociaux ne peuvent pas être ramenés à celui qui nous est *devenu le seul possible* depuis trois siècles, et dont les tensions propres sont aujourd'hui indissociables d'options, de développements, en somme d'histoires particulières à l'Occident contemporain.

4. Nous retrouverons, à propos des croyances populaires, ce *refus tacite* qui affecte aux formulations officielles un double sens, qui les réinterprète à l'insu des « autorités » et les ajuste à d'autres convictions. La résistance a ici la forme de l'*équivoque :* les représentations (cultes, confessions de foi, etc.) deviennent la métaphore d'une expérience qui s'y cache et qu'elles désignent sans le savoir.

quer. Les pièces d'un ensemble ne jouent plus, parce que le lien social se défait. Or, il est essentiel aux « autorités » de *représenter* un accord, ou un risque ou un projet *commun*. Leur justification même est atteinte quand elles ne sont plus « croyables » au nom d'une solidarité[5]. En effet, il ne faut pas renverser les termes du problème, pleurer le respect qui se perd, et attribuer au malheur des temps, ou à la décadence des hommes, le tort qu'on fait aux autorités. Le contraire serait plus vrai. Des autorités ont tort d'exister, elles ne sont plus ce qu'elles prétendent, dès là qu'on n'y adhère plus. Les contenus idéologiques ou les appareils institutionnels peuvent rester inchangés, mais ils ne sont plus représentatifs que d'un groupe particulier. Leur « titre » est autre, comme celui d'une monnaie dont l'alliage aurait été modifié mais non la frappe. Ce qui se trouve changé, voire compromis, c'est leur crédibilité ; cela même qui les rendait respectables fait défaut.

Certes, au moment où semble se dissoudre l'accord sur les principes constitutifs d'une unité nationale ou syndicale, d'autres facteurs assurent le relais, en particulier le *profit* que chacun tire du bon fonctionnement social. Dans cette hypothèse, l'entente, qui se fondait hier sur une conscience nationale ou sur la promotion du socialisme, se donnerait pour substitut (ou pour *ersatz ?*) un contrat visant les *bénéfices* que l'*ordre* seul assurera aux entreprises et aux individus. Il y aurait un mort (le patriotisme d'antan, ou la révolution originellement fondatrice), mais il serait encore utile. Les « valeurs » éventées, auxquelles on ne croit plus, deviendraient une rhétorique, vêtement d'apparat pour une solidarité (ou une complicité ?) entre intérêts particuliers. Les grands mots de « liberté », de « nation » ou de « démocratie » cacheraient seulement le cadavre de ce qu'ils désignent. Ou plutôt, ils fonctionneraient comme le *langage figuré* d'autre chose, que chacun entendrait fort bien et sur quoi désormais on s'entendrait : « Enrichissons-nous. » Ce nouvel accord aurait pour vocabulaire la voiture, le frigidaire, la télé, enfin les « signes » de l'enrichissement privé[6].

---

5. Voir Michel de Certeau, *La Culture au pluriel*, nouv. éd., Paris, Seuil, « Points », 1993, chap. 1 « Les révolutions du "croyable" ».

6. Évolution qu'annonçait Henri Lefebvre, *Le Langage et la Société*, Paris, Gallimard, coll. « Idées », 1966, p. 336-376 : « La forme marchandise et le discours ».

La fin des sociétés idéologiques

Cette évolution, si elle est globale, entraîne un changement très radical dans l'expérience collective. À tout le moins, on peut dire qu'elle s'étend. Comme un flux, elle recouvre ou déplace les organisations qui s'étaient constituées selon d'autres principes. Elle atteint surtout les groupes idéologiques. De ce fait, elle change aussi la relation que les chrétiens entretiennent avec leurs propres autorités. Car bien des indices (et quelques-uns spectaculaires, dans les partis ou les entreprises) donnent à penser que la dévaluation des « valeurs » (et des autorités qui s'y référaient) traduit moins une défaillance qu'un passage à un autre mode d'organisation. À la société définie en fonction d'options communes, née de la Révolution française, mais encore arc-boutée sur un modèle idéologique qu'avait créé la chrétienté et qui a reçu des contenus divers (démocratique, scientiste, laïc, etc.) après la « déchristianisation », il est possible que succède une société technocratique, combinant la compétence et la réussite, déterminée par des objectifs limités et précisant les conditions de leur réalisation, rejetant les convictions dans le privé, se dissociant d'impératifs éthiques et de conventions sociales au fur et à mesure qu'elle s'attache à élever les « conditions » de vie, et se limitant à la tâche d'organiser rationnellement le « mieux vivre »[7]. Même les « relations humaines » n'interviennent qu'à titre de facteur, comme un élément *d'intégration* nécessaire au développement, dans les entreprises qui combinent le risque et le profit. La nation se mue en une coordination d'entreprises, gérée par des techniciens qui doublent ou remplacent les politiciens d'antan et qui organisent des systèmes de production selon des programmations[8].

Ainsi le temps serait clos des « finalités » que les patriotes, les socialistes ou les scientistes se donnaient sous formes d'utopies mobilisatrices et d'ambitions humaines communes.

7. Voir Bertrand de Jouvenel, *Arcadie : essais sur le mieux-vivre*, Paris, SEDEIS, coll. « Futuribles », 1968.

8. Toute une série d'ouvrages consacrés au *management* ou à l'entreprise analyse cette mutation qui concerne la définition même de la société. Pour une vue d'ensemble, Alain Touraine, *La Société post-industrielle. Naissance d'une société*. Paris, Denoël, coll. « Médiations », 1969.

La « fin de l'histoire », le « sens de l'homme » et tous les royaumes où survivaient les croisades d'antan, seraient, en tant que programmes collectifs, rangés dans les greniers du passé ou versés du côté du folklore. De ce point de vue, la « crise » actuelle, en démystifiant la conjugaison des autorités avec des valeurs, ne serait qu'une fièvre passagère : une poussée de boutons accompagnerait l'élimination de ce qu'un système social portait encore d'idéologies collectives (devenues superfétatoires) et de souvenirs révolutionnaires ou religieux (fantasmes d'époques révolues). Sous ce biais déjà, le christianisme est concerné, tout autant que les partis, les syndicats ou les institutions à programmes. Davantage, sans doute. Il représente le type même d'une organisation liée à des convictions communes, à un *Credo* qui la définit, à une vérité qu'elle transmet. Si la crise actuelle des autorités a pour sens d'être un mouvement relatif à la liquidation de ce qui reste de « chrétienté » dans les représentations collectives, comment le christianisme ne serait-il pas atteint par l'évolution qui désinfecterait peu à peu les groupes de leurs résidus d'âmes ou de valeurs ? Comment n'aurait-il pas aussi partie liée avec les résistances provisoires – lyriques, prophétiques, dogmatisantes ou contestatrices – que provoque ce processus ?

Bien des croyants feraient état d'une situation globale, mais également vécue *dans* l'Église, lorsqu'ils tiennent pour incompatibles société et doctrine, lorsque, avec beaucoup d'autres, ailleurs, ils prononcent le divorce entre l'administration d'une entreprise et l'affirmation d'une option, lorsque la notion même d'un corps social indissolublement lié à la confession d'une vérité leur devient impensable. Les autorités religieuses leur sont incroyables parce qu'elles identifient message (évangélique) et structures (sociales). La critique ne vise pas tellement les vices ou l'archaïsme des institutions ecclésiales, encore moins la nécessité, pour un groupe, d'organiser ses objectifs avec des compétences. Elle s'en prend au principe même de ces institutions : le rapport entre une question de vérité et l'organisation d'une société. Des prophètes, des témoins, oui. Une Église, non. La crise des autorités met en cause à la fois la nature de la vérité chrétienne et celle de la société ecclésiale. Moins qu'à des structures en particulier, elle touche à leur définition comme signes, lieux et communications d'une vérité. La « sécularisation », si l'on tient à employer ce mot, présente là une de ses formes, associant normalement la crise interne de l'Église à la fin des sociétés idéologiques.

Mythologisations et rationalisations

À vrai dire, si cet aspect de l'évolution en cours – et donc de la critique des autorités – est réel, il n'est pas le seul. D'autres faits ne lui sont pas conformes, qui interdisent de s'en tenir à une interprétation unique. Car, dans le même temps, une floraison de l'imaginaire, du fantastique ou du dogmatisme semble reporter dans les banlieues et dans les loisirs les réminiscences d'une éthique sociale dont on a purgé les rues ou le travail. Une juxtaposition maintient donc ensemble deux termes opposés. Tout se passe comme si la rationalisation produisait son contraire et sa réciproque avec les mythologies où circulent en désordre les « valeurs » sorties de leurs anciennes orbites. Le temps de la formalisation administrative a pour envers cet espace de prestiges et d'inquiétudes où prolifèrent l'éros-fiction, les sorcelleries de l'ethnologie ou de l'actualité, la science-fiction et les au-delà « différents ». Et dans ce zoo de l'imaginaire, nous le verrons, on case aussi la religion. Cette prospérité des mythologies présente des caractères qui, en élargissant le débat sur l'autorité, permettent d'en mieux comprendre la portée. Le premier, c'est que ces mythologisations sont indissociables de l'exclusion (techniquement nécessaire) dont elles sont la contrepartie. Dans ce schéma dichotomique, les facteurs dissociés s'entretiennent mutuellement. Il y a là un type d'organisation dont il existe bien des exemples. Ainsi, au XIXᵉ siècle, selon un processus qui s'accélère et s'élargit depuis, le « journal intime » est né, et s'est développé comme genre littéraire, au rythme et en face de la société industrielle de masse : par cent traits, « l'intimisme » et l'industrialisation se répondaient, et c'était leur rapport qui décrivait l'équilibre ou les interrogations d'une situation globale[9].

9. Voir Alain Girard, *Le Journal intime*, Paris, PUF, 1963, en particulier p. XI-XVII, 601-605, sur la signification sociale d'un genre littéraire nouveau, c'est-à-dire d'une répartition différente de la littérature.

On ne peut donc pas s'en tenir, dans une analyse, au seul côté *management* de la société. À se contenter d'excursions sociologiques vers le jardin des fêtes ou les paradis de la fiction, on se donne aussi une idée abstraite du présent. Le problème socio-culturel est posé par le *rapport* entre ces deux régions. Et dans la mesure où l'autorité de naguère semble se dédoubler pour laisser place, d'une part, à un primat de la *compétence*, d'autre part, à une *mythologisation* des idéologies, elle signale le lieu précis où un travail doit être entrepris, non pour restaurer un « ordre » ancien (il meurt, s'il n'est déjà mort), mais pour répondre à une question neuve et globale, repérable dans chaque secteur, y compris les plus scientifiques : le fantastique entre dans ces lieux d'où l'éthique a dû être éliminée. Là même où s'élabore une rationalisation de l'entreprise ou une technique des relations humaines, naissent aussi des légendes, tout à la fois dogmes et mythes. Des revues techniques (ce n'est qu'un indice) ne se contentent pas d'ouvrir leurs pages à une information culturelle ; peu à peu s'y glissent, puis s'y étalent, ici, une apologie de l'humanisme, là, une édifiante philanthropie, ou une défense de « l'âme », un recours au sacré, voire au pape : à la rigueur scientifique des analyses, sont adjointes ces légendes dogmatistes et prédicantes. Philosophies du pauvre pour cadres spécialisés ! Elles n'en répondent pas moins à une nécessité. Quand une organisation ne sait plus comment situer le segment de rationalité (qu'elle constitue) dans l'ensemble incertain de la vie sociale, il lui faut des « dogmes », vrais seulement parce qu'on a besoin d'y croire : entre les lois structurelles du rendement et les choix laissés à la conscience privée, entre le développement objectif de l'entreprise « capitaliste » et une éthique individualiste, on jette une passerelle de « valeurs » abstraites, mais ces « valeurs » gazéifient en principes généraux (le bon, le vrai, le bien) la vérité du Dieu incarné dans l'épaisseur de l'histoire, et colorent seulement de moralisme (philanthropique ou personnaliste) les règles qui font des « relations humaines » un facteur de bon fonctionnement pour l'entreprise [10]. Ailleurs règne la nostalgie ou

10. La section philosophico-religieuse du magazine *Entreprise* est un bon exemple à étudier de près. Il présente l'intérêt de n'être pas le produit de lointains laboratoires universitaires. À cet égard, c'est un lieu philosophique. Mais on est stupéfait d'y trouver un catéchisme élémentaire. Peut-être une explication de ce fait est-elle symbolisée par la couverture du n° 708 (5 avril

la fascination du modèle américain – autorité légendaire qui auréole une réussite, paradis d'où viennent les messagers et les récits à gros tirage [11] –, ou bien encore tout ce que la prospective porte d'utopies cachées sous des calculs, lorsqu'elle vise une société du bonheur d'où l'amélioration des conditions de vie exclura les conflits [12]. Il semble que les cadres, avec les notables, représentent le plus fort pourcentage parmi les lecteurs de magazines et de livres érotiques [13]. Philosophies du pauvre, aussi. Car cette littérature est beaucoup plus idéologique qu'immorale. Les lecteurs, en grande majorité, y lisent ce qu'ils ne feront pas et *parce qu'ils* ne le font pas. Ce langage de la liaison est à la fois une allégorie et un leurre de la communication : il en parle, mais il postule qu'elle fait défaut. Il oblitère, avec des mots et des images, ce qui manque à chacun. Littérature de fiction, comme tant d'autres. Ainsi les bandes dessinées racontent des plaisirs, des amours, des extases qui n'ont plus de place dans la vie réelle.

Toutes ces légendes constituent des références communes, mais sur le mode d'un *ailleurs*, dissocié des intérêts privés comme de la pratique administrative ou rationnelle. Qu'elles apparaissent dans les secteurs consacrés à la rationalisation, il n'y a pas lieu d'en tirer quelque conclusion que ce soit au sujet des cadres ou de techniques indispensables. Mais il importe de souligner que, là *aussi*, là même, née avec le dépérissement d'un système social, se retrouve la combinaison entre ce qui, de l'autorité, s'est *vedettisé* et ce qui est devenu *compétence*. De ce fait, la religion entière, comme phénomène objectif, se met à fonctionner d'une manière nou-

---

1969). Le pape bénissant s'oppose, main levée, au titre qui zèbre le coin droit : « Alerte sur les lycées ». Le sacré fait face à la révolte, selon une structure imaginaire qui crée l'exorciste en même temps que la sorcière, et dispense de toute analyse.

11. Voir Alfred P. Sloan, *Mes années à la General Motors*, Paris, Hommes et Techniques, 1967 ; Peter Drucker, *La Pratique et la Direction des entreprises*. Paris, Éditions d'organisation, 1957.

12. À cet égard, la littérature consacrée à la *prospective* se présente aussi comme une renaissance de l'utopie. Peut-être a-t-elle son modèle lointain dans la NASA, organisation autonome, cité scientifique où l'ordinateur se conjugue avec la lune, et où le succès le plus spectaculaire du *management* porte l'idéologie d'un avenir différent pour l'homme.

13. Voir Jean-François Held, « L'érotisme en vitrine », in *Le Nouvel Observateur*, 3-9 mars 1969, p. 21-23.

velle. Avec bien d'autres institutions doctrinales, quand elle
ne verse pas du côté de l'administration, elle sert à fabriquer
les mythes dont une société a désormais besoin. Elle est alors
utilisée à des fins qui ne sont plus les siennes. Ses autorités,
liées à ce système, compromises par le fonctionnement que
leur impose cette « sécularisation », risquent de n'être plus
qu'*utiles* et *insignifiantes*.

Les miroitements du sacré

Subreptice (à travers le soupçon visant des idéologies ou
des représentations auxquelles « on ne croit plus ») ou méthodique (par exemple, dans les sciences humaines amenées
à mettre entre parenthèses toute « signification » dans le but
de déterminer les structures propres à un langage), une liquidation se produit donc. Désaffectation ou désagrégation ? Le
fait est là, complexe et susceptible d'interprétations diverses.
Un « nettoyage » social conduit progressivement des convictions aux techniques, des *programmes* idéologiques aux
objectifs économiques, ou encore des finalités aux procédures. Or voici que, par un effet de compensation – ou peut-
être de retard –, l'affirmation de valeurs ou d'options resurgit, métamorphosée en mythologies. Un *non-dit* explose de
toutes parts et se donne une expression, mais quasi sauvage
(même si elle est rationnellement commercialisée), sous les
formes les plus ambiguës, les moins stérilisées ou les plus
troubles de l'imaginaire. Le *sens vécu* (tout ce qui concerne
les « raisons de vivre ») est exilé des discours scientifiques et
ramené dans les profondeurs de la subjectivité, exclu aussi
des entreprises sociopolitiques et casé du côté de l'individu
(c'est-à-dire là où une tradition « libérale » lui a fixé à
l'avance un refuge et une défense). Il n'a pour issue que les
poèmes de l'image et les prestiges du folklore. Il n'a plus de
place dans le texte de la science ni dans les organisations de
l'utilité sociale.

Cette issue ne permet pas d'introduire les raisons de vivre
dans les procédures de la formalisation. L'association du
sens à l'*image* est sans doute moins un langage qu'un col-
lage : les options, les désirs et les ambitions *se collent* à tout
ce qui, dans un répertoire culturel, *évoque* une conviction ou

un « au-delà » (oriental, ethnologique, étrange) et à tout ce qui *provient* de visions globales (antiques, religieuses, etc.). Parce qu'on n'y croit plus, c'est un *spectacle*. Mais parce qu'on a besoin de croire à « quelque chose », c'est une *métaphore* d'on ne sait bien quoi. Une rhétorique de l'image se détache des aspirations dispersées qu'elle ramasse. D'un même film, d'un même documentaire, par exemple, on est incapable de dire ce qu'il est pour les publics devant lesquels il passe. Le rapport entre une « écriture » cinématographique et ses usagers devient incertain. Plus elle circule, traversant les frontières sociales et culturelles, plus ce rapport est équivoque. Ce langage est un filet étranger à ce qu'il prend, aux variétés innombrables, incommunicables, des raisons ou des désirs qui s'y « collent ».

Avec bien d'autres idéologies muées aujourd'hui en liturgies inconsistantes, avec bien d'autres légendes issues d'histoires mortes, la religion reçoit d'une société le rôle de recueillir dans son *langage* – mais non dans sa *foi* – toutes espèces de besoins privés d'air et d'expression. On s'en sert. Mais pour dire *quoi* ? Ce langage est devenu incapable de l'énoncer. Ce qu'il porte, ce qu'il tire à soi, n'est vérifiable par aucun de ceux qui l'emploient. Du théologien à l'artiste, du dévot à l'ethnologue, chacun lui affecte, comme à l'image, le sens qu'il veut. Le sacré n'articule plus ce qu'il évoque. Précisément à cause de cette polyvalence où miroitent tous les désirs laissés en reste par l'organisation de la société ou de ses sciences, le sacré offre le moyen de dire ce qui ne peut se dire ailleurs. Là s'engorgent tous les inexplicables et tout ce qu'ont refoulé de fondamental ou d'aberrant les systèmes inspirés par le souci de la rentabilité sociale ou de la propreté scientifique. Sous ce biais, la religion entre, à titre d'appoint important, dans l'organisation présente d'une nécessité sociale. Alors même, elle n'en a pas moins un rôle ambigu. Elle se voit affecter pour fonction de recueillir les déchets « spirituels » et de leur fournir un lieu. Mais aussi, elle rend perceptible un vide entre les appareils administratifs ou techniques et les hommes qui leur sont assujettis autant que débiteurs. Elle manifeste une interrogation dont on ne débarrasse pas si facilement les maisons et les buildings. Quelque chose circule qui est de l'ordre de l'âme, à quoi elle offre un nom et une possibilité.

Croyance et pratique

Cette dérive du religieux, due à ses réemplois, se traduit par une dissociation entre la croyance et la pratique. Sans doute n'est-ce que l'un des effets de l'utilisation de la religion à des fins culturelles, mais c'est un indice révélateur. On a souvent noté dans les enquêtes un accroissement de la croyance religieuse et une diminution dans la pratique sacramentelle ou dans la mise en relation de ces convictions avec des comportements effectifs, avec des préoccupations sociales ou universelles, en somme avec une éthique. Des statistiques de l'IFOP portant sur dix millions de jeunes en 1968 le confirment [14]. Le fait met en cause l'inadaptation des expressions liturgiques, morales et sociales de la foi. Mais il oblige aussi à se demander ce que signifie encore une foi détachée d'une praxis. La croyance ne sert-elle pas à autre chose qu'à ce qu'elle dit, quand elle n'est plus qu'un langage? Du seul fait de ce schisme, ne peut-on pas conclure qu'elle « n'engage à rien » ?

À partir du moment où, selon le mot de l'Évangile, on ne *fait* plus la vérité (Jn 3, 21), la croyance se mue en une idéologie disponible à toutes fins. Liée à la prolifération et à l'éclectisme des émissions religieuses (depuis la sorcellerie ou les Tibétains jusqu'aux évêques et aux curés guérilleros), cette extension du langage religieux pourrait bien résulter d'une situation où manquent étrangement les moyens de s'engager et les causes qui valent la peine. Dans les déserts urbains où se multiplient les générosités sans emploi et les militants sans cause [15], les mirages se multiplient aussi, tout autant que le cynisme : la sexualité devenue littérature érotique, la politique changée en spectacles, ou le sacré promu en mythologie.

De toutes ces manières, les croyances et les opinions s'ad-

---

14. Publiée en février-avril 1969 (in *L'Express*, n° 920 et 921 ; et in *La Vie catholique*, n° 1233, 1234, 1240), cette enquête montre que, depuis 1958, date de la précédente enquête, l'appartenance religieuse est passée de 82 % à 94 %, mais 81 % seulement croient en Dieu, alors que la pratique est descendue de 37 % à 28 %. Bien d'autres résultats plus particuliers soulignent ce rapport entre l'extension du langage religieux et la diminution de la praxis.

15. Voir note 5.

ditionnent pour constituer l'éventail bariolé d'une vaste métaphore qui traduit une absence, mais la trompe sans le dire. Peut-être, par l'un de ses aspects, le refus des structures et des autorités consiste-t-il à éviter à ces croyances le heurt du réel. Il ne faudrait pas qu'à leur insu des spiritualismes et des « pneumatologies » se fassent les complices et les justifications du changement qu'une société fait subir à des « convictions » religieuses en les détachant d'une praxis. Car, dès lors, il ne s'agit plus de langage *chrétien*. Son ressort spécifique est brisé. L'acte n'est plus le critère de la parole. D'une religion, il reste des significations « flottantes », offertes à n'importe quelle aspiration, à l'avance proportionnées à tous les désirs eux aussi déliés ou exclus d'une pratique sociale.

Langage religieux et langage politique

Polarisées autour de l'autorité, de lentes et obscures mutations se produisent, qui concernent toutes les formes de la vie sociale et dont bien des symptômes seraient à relever. À titre d'exemples – et aussi de questions –, je note l'utilisation politique du langage religieux et l'amplification du « politique », deux indices qui renvoient l'un à l'autre et signalent un changement global. En devenant dans les mass media le spectacle permanent d'une « crise » [16], la religion n'autorise-t-elle pas une société à se divertir de ses propres interrogations ? Elle lui permettrait de *s'oublier*. Elle servirait d'exutoire à des malaises qui, en réalité, sont décelables partout ailleurs. Un exotisme religieux est alors une source de profits sociaux. En reportant l'attention sur « ce qui se passe dans l'Église », il efface des inquiétudes qui seraient subversives et sans doute intolérables si elles étaient décrites directement, telles qu'elles existent, remuant sourdement le pays. On épargne

16. La presse, la télévision, les conférenciers le répètent sur tous les tons : il y a crise des autorités. Rien qu'en France, depuis cinq ans, 175 livres l'ont décrite. Mais à cette explosion littéraire correspond aussi un changement d'étiquette ou de thématique. Un indice entre beaucoup : à l'« actualité religieuse », *Le Monde* a substitué « la religion ». Autant (et plus ?) qu'une information soumise aux règles communes de l'analyse, cette page fait place à une catégorie globale, à un « lieu » symbolique, et ressemble davantage à la « chronique théâtrale » qu'à la « page économique ».

donc au public la vérité, et on l'en frustre, en lui montrant des contestations qui se situent *ailleurs*, chez les Indiens de l'intérieur.

C'est faire de l'Église un théâtre. Des interrogations neuves n'apparaissent là qu'en objets de spectacle, dans un miroir qui les montre en les cachant. On les cantonne dans cette zone religieuse de plus en plus étrangère à une majorité de lecteurs et de spectateurs (sinon au titre de leur lointaine « communion » ou de cantiques associés aux paradis perdus de l'enfance). Là, en cette région à demi ethnologique et à demi sacrée, une inquiétude peut être représentée sans être menaçante – tout comme un besoin de ritualisation peut y trouver son matériau symbolique, sans s'accompagner de foi. La religion, remodelée par l'usage qu'on en fait, sert d'allégorie à un malaise de civilisation. Pour d'autres, elle est aussi une arme, le moyen de faire passer sous un déguisement les revendications dont le vrai visage est interdit. Les révolutionnaires se présentent en religieuses contestataires[17]. Aussi, plutôt que de se féliciter d'« avoir une émission », les chrétiens doivent se demander *à quoi ils servent*, sans le savoir, quand ils deviennent objets de consommation, de spectacle et d'*intérêt*, quand l'expérience réelle de croyants sans nom public, dans les rues et les villages, est oblitérée par la vedettisation de la contestation ou des pontifes. L'écho retentissant donné par la presse, la radio ou la télé, aux requêtes intérieures à l'Église n'élimine-t-il pas l'exigence spirituelle qu'elles veulent attester, pour la muer en « airain qui sonne ou cymbale qui retentit » (1 Co 13, 1) ? Allons-nous entériner ce rôle spéculaire et théâtral ?

---

17. De ces fonctionnements politiques, on ne peut évidemment conclure : en réalité, il ne s'agit que de politique. Les faits religieux ne se réduisent pas à cela. Pareille réduction serait finalement aussi fausse que la prétention de donner un sens religieux à tout ce qui se présente avec un contenu religieux. D'abord, la définition même d'une « objectivité » religieuse est de plus en plus incertaine, du fait des méthodes employées par l'analyse et des transpositions subies par les phénomènes classés dans cette catégorie (qu'est donc l'objet de l'histoire religieuse ou de la sociologie religieuse ? On ne sait plus très bien. Voir *Problèmes et Méthodes d'histoire des religions*. Paris, PUF, 1968). Ce qui est ici à souligner, c'est l'équivoque créée par des fonctionnements nouveaux. Une question religieuse (la crise des autorités) ne peut donc pas être traitée indépendamment d'une situation qui détermine en grande partie ses expressions, ses modalités et son retentissement.

Il est vraisemblable que toute une conception du *politique* subisse, quoique sur un autre mode, une transposition analogue, et demande à être révisée en fonction de cette mutation générale. Jusqu'ici, on reléguait du côté de l'individu ou de la personne les valeurs « spirituelles », et on en distinguait les conflits entre forces et la normalisation de leur réglementation [18]. Mais il semble, même sans évoquer la thèse de Max Weber [19], que la société moderne laïcisait une structure religieuse ancienne. Dans son ensemble, elle s'arc-boutait encore sur ce qu'elle remplaçait. Elle maintenait le type de société unitaire et idéologique auquel d'autres contenus étaient désormais donnés. Ainsi, à la *chrétienté*, ont succédé les *nations* : lorsque le cosmopolitisme religieux s'effondre et que les différences entre pays se font jour, chaque unité se définit encore selon le modèle qui caractérisait le tout [20]. Par la suite, les idéologies républicaines ou scientistes fournirent tour à tour ses supports à une cohérence sociale. Ce que je veux souligner, c'est que cette *unité* comporte un facteur *idéologique* (même s'il devient une évidence tacite après avoir été une revendication, puis une affirmation). C'est ce qui porte les distinctions qui lui sont *internes*. En particulier, il rend possibles l'isolement du politique (comme activité, réseau ou science autonome) et le rejet de la religion du côté du privé.

Mais à partir du moment où ces répartitions ne sont plus soutenues par une unanimité (au moins tacite), elles se

18. Voir par exemple le bel article de François Goguel, « De l'équilibre entre le social et le personnel », in *Évangile et Liberté*, 12 février 1969.

19. Son livre *L'Éthique protestante et l'Esprit du capitalisme*, Paris, Plon, 1964 (pour la traduction) a été vivement critiqué (Kurt Samuelsson, *Religion and Economic Action*, Londres, 1951), mais il concernait le protestantisme des XVIIe et XVIIIe siècles, non la théologie de Luther ou de Calvin ; il analysait des analogies de comportement, non la réinterprétation « capitaliste » de structures religieuses, et n'attribuait au protestantisme qu'un apport dans la justification et l'organisation d'un agir rationnel sur le monde.

20. Comme le notait A. Passerin d'Entrèves, *La Notion d'État*, Paris, Sirey, 1969, p. 213 : « Les concepts de nation et de nationalité sont un produit relativement récent de l'histoire. » (Il faut ajouter que ce « produit » est loin d'être universel aujourd'hui). Une idéologie commune lui est essentielle. Mais elle est d'abord représentée par le roi, avant d'être, avec la Révolution, le résultat d'une fondation commune et d'une association de volontés. Sur ce problème complexe, voir Federico Chabod, *L'Idea di nazione*, Bari, Laterza, 1961, et Alphonse Dupront, *Europe et Chrétienté*, Paris, CDU, 1957.

défont. Rien ne va plus. Manquant du cadre général qu'elle supposait, l'analyse et l'action politiques font appel – un article du *Monde* le disait récemment – à des « raisons de vivre communes [21] ». L'homme politique agit de même, lorsque, d'une part, il réduit le projet national à l'énoncé d'objectifs déterminés par une rationalisation de l'enrichissement et que, d'autre part, il couronne d'un « si Dieu le veut » l'hypothèse providentielle de son élection. Le cas de M. Pompidou n'est pas unique (l'heure des débats est d'ailleurs passée). Pendant la campagne présidentielle, des programmes ou trop pauvres ou trop technocratiques se sont accompagnés d'un florilège de messes où la présence du candidat était offerte « en plus » au grand public. Sans m'arrêter à ce que *signifiaient* les séquences télévisées d'hommes politiques sortant de l'église le dimanche, les références radiodiffusées à leur accomplissement du devoir dominical ou leurs édifiants souvenirs d'enfances catholiques, je note seulement le problème posé par ce double glissement, l'un vers l'expansion technique, l'autre vers les équivoques du religieux. Les deux éléments s'entretiennent mutuellement. Cette combinaison instable remplace les répartitions que permettait un socle d'« autorités » silencieuses, références nationales nées il y a deux ou trois siècles et peut-être en voie de disparition.

L'autorité sorcière

À l'intérieur de l'Église, la situation générale exerce sa pression. Parmi d'autres, un exemple. En bien des cas, en effet, on le constate : loin de s'effriter avec la crise ou la mobilité des institutions, le poids des autorités constituées s'accroît. Ainsi, une revendication dépendra tellement des responsables qu'elle ne pourra *tolérer* leur divergence et sera incertaine d'elle-même tant que subsistera cette différence : il faudrait à tout prix que, tel un bloc, la vérité appartienne à des requêtes d'ailleurs légitimes, qu'elle passe tout entière de leur côté et que nulle autre position ne soit possible. Ce qui a été détenu, peut-être, par des supérieurs devrait l'être par un petit groupe. La diversité est intolérable. Ainsi reparaît dans

une juste revendication la structure qu'elle critique justement. Ou bien, toujours « c'est la faute à l'autorité ». Certes,
par des mesures mesquines, des précautions pour se défendre
et mille astuces pour noyer ou dévier leurs interlocuteurs, les
responsables provoquent pareille réaction. Mais au-delà des
attitudes personnelles, une logique est en cause qui rejoint
une vieille observation : subtile ou violente, la « répression »
sert d'alibi aux réprimés, comme leur « irresponsabilité » est
à son tour l'incessant alibi de l'autorité. Là où la responsabilité n'est pas partagée, l'autre est toujours coupable de ce qui
ne va pas. La société ecclésiale donne lieu, à cet égard, aux
mêmes phénomènes que la société politique. L'accusation
contre autrui dispense d'une participation.

Le déficit de médiations est sans doute la cause de ces éga-
rements que provoque le fantôme de l'autorité. Ainsi, dans
des communautés, les règles, les coutumes, les institutions
acceptées de tous constituaient hier des équilibres dont le
fonctionnement contrôlait les initiatives excessives des supérieurs, palliait le cas échéant leur sottise et procurait des
recours ou des marges de liberté. Aujourd'hui, elles bougent
et craquent. D'une constellation d'autorités, il ne reste souvent, seul vis-à-vis et seul recours, que le supérieur. Il se voit
fixer pour rôle de réformer toutes les autres. On exige de lui
qu'il approuve leur nouvelle définition. Pendant ce moment
de transition, le pouvoir le plus contesté est aussi le plus
grand. Il occupe tout l'espace, effectif ou imaginaire, de ce
qui doit changer. Il est discuté, mais parce qu'on en attend
trop, et cette attente ne peut être que déçue. La requête vacille
donc entre l'agressivité et l'espoir.

Désignés comme les sorcières d'où vient tout le mal, mais
aussi comme les exorcistes de l'inquiétude ou de la détérioration sociale, cibles et vedettes, accusés d'agir et d'être les
thérapeutes qu'on exige, mais accusés aussi de ne pas remplir
un rôle dont ils sont nécessairement incapables, bien des responsables tentent d'échapper. Ils se font trop modestes après
avoir été jadis trop sûrs. Ils s'esquivent, se renvoyant les uns
aux autres ce poids trop lourd, ou s'effaçant derrière le rideau
de fumée d'un « dialogue ». Ils s'ouvrent des portes de
secours avec les bureaux et les commissions. Leur impuissance croît avec leur vedettisation, à moins qu'elle soit le
masque d'un pouvoir qui se cache mieux. Caricature ? Apo-

logue plutôt. Il raconte ce qui se produit quand un langage ne résulte plus d'une collaboration de tous, quand la coupure entre auteurs et assujettis se traduit nécessairement par la légende qui oppose des bons et des méchants – « l'autorité » et la « conscience » occupant tour à tour la bonne place. Cette mythologisation de l'autorité paralyse une histoire à faire en commun. Elle nous trompe. En réalité, un travail s'impose, qui articule des tâches différentes, de sorte que, dans le groupe, les autorités aient d'une part la signification *fondamentale* d'être un cadre de références et, d'autre part, une localisation *particulière*, celle d'une fonction parmi d'autres.

II. L'archéologie d'une crise

Quand bien même lui refuserait-on le *droit* d'exister, la contestation de l'autorité est d'abord un fait. Elle existe, constatable aujourd'hui, après tant d'autres mouvements analogues repérables dans les lointains de l'histoire ou de la géographie, indices d'expériences neuves et d'équilibres qui changent[22]. Mais, parce qu'elle touche à des coutumes lentement chargées de fidélités et d'expériences, elle apparaît sous des couleurs redoutables. Ou bien prestigieuses. Nuée chaque fois inattendue, elle se lève à l'horizon d'un ordre établi, comme si elle allait obscurcir tout le ciel ou le laver pour un jour nouveau. Enveloppée de mirages et de fumées, elle suscite devant elle des craintes, des espoirs, des conflits et des tempêtes dont le bruit ne permet plus d'entendre les voix qu'elle annonce. Même si les fantasmes réveillés par le mouvement font aussi partie de l'actualité, il est impossible de s'en tenir là. Substituer la légende à l'histoire, ce n'est pas seulement prendre ses passions pour la réalité et voir le diable dans tout ce qui n'est pas conforme au dieu qu'on s'est

---

22. L'histoire et la sociologie religieuses accordent une place croissante à ces mouvements, à leurs résurgences et à ce qu'ils apprennent des sociétés où ils se produisent. Voir par exemple *Hérésies et Sociétés dans l'Europe préindustrielle*, Paris et La Haye, Mouton, 1968 ; les travaux sur le messianisme ; et *Archives de sociologie des religions*, n° 24, juillet-décembre 1967, « Phénomènes religieux et sociologie de la protestation », p. 17-81 ; Michel de Certeau, *L'Absent de l'histoire*, s.l., Mame, 1973, chap. 6 : « Religions et sociétés : les messianismes ».

fait ; c'est oublier que l'histoire réelle parle du Seigneur et que, depuis la Résurrection, il puisse entrer dans l'Église sans passer par les portes communes (Jn 20, 19-26). Qui d'entre nous a le droit de refuser les exigences de consciences chrétiennes, de fermer la bouche aux questionneurs pour les effacer d'une discussion publique, de priver ainsi l'Église d'échanges nécessaires à la véracité de son témoignage et de restreindre l'expression de la foi authentique aux affirmations de quelques-uns ? D'ailleurs, par une ironie de l'histoire, cette espèce d'intransigeance dépend de ses « adversaires » en prenant pour vérité le contre-pied de leurs positions.

La confession de la foi ne saurait être emprisonnée dans une alternative : autorité objective ou question de conscience ? Prendre au sérieux les termes d'un problème, ce n'est pas nécessairement les prendre à la lettre. Il importe donc de percevoir comment ce problème est *devenu* critique et ce qu'il nous apprend d'une situation *globale*. Telle qu'elle se présente, interrogation qui navigue dans une littérature déjà immense et qui se déplace avec les formes de l'expérience, la « crise » actuelle est un « signe de ce temps » : un aboutissement après un demi-siècle de lente préparation, un seuil aussi et un commencement nouveau dans un travail jamais fini. Pour comprendre l'*importance* de l'étape maintenant ouverte, et qui la *caractérise*, un bref rappel de son archéologie récente est nécessaire[23].

Un demi-siècle de « primauté du spirituel »

La crise de l'autorité religieuse vient au terme d'un long mouvement d'*intériorisation*, également notable dans les institutions, la pensée et l'action depuis quarante ans[24]. Au XIXᵉ siècle, les chrétiens étaient constitués en associations qui

23. Impossible de faire mention ici de l'abondante bibliographie du sujet, d'autant qu'il y a peu de vues d'ensemble.
24. Il reste que les antécédents doivent être cherchés dans la grande crise qui, à la fin du XVIᵉ et au début du XVIIᵉ, marque l'ouverture des sociétés nationales laïques et modernes. Voir Jacques Le Brun *et al. Réforme et Contre-Réforme* (*Nouvelle Histoire de l'Église*. t. 3), Paris, Seuil, 1968, p. 232-434.

liaient la défense d'une tradition et de la foi à celle d'une politique. L'épiscopat entend « restaurer la coopération de la politique humaine à l'édification de la cité de Dieu[25] ». La géographie religieuse recoupe pendant longtemps celle des appartenances sociopolitiques. L'expression de la foi est indissociable du groupe social qui la permet et la maintient. Il faudra la coupure de 14-18 pour ébranler ces adhérences au nom d'autres solidarités et d'autres problèmes. À cet égard, les années 1926-1930 représentent une date décisive. Naguère déjà, Adrien Dansette y voyait un « tournant capital pour l'Église catholique en France[26] ». L'historiographie récente le confirme. Un clivage s'instaure alors, qui fait passer du « temporel » au « spirituel » les forces et les doctrines. Un titre est le drapeau de ce mouvement, et sa date en fixe le commencement : *Primauté du spirituel*, de Jacques Maritain, en 1927. Un autre aussi, qui indique, entre les phénomènes contemporains, des similitudes plus fortes que les oppositions de groupes : la revue *Esprit*, fondée en 1932.

En effet, les unités « chrétiennes » constituées au XIXe siècle pour le « maintien » de la foi (un parti « traditionaliste », les congrès de la « science catholique », le « mouvement social chrétien », etc.) se sont brisées selon des options sociales, politiques, culturelles qui se partagent les croyants. Les répartitions sociales divisent entre eux les citoyens en fonction de critères étrangers à leurs appartenances religieuses. L'unité de foi doit trouver un autre type d'expression. Aux associations fondées sur une cohérence tout à la fois doctrinale et sociopolitique, se substitue donc un autre modèle, « spirituel ». Alors que la surface du pays était découpée selon une géographie de « forces » parmi lesquelles les chrétiens devaient compter et pouvaient se compter, le tri qui s'effectue entre spirituel et temporel postule que les rassemblements religieux ne font plus nombre avec les autres. En deçà d'engagements opposés, au-dessous de théologies successives ou contraires, elle pose entre chrétiens un « essentiel » lié à un enracinement dans des origines communes.

---

25. Jacques Gadille, *La Pensée et l'Action politiques des évêques français au début de la IIIe République, 1870-1883*, Paris, Hachette, 1967, t. 1, p. 142.
26. Adrien Dansette, *Destin du catholicisme français, 1926-1956*, Paris, Flammarion, 1957, p. 5.

Ainsi s'amorce le mouvement qui, de plus en plus ramené à ces deux thèmes – « l'essentiel », « les origines »[27] –, sera acculé à définir la doctrine à partir d'une connaissance historique des *sources*, ou inversement à trier ces documents anciens d'après un *essentiel* donné dans l'expérience présente.

Dans ce mouvement, la distinction entre spirituel et temporel a un rôle opératoire. Elle vise à discerner, c'est-à-dire à dissocier le spirituel de ce qui le compromet. Contrairement à ce que nous en pensons aujourd'hui, c'est alors une arme de dissuasion tout autant que la reconnaissance d'une situation de fait. Elle signifie que l'expression de la foi ne dépend pas d'inféodations politiques ou sociales ; que l'expérience spirituelle est compatible avec une variation de systèmes historiques (intellectuels ou institutionnels) ; que les compartimentations socioreligieuses ne sont pas identifiables au flux mobile de la vie. Finalement, la communauté – celle du « milieu » (ouvrier, étudiant, rural, etc.) ou, plus largement, celle de l'« humanité » entière – est habitée par un *dynamisme vital* ; les expressions visibles n'en sont que les surfaces. Ces émergences renvoient donc à un essentiel intérieur, à une authenticité renfoncée dans l'invisible : un répertoire de comparaisons biologiques évoque le rapport de cette vie avec ses diverses explicitations. À la primauté du *spirituel*, correspond la notion universelle d'un *vécu* profond.

Cette « spiritualisation » prend bien des formes. De la « conquête » sociale, on passe à la « conquête » apostolique (aux débuts de l'Action catholique) et, de celle-ci, au « témoignage », qui ne va plus d'un groupe vers d'autres groupes, mais d'une expérience vécue à sa manifestation. De

---

27. Il faut remonter au courant moderniste pour voir apparaître le rôle (désormais décisif) de ces deux thèmes qui traduisent également la volonté de *faire un tri* dans les sociétés ou les théologies catholiques du temps pour en retenir seulement la vérité qu'elles portent. Il s'agissait en somme d'entreprendre une exégèse spirituelle de manifestations trop temporelles. Cela sous deux formes complémentaires : la positivité, rejetée dans le passé (là où elle était encore « pure »), était du ressort de la critique historique ; le fondamental, enfoui sous les « systèmes » idéologiques ou sociaux, était l'émergence d'une expérience *collective et mystique*. Le vocabulaire des documents analysés par Émile Poulat (*Histoire, Dogme et Critique dans la crise moderniste*, Paris, Casterman, 1962) est éloquent. L'histoire qui a suivi la guerre a été sourdement habitée et déterminée par les « inventions » modernistes.

même, la politique catholique se désarticule pour donner le
jour soit à la reconnaissance d'un « ordre » politique autonome, distinct d'un « ordre » spirituel (J. Maritain), soit, dans
le champ « ouvert » de la laïcité, à une diversité d'« engagements » librement articulés sur un « esprit » chrétien
(E. Mounier). La réflexion théologique suit un même parcours. L'ecclésiologie fondée sur une cohérence et une permanence des institutions se mue en une théologie du « corps
mystique », ou recule peu à peu devant les progrès d'une
« pneumatologie ». À l'affirmation d'une stabilité objective
des structures ou des théologies, succède une analyse des distorsions ou des discontinuités entre périodes, et le recours à
une continuité vivante dans les nappes intérieures du « sentiment religieux ». Bientôt, « l'union des Églises », rapproche-
ment entre corps et hiérarchies, se voit remplacée par
« l'œcuménisme » qui les rapporte et les confronte au même
Esprit, à un universalisme de la foi, à une communion spirituelle et à une origine commune[28]. La controverse entre religions débouche sur les débats autour de la « mystique
naturelle »... Quelques œuvres caractéristiques jalonnent ce
vaste mouvement. *La Religion extérieure* était naguère récu-
sée par Tyrrell (1902), prophète trop méconnu chez qui apparaissent les grands thèmes d'un temps nouveau[29]. Bientôt *la
Religion personnelle* de L. de Grandmaison (1927) renvoie
des groupes et des systèmes catholiques à l'option spirituelle
des croyants. *La Métaphysique des saints* (1928), chère à

---

28. C'est dans l'œcuménisme qu'apparaît le mieux et qu'a été théoriquement le plus élaborée l'articulation entre un certain relativisme des institutions objectives et, d'autre part, le recours à une *expérience fondamentale*
commune et à des *origines historiques* identiques. Voir R. Paquier, « Des
théologies confessionnelles à une théologie œcuménique », in *Verbum caro*,
1948, p. 3-14 ; Georges Tavard, *Petite Histoire du mouvement œcuménique*,
Paris, Fleurus, 1960, surtout p. 145-156 sur l'« œcuménisme spirituel », titre
qui reprend celui du grand livre consacré par Maurice Villain à l'abbé Coutu-
rier (1957) ; G. Thils, *Histoire doctrinale du mouvement œcuménique*, Lou-
vain, 1955, surtout p. 227-248 ; etc. La perspective d'une « foi commune »
pose le problème de « la relation entre la visibilité de l'Église et son invisibilité » (Jean Bosc, *La Foi chrétienne*, Paris, PUF, 1965, p. 84). Elle rejoint par
un autre biais la distinction entre spirituel et temporel.
29. *Lettres à un professeur d'anthropologie*, Nourry, 1908, p. 27-29, 61-
81, etc., qui disent les exigences et les apories qu'elles rencontrent ; ou *Suis-
je catholique ?*, Nourry, 1908, p. 177-194.

Henri Bremond, oppose aux rigidités des divisions intellectualistes, sociales ou moralisantes, le « fond » obscur, inaccessible et universel, dont toute vie mystique témoigne[30]. Dans ses grandes visions cosmiques, Teilhard de Chardin donne à tout phénomène une réalité spirituelle qui est à la fois son sens et son avenir.

Entre l'humain et l'évangélique

Peu à peu, par des cheminements complexes, sous la forme de distinctions subtiles, les institutions se décollent d'une vérité « mystique[31] » ; elles l'attestent pendant un temps, mais elles la compromettent, elles la trahissent aussi en la découpant dans des cadres rigides ou en la recouvrant d'une carapace utile et provisoire. Cette interprétation vise à les défendre encore, mais elle les rend de plus en plus problématiques. Il devient progressivement plus difficile de comprendre le sens des affirmations ou des décisions des « autorités établies », dès lors que l'apôtre rapporte un éventail d'actions et de choix possibles à l'insondable du vécu, ou que le théologien voit dans le pailletement indéfini de l'histoire la prodigieuse richesse d'un indicible. Ces conceptions ne sont pas des créations arbitraires. Elles rendent compte d'une situation de fait. Il ne dépend pas des croyants que les structures ou les doctrines ne puissent plus être lues immédiatement comme chrétiennes, et qu'elles s'inscrivent, à titre de forces sociales ou d'événements culturels, dans l'expérience générale d'une société hostile ou étrangère à la religion. Mais si la réflexion et l'action abandonnent la défense d'unités visibles pour s'appuyer sur une unité « spirituelle », de quelle manière formuler rigoureusement le rapport entre l'extérieur et l'intérieur, entre le superficiel et le profond, entre le multiple et l'unité ? Problème bien des fois débattu dans l'apostolat ou en théologie, à propos du « temporel » (avant guerre), de « l'incarnation » (pendant et après la guerre), ou du « surnaturel » (1946-1950). Comment articuler

---

30. Michel de Certeau, *L'Absent de l'histoire*, chap. 3 : « Henri Bremond, historien d'une absence ».
31. « Mystique » est d'ailleurs un maître mot à l'époque.

ensemble le rationnel et le vécu, l'institutionnel et le mystique ? Avec son génie pour saisir les pensées agiles sous la mouvance d'un présent, Henri de Lubac donna son nom au problème : *Histoire et Esprit* (1950). La conjonction *et* porte ici tout le poids de la question.

Mais l'évolution se poursuit. Dans la mesure où le « temporel » conquiert tout le terrain, où les institutions mêmes qui étaient tenues pour « spirituelles » (le rassemblement liturgique, l'Action catholique, les aumôneries, mais également les œuvres théologiques, les documents de spiritualité, etc.) relèvent aussi de la psychologie, de la sociologie, d'une analyse politique ou historique, l'*histoire* s'identifie à l'*humain*. De la même manière, non plus comme réalité objective, mais comme vérité fondamentale et source vitale de l'expérience, l'*esprit* bientôt peut s'exprimer sous la forme d'une solidarité « humaine ». De ses origines religieuses (un Dieu unique), ne subsiste que l'idée d'une *unité* humaine. Chez bien des croyants, le « spirituel » n'a, pour se désigner, que ce qui est profondément *humain :* le sens de la justice, l'affrontement de la mort, le respect de l'autre, le courage de s'accepter, etc. Il faut pourtant quelque part une signification propre donnée à cette solidarité. La référence *évangélique*, hier instrument d'un réformisme nécessaire et d'un discernement critique, apparaît sous un jour plus positif, comme le *donné* initial *et* spirituel. Mais la conjoncture sociale et scientifique exerce sa contrainte. Un effacement relatif des structures ecclésiales se manifeste aussi dans la nécessité de s'appuyer sur autre chose qu'elles, et de revenir aux sources. L'accès à celles-ci est commandé par la connaissance historique. L'authenticité, ainsi placée aux origines, sera définie par une recherche scientifique (ou sa vulgarisation) : d'où le primat accordé au texte, d'où l'effet de distanciation que produit son morcellement par l'analyse technique [32] ou son insertion dans une

---

32. Fragmentation en péricopes, déplacement des séquences en fonction des doublets ou d'analogies, réorganisation des récits dans le cadre des « formes littéraires » antérieures, lectures selon le filon des « thèmes » ou des vocables, etc. ; un travail exégétique modifie profondément non seulement la lecture du texte – et donc le texte –, mais aussi le comportement du croyant devant cette nouvelle organisation du texte.

mentalité lointaine[33]. De ce point de vue, la source primitive s'éloigne dans le temps – l'ampleur de cet éloignement se mesurant à la somme de connaissances nécessaires pour le surmonter et au respect qui leur est dû. Bien plus, liée à la possibilité de rejoindre une réalité historique derrière les textes, la vérité évangélique semble enfermée sous les couches néo-testamentaires : partiellement perdue, partiellement incompréhensible, partiellement détenue, non plus par une Église mais par des savants.

Si la voie de l'histoire s'avère complexe et décevante, si par ailleurs l'essentiel doit être *esprit*, c'est-à-dire *vie*, n'est-on pas autorisé, voire obligé, à faire un tri dans le texte évangélique ? Laissant les éléments culturels étrangers, on retiendra seulement les principes fondamentaux, ceux qui sont conformes à une expérience présente. Ce n'est plus le savoir, c'est le vécu qui devient le critère. Entre *l'humain* et *l'évangélique*, les relations se retournent, mais la tension croît. Le sens spirituel des croyants est assez vrai pour refuser les fixations. Mais comment lui trouver un langage adéquat ? Il est impossible d'identifier au *texte* l'*esprit* chrétien, d'en tirer directement une politique et une éthique actuelles, ou d'en faire le lieu exclusif de la prière[34]. On ne saurait non plus tenir la radicalité humaine d'une expérience pour la pierre de touche décisive en vue d'un découpage à opérer dans l'Évangile entre le « véridique » et le « périmé ». Ces deux registres de l'expression chrétienne – l'*humain* (culture, structure, sciences, expérience) et l'*évangélique* (l'Esprit de Jésus donné avec la vérité historique à retrouver dans un

---

33. D'où l'impossibilité d'une lecture immédiate : l'exégète devient un sas nécessaire entre le lecteur et le livre et, par là, un espace de temps s'élargit entre eux. La médiation d'un savoir nécessaire fait prendre conscience d'une solution de continuité entre le passé (évangélique) et le présent (du chrétien).

34. On voit se multiplier les chrétiens qui, au nom d'une réaction saine, récusent une nouvelle « politique tirée des propres paroles de l'Écriture sainte » (révolutionnaire ou conservatrice, peu importe de ce point de vue), une morale (sexuelle, par exemple) reposant sur quelques citations néo-testamentaires, etc. Un sens analogue des médiations nécessaires provoque également une résistance vis-à-vis du monopole exclusif trop souvent accordé à la « méditation d'Évangile » parmi toutes les formes de prière ; ou bien, pour avoir identifié l'oraison à ce qui n'est qu'une des « manières de prier », d'autres en viennent à penser qu'il leur est devenu impossible de prier.

texte) –, l'*herméneutique* reçoit aujourd'hui pour tâche de les réconcilier, et par là de déterminer un sens *chrétien*. Tâche écrasante. D'un type nouveau, ce travail doit endosser les problèmes les plus graves de l'ecclésiologie. Il risque de laisser à tout le réel son autonomie, de se contenter d'adjoindre un « surcroît de sens » « évangélique » à une pensée et à une action « humaines » déjà organisées selon leurs propres normes[35]. Ce serait une simple juxtaposition. Une autre direction se précise : un événement de la parole et la réponse qu'elle reçoit fourniraient une définition commune à la foi apostolique et à la nôtre. Une théologie se construit sur le rapport de la *parole* et de la *décision*[36].

Sens chrétien et communication sociale

Dans la pratique comme dans la théorie, les critères d'une décision chrétienne n'en restent pas moins nécessaires, ne serait-ce que pour savoir *à quoi* peut répondre une conduite chrétienne, et *comment reconnaître* aujourd'hui la parole à laquelle il faut se convertir. Relativiser les contenus, ce n'est pas supprimer tout contenu ; souvent, c'est s'accorder seulement le pouvoir de le définir soi-même. Finalement, hier et aujourd'hui, qu'est-ce qui est « évangélique » ? Une affirmation sur ce sujet central suppose qu'on ait élucidé bien des questions : la relation de la Parole de Dieu avec les textes évangéliques auxquels l'Évangile véritable n'a jamais été identifié ; notre relation présente avec les documents venus de ce passé apostolique qui s'inscrit, comme tout autre, dans un système de structures sociales et d'« images » mentales d'un autre âge[37] ; la relation, enfin, qu'entretiennent entre

---

35. On ne saurait, en effet, admettre que la foi soit dissociable d'un acte (ou d'une *praxis*) et qu'elle puisse se réduire à la *lecture* (avec un *regard* nouveau) d'une réalité déjà faite ou d'une histoire autonome. Sous cette forme, le « surcroît de sens » ajouté par la foi ne serait qu'une étiquette, finalement inutile.

36. Voir René Marlé, « Foi et interprétation. Un mot magique : herméneutique », in *Études*, mai 1969, p. 669-682 ; et surtout « Théologie protestante », in *Recherches de science religieuse*, t. 55, 1967, p. 257-287.

37. Voir par exemple J.M. Cameron, *Images of Authority*, New York, 1967.

eux tant d'« évangélismes » dispersés au cours de l'histoire chrétienne ou représentés aujourd'hui par des groupes différents. La *communication* resurgit partout, forme générale des divers problèmes que pose la détermination des critères évangéliques : communiquer entre nous, communiquer avec le passé. C'est sous cette modalité que se présente, lieu unificateur, nécessaire et énigmatique, l'autorité de l'Écriture. Il ne suffit plus qu'elle soit ancienne[38]. Elle n'est plus créditée par ce passé qui, hier, permettait la critique du présent. Il faut qu'elle soit intelligible et fondatrice d'une communion d'où l'histoire ne peut être exclue. Elle est le secret, difficile à élucider, de ce qu'expriment, en termes trop hâtifs, des langages qui se croient seulement « humains ». La communication n'est-elle pas, en effet, la garantie attendue, et supposée un peu vite (si on s'en tenait à ses affirmations) de l'expérience qui se dit *humaine ?* N'est-elle pas l'objet de la revendication qui exige une solidarité avec le « monde », une justice entre hommes, un dialogue entre groupes ou nations ? Et d'une manière ou de l'autre, elle réclame des signes effectifs, sociaux ou théoriques.

Un lent processus a libéré l'expérience *chrétienne* de ses déterminations *sociopolitiques*, mais l'a portée vers un recours « mystique », et peu à peu vers le silence ; il a dissocié des langages *culturels* un sens *spirituel* aujourd'hui en quête de repères adéquats ; il a, de ce fait, amenuisé la possibilité de reconnaître le rapport entre la vérité *vécue* et les « autorités » *objectives*. Par là, il a pourtant rendu d'autant plus nécessaire l'existence de signes communs entre les réponses que des croyants donnent à l'événement de la Parole. Le problème du *sens* et celui de la *communication*, indissociables, restaurent l'urgence d'autorités, soit au titre de représentations communes, soit au titre de critères qui autorisent à désigner comme « chrétienne » une expérience personnelle ou collective. Aussi bien, cette urgence suscite les petits groupes de chrétiens qui tentent aujourd'hui d'arti-

---

38. Karl Barth, *Dogmatique*, t. 1/2, Genève, 1955, p. 83-87, a montré qu'à l'origine de la théologie réformée, l'autorité dans l'Église semble avoir été une instance dont « la supériorité tient essentiellement à l'ancienneté », mais que celle-ci n'était qu'une manière de formuler la priorité de la Parole sur la libre obéissance de l'Église.

culer leur foi grâce à une communication. Ne pouvant y parvenir ni sur la base étroite du texte évangélique, ni dans le cadre (trop lâche ou brisé) d'un répertoire d'autorités véritablement universelles, ces petites communautés de réflexion et d'action élaborent un langage à partir de références croyables et de signes de reconnaissance élucidés en commun. Certes, l'Église fournit des lois, des « confessions » et des lieux de rassemblement. Mais, alors même que ces signes sont reçus comme porteurs d'une vérité, on ne sait plus dire laquelle, ni comment. Après un demi-siècle de « primauté du spirituel », le prophétisme, l'évangélisme, ou la pneumatologie qui en résultent (par suite d'une évolution générale) rendent très difficilement *pensable* et représentable le rapport qu'entretiennent des institutions publiques avec le sens vécu, des lois promulguées avec les exigences de la conscience, des doctrines avec le mouvement nocturne et silencieux d'itinéraires pourtant inspirés par un « irréductible » de la foi. À cette tâche, une réflexion théologique sur les autorités chrétiennes doit s'ajuster, référant à un *acte* de la foi la *communication* entre l'histoire d'hier et les expériences d'aujourd'hui.

III. Autorités chrétiennes

Autorité ou autorités ? La réflexion chrétienne se situe à cette articulation périlleuse entre le singulier de Dieu et le pluriel de l'histoire. Elle doit conjuguer l'un avec l'autre, être fidèle à l'Unique dans la variété, voire la dispersion, des manifestations et des repères de la foi. Elle est placée à ce croisement par le risque même de croire en un Dieu incarné. L'expérience chrétienne crée elle-même cette articulation en prenant la forme communautaire d'un *nous* qui permet seul l'audace de parler de « notre Père ». Tel est son lieu propre, carrefour du singulier et du pluriel. Ce lieu lui est nécessaire : l'Église y tient comme au mystère même qu'elle confesse. Mais il est mouvant, parce qu'il s'étend et se déplace avec les histoires des hommes, changeantes ; il n'est clos par aucun passé, renfermé dans aucun présent. Ce n'est pas un objet fixe, une terre délimitée, devant nous. Des refontes et des inventions insoupçonnables changent les termes et les modes de la relation à l'autorité. Il ne suffit certes pas de dire que l'infiltration du pluriel permet seule à une autorité, à une théologie ou à une conduite de se dire chrétiennes. Il faudrait montrer comment ce rapport organise la pensée ou la praxis. Mais les quelques réflexions qui suivent auront pour unique objet de souligner une condition de possibilité, un préliminaire, qui est aussi une règle de discernement et de conduite : seul est proportionné à l'autorité de Dieu un *signe pluriel*, constitué dans l'Église par divers types d'autorités, parlé en langues différentes, distribué en fonctions distinctes. Les autorités font partie de l'Église et ne sont donc pas d'une autre nature qu'elle. Bien loin de définir l'Église, elles la manifestent, elles s'y réfèrent, elles ne peuvent qu'en avoir la forme pluraliste et communautaire.

Le singulier de Dieu et le pluriel de l'histoire

Impossible d'abord d'accepter que, verbal ou institutionnel, le langage chrétien se contente d'affirmations dont l'utilité passerait avant la *vérité*. Elles auraient alors pour justification, consciente ou non, d'être seulement *utiles* à l'unité d'un groupe, au maintien d'un passé récent, à un système sociologique ou intellectuel. La défense d'une société ou de son élite deviendrait le critère de la vérité. On sait à quels impérialismes unitaires on est conduit quand on définit la raison ou la vérité par la loi d'un ordre établi – culturel, politique ou religieux. Mille complicités favorisent la dégradation qui met une urgence de vérité au service d'un groupe. Le langage religieux est aujourd'hui *utile* à beaucoup, et pas seulement à des politiques soucieuses de trouver ainsi l'appoint culturel et le fortifiant « moral » qui leur manquent par ailleurs. Ouvrez n'importe quel journal. Regardez la télé. La religion est un spectacle qui s'exploite comme les autres objets de consommation. Elle est commercialisable et rentable. Comme « légende », elle suit les chemins du loisir. Comme « valeur », elle circule dans les réseaux de la banque. Elle passe aussi par les filières des ministères et leur rend bien des services. Cette utilisation tire sa force de ses victimes elles-mêmes, apôtres de toute sorte, car elle joue sur leur dessein de « faire du bien » et sur leur espoir que quelque chose de la religion « passera » ainsi. Mais quoi ? En réalité, ce qui « passe » est filtré par les utilisateurs. Les bonnes intentions viennent renforcer d'autres objectifs, ceux d'un groupe social ou politique. La commercialisation récupère l'apostolat à partir d'un point qui leur est souvent commun : l'utile.

Il en va de même pour le souci que Jean Guitton notait avec finesse (mais non sans injustice) chez Loisy en l'opposant à Bergson : chez l'ecclésiastique, disait-il, il y aurait eu le désir d'*adapter* le discours chrétien pour « remplir son église », alors que le philosophe aurait été plus sensible à l'intransigeance d'un Absolu et donc porté à distinguer de la société religieuse les mystiques aventuriers de l'irréductible [39]. Le premier serait plus troublé du fait que le monde ne vient plus chez lui que de la crainte d'être abandonné par le feu insaisissable, doux et violent, de l'Esprit (Ez 10-11). Pris à son propre désir, l'ecclésiastique est tout de suite séduit par qui lui propose « le monde » à la lucarne de la télé ou le lui offre à la une du journal – comme du haut de la montagne (Mt 4, 8-11). Mais de quel prix paie-t-il le fructueux contrat qui lui donne un public ? La « tentation » ne signifie pas qu'il faut fuir le lieu où elle nous saisit et où nous parlons simplement le langage de tout le monde. Mais je m'interroge sur les changements qu'elle opère en nous, en moi, à notre insu. Cette avidité à « témoigner », à « adapter », à préserver des signes en les rendant *utiles* ou à trouver des intelligences avec le *pouvoir*, que fait-elle de ce que nous appelions d'abord une question de vérité ? Peu à peu, à l'urgence quotidienne d'une décision qui soit conversion, à une exigence qui ne peut pas ne pas donner lieu à une parole et à des actes, se substituent le maintien d'une « position » dans la société et le bénéfice de qui a des moyens. Là où il n'y a plus une vérité à faire et à dire, il ne reste plus qu'une place (de l'Église) à défendre. C'est une affaire de profit (religieux).

Alors le langage chrétien cesse d'être blessé par la vérité, qui n'est jamais prisonnière d'une idolâtrie sociale. Il se métamorphose en un discours sans rides, en neutralité bienveillante, en discrète allégeance à un ordre politique, en un

39. Jean Guitton, *Études et Rencontres*, Paris, Club du livre chrétien, 1959.

libéralisme qui sent de loin la peur de n'être pas au goût du jour et où flottent, éculés, des slogans à majuscules sur la Justice, le Bien et l'Humanisme, enfin en ces querelles internes entre curés, évêques ou cardinaux, que relèvent, ici ou là, quelques références à l'Amour avec un grand A. Ce langage ne fait rien. Il dit ce qu'on lui fait dire. Discours conformiste d'une vérité serve, il ne crée pas. Il n'« autorise » plus une liberté et des initiatives. Il conserve. Mais aussi, il se vend. Et les témoins sont vendus avec lui, devenant à leur insu les employés d'un commerce. Ainsi une société accroît son capital lorsqu'elle enrôle la religion et qu'elle la change en produits adaptés, polis, conformes et même « personnalisés ».

Une interprétation psychologique aboutit au même résultat lorsqu'elle donne pour sens aux institutions, et pour objectif à leur réforme, « l'épanouissement » individuel et collectif. La « maturité » et l'élimination des conflits seraient le but, donc aussi le critère de la vérité évangélique. Étrange vérité qui aurait pour définition d'être une thérapeutique ou une source de profits ! C'est hors de cette religion-là qu'il faudrait chercher des hommes prêts à mourir pour une conviction plus importante que leur vie, sans être assurés d'en tirer bénéfice eux-mêmes. Ce christianisme de consommation associe la foi chrétienne aux tranquillisants et à la dynamique de groupe, aux bonheurs de la *relaxation* ou des cures d'amaigrissement, à toutes les techniques de préservation sociale ou de rentabilité individuelle. La pression qui mue les vérités et les institutions en biens capitalisables et rentables tend à les vider de tout ce qu'elles voulaient dire. Là intervient précisément l'autorité reconnue par la foi.

L'Autorité « autorise » – ce n'est pas tout à fait une lapalissade. Elle *rend possible* ce qui ne l'était pas. À ce titre, elle « permet » autre chose, à la manière dont un poème ou un film inaugure une perception qui n'eût pas été possible sans lui : après, on ne voit plus, on ne pense plus de la même façon. De même un « auteur » véritable, Freud ou Marx, constitue un champ scientifique et une pratique qui *n'existaient pas* avant lui, et susceptibles, après lui, d'inventions, d'œuvres, de visions *différentes* de la sienne. Il les « permet », mais ce qu'il rend possible n'est pas limité à cette expression première, ni voué à la répéter. Aussi le véritable

« retour » à Freud ou à Marx n'est-il pas le principe d'un littéralisme, mais la condition qui permet de réitérer en d'autres termes le mouvement initial. De la même manière, quel que soit le mode de « l'audition » (ils sont divers, nous le verrons), la Parole qui intervient dans notre histoire *rend possible* une existence nouvelle ; elle la « permet ». L'autorité – qui est en dernier ressort celle de Dieu – se situe du côté des conditions de possibilité. À ce titre, elle inaugure un type nouveau de pensées et d'actions ; et ces interventions intellectuelles ou ces actions risquées manifestent ce qui les a *permises*, sans être pour autant de simples applications, des conséquences ou des imitations. La praxis invente et, par là même, elle découvre ce qui l'a autorisée. Aucune de nos initiatives n'est identifiable à la Parole, mais elles ne sont pas possibles sans elle. Tout comme il n'y a pas de foi sans une praxis, c'est-à-dire sans des « œuvres », sans un risque effectif qui en soit l'acte et le langage [40], il n'y a pas d'œuvre ou de praxis chrétienne qui ne suppose et ne révèle, par une création particulière, sa condition de possibilité : l'autorité que manifeste un style de l'existence, qui « permet » un mode de créativité et qui *ouvre* une série nouvelle d'expériences.

Cette indication encore approximative laisse entendre que l'autorité se présente avec le double caractère d'être *nécessaire* et *insaisissable*. Dans l'acte de foi, elle apparaît sous la forme paradoxale de ce *sans quoi* il ne serait pas possible de vivre et penser. Elle est simultanément le plus proche et le moins possédé. « Seigneur, disait Pierre, à qui irons-nous ? Tu as les paroles de la vie éternelle » (Jn 6, 68). Il ne saisit pas ces paroles, car elles ne sont pas de l'ordre de ce qu'il pourrait détenir ou comprendre. Mais il sait bien que, sans elles, rien de ce qu'elles lui ont découvert de lui-même, rien de ce qu'il peut risquer et faire de vrai (y compris la décision qu'il prend en leur restant fidèle), ne serait possible. En lui, le plus « essentiel » est ce qui lui échappe le plus. Ce n'est pourtant pas un lointain, chose intouchable ou étrangère, mais, au contraire, c'est le plus proche et le plus nécessaire, ce que sa générosité suppose mais n'invente pas, ce grâce à quoi il invente, réagit et s'aventure.

---

40. La dialectique paulinienne de la foi et des œuvres le montre : Rm 3, 21 à 4, 25 ; 12 et 13 ; Ga 3 et 4 ; etc.

L'autorité est le degré zéro d'une série (non plus scientifique mais existentielle), quelque chose d'originaire, mais aussi d'impossible à « tenir ». C'est l'intenable. Dans l'expérience, plutôt qu'une « avancée de l'être » (Heidegger le note dans une perspective voisine), c'est une « avancée d'absence [41] ». Expression à peser. Ce qui fait *être* l'action est ce qui lui *manque*. Ce que je fais de plus vrai, je ne le puis sans toi – mais je ne peux pas te ramener à ce que je fais ou à ce que je sais. L'autorité ne peut pas être réduite à l'acte nouveau qu'elle permet, qui la manifeste et qui, avant d'être posé, restait imprévisible. Elle est indiquée par chacun des actes qui y renvoient à tour de rôle, quoique différemment, et qui l'avouent ou la confessent. Finalement, l'aveu de l'amour et la confession de foi se disent de la même façon : « Tu me manques. » Deux mots, une double négation, indiquent le ressort de cette expérience : « pas sans [42] ». C'est impossible sans toi. Cette double négation désigne également la relation de foi *et* la relation de charité. Pour énoncer avec pudeur et précision le mouvement de sa foi, avec crainte ou avec assurance selon les cas, le chrétien parle au Seigneur comme l'amoureux ou l'amie : Non, *pas sans toi*. « Que je ne sois pas séparé de toi. » Mais il s'adresse de la même manière aux autres : *Pas sans vous*. Je ne suis plus que le défenseur d'une société ou de mon propre succès, sans vous.

Il est impossible de dissocier les deux modalités – foi et charité – d'une même relation ; l'une ne va pas sans l'autre (Mt 22, 34-40 ; et parallèles). De Dieu lui-même, si l'on prend au sérieux son incarnation et le mystère de Jésus pour toujours « lié » à notre histoire (sans jamais lui être identique, parce qu'il reste Autre, Dieu), il faut dire qu'il n'est pas sans nous. Ce type d'articulation – « pas sans » – noue *entre eux* les actes et les signes des chrétiens selon le mode même de leur relation au Dieu véritable (pas sans lui), seule autorité qui soit, à la lettre, « croyable ». Les évangiles nous le montrent dans le langage qui leur est propre. De Jésus, ils déclarent qu'il n'est *pas sans* le Père (« Ma doctrine n'est pas de

41. « Temps et être », in *L'Endurance de la pensée. Pour saluer Jean Beaufret*, Paris, Plon, 1968, p. 54-55, un texte où Martin Heidegger reprend l'analyse de l'expression « il y a » (*es gibt*).
42. *« Nicht ohne »*, *ibid.*, p. 48-49.

moi » (Jn 7, 16)) et que sa manifestation n'est *pas* achevée *sans* nous. Vous ferez, dit-il, des œuvres « plus grandes » que les miennes (Jn 14, 12 ; etc.). Aussi bien, Paul, par ses souffrances, « complète ce qui manque aux épreuves du Christ » (Col 1, 24). Toute praxis chrétienne a la même signification, tout au long de l'histoire : elle « manque » à celle de Jésus. Elle est également ce qu'il ne possédait pas, ce qui, pour lui, restait « à venir ». Lui-même renvoie son œuvre à des interlocuteurs, à des disciples, à des générations futures, essentiellement à l'Église. Le rapport qu'il entretient avec le Père (« plus grand que moi » (Jn 14, 28)) a pour expression historique, durant sa vie, ses rapports avec des interlocuteurs qui l'« étonnent » et qu'il « admire », avec un futur d'œuvres « plus grandes » que les siennes (Jn 14, 12), avec un avenir encore à faire que sa vie et sa mort ouvrent. Il *permet* en *se limitant*. Sa mort est l'*arrêt* de sa *vie* particulière ; par là précisément, elle *permet* des communautés chrétiennes (dont les membres auront entre eux le type de relation qu'ils ont avec lui), des « œuvres » autres (qui renverront différemment à la foi qu'elles « réalisent »), des langages apostoliques (qui manquaient à ce Jésus, qui n'ont été rendus possibles que par sa disparition et qui pourtant parleront tous de lui tour à tour). La mort – l'absence – est l'acte fondamental qui, dans le même « anéantissement » accepté, dit la vérité de la relation de Jésus à son Père et de sa relation à d'autres hommes. Dans le même moment, il fait place au Père et il fait place aux communautés futures. Un seul geste est identiquement celui de disparaître et de rendre possible le signe pluriel du même. Jésus pose sa propre limite à la fois comme *le sérieux de sa particularité historique* (tout homme meurt) et comme *la possibilité des autres*, comme le commencement d'un universalisme dans l'histoire, comme l'articulation fondamentale de la relation avec Dieu et de la relation avec les autres. Aussi la nature de son acte est-elle successivement manifestée par le fait qu'il est toujours vivant (la Résurrection), qu'il n'est plus là (l'Ascension) et qu'il instaure le régime pluraliste de relations réelles avec « notre Père » (la Pentecôte).

En fait, pour nous, c'est plutôt ce régime communautaire qui atteste ce qui l'a rendu possible. Effectivement, dès ses origines, dès qu'il existe, le christianisme suppose, par tout son fonctionnement, une articulation fondamentale entre l'unique Autorité et la diversité de ses témoins, entre le singulier de Dieu et le pluriel de l'histoire. Ainsi l'expérience communautaire fait de chacun de ses membres quelqu'un à qui les autres manquent et qui manque aux autres – parce que nul ne peut s'identifier ou être identifié à celui qui « autorise » son initiative propre. Mais chaque génération, à son tour, entretient le même rapport avec celles qui l'ont précédée ou avec celles, imprévisibles, qui la suivront. Aucune d'entre elles, même la première, ne peut être donnée pour *la* véritable expression de celui qui la permet et qu'à ce titre elle manifeste. Elle est renvoyée à d'autres au nom de celui qu'elle confesse, puisqu'il s'agit de *Dieu*. L'Église sera donc « missionnaire », parce que sa réalité effective se situe *à côté* d'autres groupes, comme voisine ou éloignée de ce qui lui manque. Pour l'Église, être « missionnaire », c'est dire à d'autres générations, à des cultures différentes, à de nouvelles ambitions humaines : « Tu me manques » – non pas comme le propriétaire parle du champ du voisin, mais comme l'amoureux. Quand elle est qualifiée de « catholique », elle est définie par l'alliance entre l'unicité de Dieu et la pluralité des expériences humaines : sans cesse appelée à se convertir à Dieu (qu'elle n'est pas et sans lequel elle n'est rien), elle répond en se tournant vers d'autres régions culturelles, vers d'autres histoires, vers d'autres hommes, qui manquent à la manifestation de Dieu. L'organisation des autorités chrétiennes a pour but et pour sens, nous allons le voir, de rendre viable et repérable ce renvoi des signes les uns par rapport aux autres au nom même de leur rapport à la seule autorité véritable.

On a signalé bien des fois, dans l'histoire chrétienne, la tentation doctrinale qui consistait à privilégier le Fils au détriment du Père, donc à méconnaître le rapport de Jésus à son Père, et à refermer ainsi l'Autorité dans la positivité d'un texte évangélique ou d'une histoire de Jésus. Tentation idolâtrique : elle réduit aussi le mouvement « autorisé » par le mystère de Jésus à la répétition, à l'imitation ou à la mise en pratique d'un énoncé particulier, de la décision due à un seul homme ou du contenu d'un seul écrit. L'aplatissement de la christologie ramène la fidélité chrétienne à n'être plus que la conformité à un lieu et à tourner indéfiniment autour de ce piquet. La même tentation se formule aujourd'hui en termes plus historicistes ou plus sociologiques, lorsque l'Autorité est circonscrite dans des faits passés (la vie de Jésus) ou dans des écrits primitifs (les Évangiles), dans des formules magisté-rielles (les définitions dogmatiques) ou dans une seule fonc-tion de l'Église (le pape). C'est méconnaître la « règle de foi » qui renvoie chaque autorité *à d'autres*, au titre de son rapport *au Père*. Que le nom de « père » soit inadéquat, c'est certain (bien que les arguments avancés, culturels ou psycha-nalytiques, ne soient guère convaincants et que le « père » reparaisse partout à travers ses « substituts » – aujourd'hui, la loi et le langage[43]). Désigné par ce nom de « père » ou par un autre, reste le problème ouvert d'une condition de possibilité inscrite dans l'histoire, d'une Autorité qui « autorise » Jésus même, qui « permet » successivement la diversité des expé-riences chrétiennes et qui, liée à la discontinuité du temps, n'est captive d'aucun temps, d'aucun lieu, d'aucune autorité ecclésiale particulière. L'histoire même de l'Église nous le rappellerait d'ailleurs si, par hasard, une mauvaise théologie nous en détournait. Elle nous rend aujourd'hui le service de relativiser l'absolutisme dont se prévaudrait une seule fonction, et de mettre en pièces le positivisme qui croit emprisonner Dieu dans une seule objectivité ou l'éliminer en « oubliant » la multitude de ses autres témoins.

L'insolence des faits

La théologie pose comme fondamental le lien entre l'unité de Dieu et la pluralité de ses signes : les témoins ne parlent plus de Dieu, s'ils sont ramenés au singulier et s'ils prennent sa place. De ce point de vue, le pluriel des autorités est néces-saire, dès là qu'elles entendent manifester une relation à Dieu. L'historiographie, elle, n'édicte aucune *nécessité*. La variation des autorités n'y est plus qu'un *fait*, mais un fait auquel se heurtent et se brisent les vues réductrices. Alors que des simplismes doctrinaux ou sociaux se contentent d'*oublier* des expériences autres ou de négliger le rapport de chacune d'entre elles avec la société et le temps où elle s'est

---

43. Michel de Certeau, *L'Écriture de l'histoire*, 3ᵉ éd., Paris, Gallimard, 1984, chap. 8 « Ce que Freud fait de l'histoire ».

élaborée, l'investigation socio-historique *relativise* un impérialisme qui est seulement une myopie : elle fait voir qu'il y a ou qu'il y a eu *aussi* d'autres réalités. Elle lutte contre l'*oublié* qui est aussi le *refoulé* ou l'excommunié. À ce titre, elle ne tolère pas « l'idolâtrie » naïve, souvent inconsciente, qui fait d'une organisation parmi d'autres le centre du monde et le lieu du vrai. Elle s'en prend à l'autoritarisme et, si elle est rigoureuse, elle le met en pièces. Non qu'elle récuse la valeur propre de tel ou tel système idéologique et institutionnel. Mais elle lui dénie le droit de se considérer comme le seul ; elle discrédite l'arrogance d'un monopole intellectuel et social ; elle ramène à la surface l'interrogation indiscrète, et finalement redoutable, d'expériences humaines et chrétiennes éliminées par l'affirmation d'un groupe limité. Dans une perspective scientifique, y a-t-il autre chose, dans l'histoire, que des formations *particulières* (successives ou coexistantes) ?

Quand elle maintient pour des réalités *non conformes* aux règles d'un groupe le droit d'exister *aussi*, l'histoire corrige une myopie. Mais elle rectifie également la presbytie qui n'a qu'une vue globale, qui ne considère du réel que son horizon, qui efface les particularités pour leur substituer des vérités générales, toujours les mêmes, et croit surmonter la dispersion des choses en recourant à l'idée d'une tradition, d'une profondeur atemporelle ou d'un progrès linéaire. Le presbyte ignore ce qui est *proche*. Il pense l'universel, mais parce qu'il ne voit plus le détail. À cette simplicité lisse et confuse de l'idéologie, l'histoire oppose la complexité des situations socioculturelles. Elle ne se lasse pas de restaurer les différences. Même sans le chercher, elle menace donc tout dogmatisme. D'emblée, c'est une arme tournée contre l'autorité unique. Comment une réflexion chrétienne ne lui en saurait-elle pas gré ? Sans cette critique, elle risquerait d'accepter que l'affirmation d'une vérité soit déliée des particularités de temps et des lieux ; de consentir à n'être qu'un idéalisme ou un nominalisme ; de renoncer à la foi qui, depuis l'Incarnation, conduit toute proposition générale à buter contre la singularité et la succession des événements.

Écouter la leçon des faits, ce n'est pas se soumettre inconditionnellement à un nouveau pouvoir. La relativité historique n'implique pas le relativisme. L'histoire n'est pas l'historicisme qui substitue à toutes les autres l'autorité d'une conception (d'ailleurs périmée) de la science. Quand elle remplace un ciel fixe de la vérité par une suite de constellations religieuses et sociales, elle ne dicte pas ce qu'il *faut* penser, mais ce qu'il est désormais *impossible de nier* si l'on veut penser ou agir. Les mouvances de l'histoire, en faisant surgir « l'autorité » tantôt ici, tantôt là, ont obligé à classer mieux ces formations successives : de l'Écriture, on a distingué la tradition ; de l'épiscopat, le pape ; de celui-ci, le concile ; etc. Mais à propos de chacun de ces « lieux théologiques » se pose de nouveau le problème de son identité, car ils sont soumis à d'étranges métamorphoses. Ainsi, pour ne prendre qu'un exemple, la région qu'on appelle uniformément *la* tradition correspond en réalité à des terres différentes. Toutes les générations recourent à la tradition, mais l'une définit ainsi le privilège qu'elle accorde à certains Pères de l'Église latine (Augustin, ou Ambroise) ; l'autre désigne par là un « retour » à quelques grandes œuvres de la littérature grecque chrétienne ; une autre, l'anthologie composée en fonction d'une problématique scolastique, ou bien sa préférence pour les témoins d'une théologie mystique. Avant-hier, le thomisme était l'essentiel ; hier, on tenait pour insignifiant tout ce qui suit l'âge patristique... Sur la surface de l'histoire, chacune découpe ce qu'elle considère comme « traditionnel ». Elle agit de même en ce qui concerne l'Écriture ou les conciles. Il y a ainsi, caractéristiques de telle ou telle période, des références scripturaires ou conciliaires : chaque temps braque le faisceau lumineux de ses soucis et de son regard sur les temps antérieurs, en fait sortir ses autorités propres et répartit autrement qu'eux les zones obscures de l'oublié ou du moins important.

Mais aucune de ces organisations n'échappe au temps. Nulle n'élimine la réalité des suivantes ou des précédentes. Aussi, bon gré mal gré, chacune doit laisser place à d'autres. À ce niveau, ce qui apparaît, ce sont des différences. Il n'est pas possible d'arrêter le temps et de localiser le vrai ici ou là ; pas davantage, de se reporter à une synthèse anhistorique qui gommerait ces différences au nom d'un minimum commun (en fait, entendu diversement par chacun et décidé seulement par quelques-uns) ; ou de tenir ces tableaux d'autorités, successifs au long des siècles, pour le déploiement de l'éventail qui était fermé à l'âge apostolique. Loin de survoler l'histoire, toute synthèse de ce genre est une manière particulière d'organiser les choix d'un présent sur le mode d'interpréter un passé. L'historien ne s'enrôle donc pas si facilement au service d'une position dogmatique. Il sort des caves et des lointains de l'expérience chrétienne pour opposer à un présent ce qui s'est passé d'*autre* là-bas. Il dit : « Pas touche ! Ne mettez pas la main sur l'homme, pas plus que sur Dieu ! » En ce sens, il relativise toute autorité particulière. Il la « remet à sa place ». Il exhume l'insolente existence d'institutions ou de conceptions étrangères aux nôtres. Ce qu'il défend, c'est l'histoire : elle échappe à ceux qui prétendent la prendre dans le filet d'un « sens » ; elle ramène l'altérité, qui zèbre les assurances trop bien closes. Elle ne se laisse pas non plus contourner, à la manière d'un théâtre dont il serait possible de saisir la vérité derrière le décor. Elle garde son secret. Il y a précisément une histoire parce qu'elle n'avoue pas.

Les discontinuités entre temps ou entre lieux s'aggravent de différences entre niveaux sociaux. Ici, plus que l'historien, le sociologue intervient. Il constate une divergence, et sans doute une équivoque, entre les représentations doctrinales et les croyances populaires, alors qu'elles sont également désignées comme « chrétiennes ». Quel est le rapport des élaborations dues à certains groupes (qui constituent une « élite » et assurent une fonction particulière dans l'Église) avec ce qui se vit dans d'immenses régions du peuple chrétien ? Dans son épaisseur, l'histoire est feuilletée ; et ses couches ont entre elles des relations énigmatiques. Le problème apparaît sous la forme des christianismes « populaires », rangés longtemps du côté de l'ignorance. En réalité, ils *diffèrent* seulement des mentalités, des normes éthiques et des formulations doctrinales propres à des « clercs ». Qu'est-ce qui nous « permet » de dire que les énoncés doctrinaux parlent de quelque chose de plus et d'autre que de l'expérience particulière aux lettrés ou à certains milieux ? Des affirmations posées en haut lieu, qu'est-ce qui est effectivement *reçu* dans les masses et qu'est-ce qui *représente* la foi telle qu'elle est vécue dans les villages ou les usines ?

Récemment, un sociologue constatait un dissentiment entre les « doctrines » et les « croyances », entre les déclarations officielles de l'autorité hiérarchique et le sentiment chrétien collectif à la fin du xixᵉ siècle[44]. Cela ne voulait pas forcément dire que la vérité était d'un côté plutôt que de l'autre, mais qu'à tout le moins aucun des groupes (trop schématiquement opposés dans cette étude, car les mentalités chrétiennes et les organisations socioculturelles mettent en jeu plus de deux termes) ne peut prétendre au droit de parler au nom de tous. Ce que des prêtres ou des lettrés affirmaient n'était crédité que par « l'authenticité de leur expérience », à ce titre leur langage était légitime ; mais ne dépassaient-ils pas leur droit lorsque, témoins *localisés*, ils se tenaient pour des témoins *universels* – et cela par le seul fait d'ignorer les autres et de limiter la vérité aux réseaux restreints d'un milieu ou d'une culture[45] ? À présent comme hier, des hommes et des femmes se déclarent chrétiens en se référant aux saints ou à des fidélités qui court-circuitent les connaissances ou les institutions propres à d'autres catégories de croyants. Qui sommes-nous, théologiens, qui suis-je, scribe de mon seul savoir, pour décider que c'est vrai ou faux, et pour juger de leur langage d'après le nôtre ? Bien plus, de quels moyens disposons-nous, clercs, liés nous aussi à une position *particulière*, pour déterminer, de là où nous sommes, quel rapport leur expérience entretient avec l'expérience dont les formulations d'un magistère sont l'expression ?

Le problème hante la réflexion chrétienne depuis ses origines, dès là que la Parole de Dieu ne peut être réduite à des textes et que, déjà Irénée le rappelait[46], la tradition écrite doit admettre l'existence d'une tradition orale – *sine charta*, sans texte –, donc jamais objectivement identifiable, énigmatique au contraire, bien qu'elle constitue aussi une autorité. Il y va de la *théologie* au sens le plus large, puisqu'il s'agit de savoir

---

44. Maurice Montuclard, *Conscience religieuse et Démocratie*, Paris, Seuil, 1963, p. 201-207.

45. Ainsi on doit aujourd'hui à l'ethnologie, en particulier, le pouvoir et la volonté de dépasser les frontières de *l'écrit*, qui constituaient jusqu'ici le postulat et le préjugé de l'histoire. L'homme qui n'écrit pas, le pauvre, le paysan, le Noir, l'analphabète, se trouvait exclu de l'historiographie et, de ce fait, excommunié du langage de la conscience collective.

46. Irénée de Lyon, *Contre les hérésies*, III, IV, 2, Paris, Cerf, coll. « Sources chrétiennes », 1952 : « ... beaucoup de peuples barbares qui croient au Christ... possèdent le salut écrit "sans encre" ni papier par l'Esprit Saint dans leurs cœurs... » ; bien que « barbares » et « sans lettres », « ils atteignent à cause de leur foi à la plus haute sagesse... »

quel est le rapport entre l'*histoire* réelle (où, disons-nous, Dieu parle) et les *discours* sur Dieu. Comment le langage chrétien d'un groupe particulier s'articule-t-il avec tant d'autres, qui attestent des distances sociales insurmontables ? Grâce à un meilleur repérage sociologique, des expériences chrétiennes cessent d'être omises ou méconnues. Elles donnent un contenu inquiétant au principe qui, au titre d'un *consensus fidelium*, leur accordait un rôle nécessaire dans la construction des langages de la foi. Elles relativisent les élaborations localisées et les critères institutionnels ou littéraires propres à une élite dont l'expérience est pourtant elle aussi légitime. Elles nous ramènent à l'affirmation conciliaire selon laquelle l'universalité est le critère de l'infaillibilité ; l'Esprit répandu dans le « peuple de Dieu » (et non pas uniquement tel qu'il se manifeste dans certaines catégories) est seul infaillible[47]. Toute tâche et toute autorité particulières sont, en quelque sorte, déniées par d'autres. Ainsi, du fond de sa grotte, Élie se vit dénier le sens qu'il pouvait donner aux signes célestes ou historiques les plus sûrs : « Yahvé n'est pas dans le vent... Yahvé n'est pas dans le tremblement de terre... Yahvé n'est pas dans le feu... » Bien que vrai, tout ce répertoire mosaïque des révélations divines ne suffit pas. Après cela, vient « le son d'une brise » arrivée de loin (1 R 19, 9-14). Aujourd'hui, à entendre, de si loin que ce soit, la rumeur d'océan qui vient des immensités de l'expérience chrétienne, tout clerc (et qui d'entre nous ne l'est pas ?) ne peut manquer de s'interroger sur la vérité de son savoir et sur l'universalité des autorités qui lui fournissent le moyen de se situer comme chrétien dans son milieu ou dans sa bibliothèque. La brise qui arrive jusqu'à nous, qui dérange et relativise nos assurances, nous rappelle finalement à quelle autorité nous entendons être fidèles : à celle de Dieu.

---

47. Ce principe avait été déjà fermement explicité à Vatican I : Antoine Chavasse, « L'ecclésiologie au concile du Vatican », in *L'Ecclésiologie au XIXᵉ siècle*, Paris, Cerf, 1960, p. 233-245. Il a été repris à Vatican II. Voir la constitution *Lumen Gentium*, II, n° 12 ; et Bertulf van Leeuwen, « La participation universelle à la fonction prophétique du Christ », in *L'Église de Vatican II*, Paris, Cerf, 1966, t. 2, p. 444-455.

La pratique de l'autorité : permettre

Comment discerner le bon et le mauvais usage de l'autorité ? Parmi les critères qui tracent entre eux deux une ligne
de clivage, ce qui précède nous en indique au moins un, qui
ne suffit pas, mais qui est fondamental : la distinction entre
l'autorité qui se décline au *singulier* (en se donnant comme
unique), et les autorités, au *pluriel*, qui renvoient les unes aux
autres. La première clôt un groupe ou un savoir sur lui-
même ; les secondes « permettent » autre chose. Une autorité
se condamne lorsqu'elle se prend pour le bon Dieu et qu'elle
se donne pour rôle, même à son insu, d'enfermer Dieu dans
une cité ou de fixer une frontière au mouvement de l'histoire.
Elle se met à employer le datif d'intérêt, disant de la vérité ou
de la communauté : je me la gouverne. Et souvent elle séduit,
en ce sens qu'elle attire à soi, capte et trompe le désir des
assujettis en quête d'une vérité qui les ouvre à eux-mêmes.
En somme, l'autorité qui se pense au singulier crée une « légende », c'est-à-dire une histoire *close* et imposée, et une histoire à laquelle *on ne croit plus*. Elle est close en ce sens
qu'elle veut tout faire tenir dans le contenu d'un texte scripturaire ou dans les actes d'un personnage hiérarchique. Une
autorité nécessaire circonscrit alors tout « ce qu'il faut lire »
(legendum), tout ce qu'il faut faire ou penser. Aussi ne peut-
elle que renvoyer à elle-même et renforcer son pouvoir.
« Vous avez substitué votre autorité à celle de Dieu » (Mt 15,
6). Elle refuse de laisser l'autre s'infiltrer dans le lieu sacré
d'un immuable ; elle vise à interrompre par une loi, par un
énoncé, par la volonté d'un individu ou d'un groupe, le mouvement spirituel et communautaire qui cherchait un relais et
qui se trouve arrêté là, pris à la glu. Finalement, cette autorité
au singulier devient elle-même une « légende » surimposée à
l'expérience qui continue sans elle. On n'y croit plus. Faute
de pouvoir l'éliminer, on la contourne. On « interprète ». On
lui fait dire ce qu'elle récuse dans sa lettre. Elle flotte, emportée par les courants qu'elle pensait contrôler.

À l'inverse, une autorité se met à sa véritable place lorsqu'elle se reconnaît comme l'un des termes d'une combinaison plurielle. Alors elle s'articule avec d'autres. Elle
manifeste ainsi qu'elle n'est *pas sans* d'autres et cette rela-

tion nécessaire désigne déjà son rôle par rapport à la structure communautaire de l'Église. Pareille connexion peut avoir l'allure d'un pur fait : on constate des différences sur le tableau où s'étalent des « autorités » diverses et variables. Le Moyen Âge se plaisait à les additionner en « sommes d'autorités ». Il y a l'Écriture, et *aussi* la tradition patristique ; le pape, et *aussi* le concile, etc., avec toutes les sortes de fragmentation que l'historien peut analyser. Immobiles, des références et des institutions forment alors le paysage désolant de significations gelées. Mais, dans la réalité, ces fragments sont en mouvement. Une articulation des autorités les unes avec les autres fait apparaître le sens de chacune en même temps qu'une circulation. Elle rend possible une communauté, dans la mesure où chaque terme *fait place* à d'autres, sans se nier. Elle *représente* la structure de l'Église, parce que chaque autorité ouvre un espace au relais qu'assurent d'autres autorités ou des constellations historiques différentes.

Non que cette circulation décolle peu à peu du sol pour n'être plus qu'un renvoi indéfini, une fuite en avant, l'alibi sans fin d'une pensée ou d'une action qui n'aurait plus d'ancrage. Chacun des termes pose un signe nécessaire aux suivants : il atteste une expérience inéliminable ; il empêche que le vrai soit détaché de l'histoire (qui est toujours faite de particularités) et donc que l'autorité soit réduite à n'être qu'une idéologie. Mais comme, en Jésus, le fait de *se limiter* manifeste la relation véridique avec Dieu et ouvre un renvoi nécessaire à d'autres témoins, de la même manière chaque Église locale n'est « ecclésiale » que par son lien avec les autres ; chaque expression « autoritaire » n'a de rapport véritable à la seule Autorité que si elle fait place à d'autres expressions. Ce renvoi à d'autres est pour chaque autorité le problème de sa propre vérité. C'est la pierre de touche de la véritable autorité. Telle est aussi la raison pour laquelle la fidélité à Dieu s'exprime sous une forme *négative :* la circulation d'une autorité à l'autre *interdit l'arrêt* quelque part. On ne peut pas *s'en tenir* à l'Écriture, au pape ou à l'expérience d'une communauté locale. Il n'est pas vrai que l'Écriture seule juge le pape, ou qu'une tradition seule représente le véritable sens de l'Évangile, ou que le pape seul puisse édicter un article de foi, ou que le concile seul fixe au pape sa fonction. Nier la différenciation, ce serait donc suspendre le mouvement. Aussi est-ce l'arrêt qui est condamné comme contraire à la foi « catholique ». À la lettre, l'hérétique n'est pas celui qui « choisit » (dès que la foi est vécue et qu'elle implique un engagement, elle atteste un choix, elle est particulière), mais celui qui « interdit » d'autres recours, qui arrête la vérité à Paul en excluant Jacques, qui tient pour un reste insignifiant toute autre autorité que la sienne – le pape ou l'Écriture. L'hérétique brise la communication. Par le discours qui élimine d'autres autorités, il enlève sa vérité au contrôle de la communauté croyante, il se la réserve : le vrai ne concerne que Dieu et lui ou son groupe. Or, le renvoi des autorités les unes aux autres est précisément ce qui manifeste le rapport entre vérité et société : il articule, sur une question de vérité, la relation entre membres d'une communauté, entre sociétés ou entre générations.

Tout groupe, quel qu'il soit, obéit à une nécessité qui, comme telle, ne dépend pas de la foi, mais intervient aussi dans chaque organisation chrétienne : il implique une relation de dualité avec son représentant ou son délégué. Il naît d'un rapport interne avec un *autre :* tour à tour interlocuteur, chef ou théoricien. Il lui faut être représenté pour exister comme unité particulière. Il en va de même dans l'ordre de l'agir. Comment se fait-il, en effet, que, pour produire une *action*, une société ait besoin d'un *autre* – meneur, leader, ou député ? Des mouvements récents l'ont montré : le groupe qui prend anonymement le pouvoir dans un moment de révolte ou d'exaltation semble paralysé par sa propre indifférenciation et incapable d'agir, de décider ou d'aller plus loin. L'homogénéité est immobilité. Seule, une diversité interne *permet* la mobilité, par la création d'espaces intérieurs et par l'ouverture de distances entre forces ou entre fonctions. La nécessité de ces articulations s'exprime d'abord par le rapport du groupe avec ses autorités. Celles-ci sont séparées du tout, et pourtant elles lui sont propres. Par une étrange loi, l'unité sociale se constitue en se divisant. Elle se fonde elle-même en se donnant un *autre* du dedans : un responsable, un leader ou encore une autorité livresque, un auteur de base, un mythe ; et elle trouve aussi dans cette origine éclatée la possibilité de se dépasser, de viser autre chose, en somme : d'agir.

L'autorité permet ainsi au groupe une identification à lui-même et la praxis qui l'ouvre à un avenir.

Une société doit, semble-t-il, poser ou admettre des références et des représentations comme un vis-à-vis d'elle-même, tel un autre qui n'est pas hors d'elle, pour avoir le moyen d'exister, d'agir et de créer autre chose. Il lui faut des autorités pour se donner un pouvoir. Mais ces autorités n'ont de sens que par rapport à ce qu'elles ont pour but de permettre. Elles ont à ouvrir un processus qui appelle, comme nécessaire, autre chose que leur particularité propre. Pourtant, les détenteurs de cette fonction sont tentés d'*arrêter* le développement qu'ils ont à instaurer, et de substituer ainsi leur maintien à la loi qui leur fixe pour rôle d'être l'un des éléments nécessaires à la vitalité du groupe. À cette ambition de survivre au détriment des autres[48], à cette peur de ne plus être si on n'est pas tout, une structure démocratique oppose une double institution : la répartition des autorités ou la division des pouvoirs et, d'autre part, la légitimité ou, mieux encore, la nécessité d'une opposition. Par là, une société s'organise selon le double mouvement qui renvoie chaque autorité à d'autres, et qui réfère toutes les autorités au contrôle de l'ensemble social.

Le jeu de cette double institution pose aujourd'hui chez nous bien des problèmes. Le plus important concerne sans doute le statut de l'opposition : elle semble devenir intolérable et « subversive », comme si elle n'était pas nécessaire au tout, comme si elle était le contraire de la participation, comme si, enfin, les autorités n'avaient pas pour objet, en déterminant leur propre place, de permettre à d'autres de s'exprimer. Et, par une évolution fatale, plus l'opposition fléchit, moins les autorités tolèrent la division entre elles-mêmes : le rejet d'une opposition ou son écrasement s'accompagne normalement du monolithisme de l'autorité qui élimine du même mouvement tout renvoi à des autorités différentes. Mais les discours, eux, restent démocratiques. Ils le

---

48. Elias Canetti, *Masse et Puissance*, Paris, Gallimard, 1966, voyait dans la peur de ne pas survivre le vice et le moteur de la « puissance » en face de la « masse » : le potentat cherche à survivre seul à tous les autres, dont la survie dépendrait de lui.

sont même davantage, un surcroît dans l'idéologie compensant une diminution de la praxis.

Comme bien d'autres sociétés, l'Église n'échappe pas à l'évolution globale qui, peu à peu, verse le pluralisme du côté du *dire* et l'efface du *faire*. Ainsi la diversité et la complémentarité des fonctions dans l'Église, la nécessité du « dialogue » et de l'écoute, la référence à l'Esprit dont témoigne la totalité du « peuple de Dieu » risquent d'avoir une place d'autant plus grande dans le *discours* qu'elles en ont moins dans les *institutions*. De fait, en dépit d'efforts respectables, on voit aujourd'hui s'aggraver le risque d'une coupure entre ce qui se dit et ce qui se fait, entre la spiritualité qui caractérise l'un et le droit qui régit l'autre. Les propos sont frémissants de pluralisme. Les structures centralisatrices n'en sont maintenues que plus fermement. En ce cas, l'ouverture « mystique » renforce la fermeture juridique et le fixisme institutionnel. Les discours semblent avoir dès lors pour rôle caché de préserver les instruments effectifs d'une centralisation, de paralyser les médiations susceptibles de tempérer cette autorité centrale, d'empêcher que des « normes objectives » (l'Écriture, la tradition, le bien commun de l'Église, l'expérience communautaire des Églises locales), imposées *en droit* à cette autorité, ne soient inscrites *en fait* dans l'organisation des pouvoirs et dans les procédures de décision.

Si cette coupure s'élargit, l'autorité dominante ne « permet » plus ; elle fixe à la vérité les limites d'un pouvoir. Du même fait, les échanges ne constituent plus une communication entre témoins divers du même Esprit – un langage en Esprit et en vérité. La doctrine *sert* alors au maintien d'une seule autorité. Elle est utile à un groupe.

Il n'y a plus alors de liberté et de pluralisme qu'*octroyés* et mesurés par une hiérarchie. La structure communautaire de l'Église s'en trouve bouleversée : un pouvoir définit l'autorité, au lieu que l'Autorité divine, en fondant la réalité de chacune des autorités chrétiennes, les renvoie à d'autres au nom même de ce qu'elles attestent. Du coup, il faudrait refaire le récit de la Pentecôte, en imaginant que le feu n'a été donné qu'à un seul apôtre pour être par lui distribué à tous. En réalité, dans le riche symbolisme de Luc, « les langues de feu se divisaient, et il s'en posa une sur chacun d'eux », de sorte que « tous furent remplis de l'Esprit Saint et commencèrent à parler en d'autres langues selon que l'Esprit leur donnait de s'exprimer » (Ac 2, 3-4) [49].

L'autorité se reconnaît à une double caractéristique : elle *s'impose* comme une condition de vérité ; elle *fait place* à autre chose. D'une part, elle est *reçue* au nom de la réponse qu'elle suscite. Un texte fait autorité, finalement, parce qu'il nous parle et parce qu'il nous fait parler, c'est-à-dire répondre. Il nous permet de dire ou de faire ce sans quoi nous ne serions plus vrais. Il en va de même à l'égard d'un homme qui a autorité. Sous ce biais, nous en revenons à la confession de Pierre : « À qui irons-nous... » Les expériences les plus fondamentales et les plus humbles de la foi donnent toujours à l'autorité le nom de ce qu'elle éveille ; elles la définissent en disant : « Comme c'est vrai ! »

Mais d'autre part, l'autorité chrétienne *crée un espace*. Elle rend possibles des différences. Elle ouvre à une parole ou à une œuvre autre. À cet égard, le supérieur, quel qu'il soit, n'a pas pour but d'enfermer ce qu'il autorise dans le champ bien défini d'une administration à compléter ou d'une vérité à répéter. La vérité dont il témoigne, il ne se la garde pas ; il la permet sans la posséder ; il la reconnaît devant lui, autre, au moment où il la rend possible. Il autorise un risque en le partageant.

Ainsi se poursuit, indéfinie, la manifestation communautaire de l'Infini. Elle est représentée par une pluralité d'autorités qui redisent en termes et en actes différents celui qui l'a rendue possible : Jésus-Christ. C'est là reprendre, en soulignant les distinctions nécessaires à l'union, ce que Vatican II déclarait à propos des autorités en matière doctrinale : « Il est donc très clair que la sainte tradition, la sainte Écriture et le magistère de l'Église, par une très sage disposition de Dieu, sont tellement liés et solidaires entre eux qu'*aucune de ces réalités ne se tient sans les autres* [50]. »

---

49. Cette analyse des autorités appellerait une réflexion sur l'autorité accordée au *savoir* et sur son rapport soit avec la parole du croyant, soit avec l'expérience qualifiée d'« ignorance ».
50. Vatican II, constitution *Dei Verbum*, n° 10.

5

Les chrétiens
et la dictature militaire au Brésil

Dans l'immense laboratoire que représente aujourd'hui l'Amérique latine, le Brésil occupe une place particulière. Pas seulement parce que, sous la botte des généraux et de leurs troupes, il s'enfonce dans un silence que troue seulement parfois l'éclat d'exploits comme l'enlèvement de l'ambassadeur des USA. Pas seulement parce qu'il est le pays du tiers-monde qui reçoit le plus d'investissements privés. Mais aussi parce que la bataille qui s'y livre entre un régime militaire qui se structure, s'implante, élabore son idéologie, et une opposition populaire contrainte à chercher de nouvelles voies et de nouveaux leaders sera sans doute décisive pour le sort de la révolution latino-américaine.

Récemment, le poète et sénateur marxiste chilien Volodia Teibelboïm[1] se disait « bigame » : séduit par l'action politique et par la recherche intellectuelle, il ne pouvait les ramener à une seule fidélité, ni renoncer à l'une ou à l'autre. En des champs différents, bien d'autres sont dans une situation analogue, partagés entre les impératifs d'un engagement et les voies d'une investigation technique. Bigame aussi, par exemple, ce directeur latino-américain d'un Institut de sciences sociales qui, lui, éprouvait comme une contradiction interne le rapport entre son option politique marxiste et la mise en œuvre des procédures sociologiques apprises aux USA : il ne parvenait pas à *dire* en termes d'analyses scientifiques ce qui était l'objectif et le sens de son *action*. On sait aussi que, tout au long de son œuvre, Octavio Paz s'interroge inlassablement sur la manière dont une *parole* poétique peut être une *action* révolutionnaire[2] – thème revenu bien des fois

---

1. Voir son beau livre *Hombre y Hombre*, Santiago, 1969.
2. Octavio Paz, *L'Arc et la Lyre*, Paris, Gallimard, 1965.

au cours du colloque des écrivains latino-américains tenu en
août dernier à Viña del Mar (Chili).

De cette « bigamie », les chrétiens ont été plus que d'autres
les témoins, dans la mesure où des appartenances religieuses et
les engagements « révolutionnaires »[3] apparaissaient incompatibles. Nées de cette tension, des recherches très diverses
sont en train de modifier totalement les données du problème
telles qu'elles étaient perçues il y a encore cinq ans. D'autres
types de regroupement recouvrent aujourd'hui les alternatives
en fonction desquelles se déployait toute une série d'options.
Analyser le rapport entre la politique et le christianisme au
Brésil, c'est d'abord, par l'un de ces biais, rendre compte
d'une évolution globale. Mais aussi, puisque le fait religieux
est une détermination socioculturelle constitutive du passé et
du présent brésiliens, se référer à des systèmes sociaux différents des nôtres. Pour être partiels, et probablement de plus en
plus secondaires (c'est du moins ma conviction), les problèmes qui concernent le rôle politique de l'Église éclairent
l'originalité des options latino-américaines, et aussi (en bien
des secteurs d'où a disparu toute référence religieuse) l'archéologie récente qui organise, peut-être à leur insu, des
groupes amenés aujourd'hui à rompre avec ce passé.

Je ne cache pas qu'à parler de ce sujet, je risque le ridicule
de me donner une place qui n'est pas la mienne, de jouer les
stratèges de café, et aussi de rejeter très loin, sur les combats
des autres, mes propres interrogations. Quel merveilleux alibi
que celui d'observateur ou de voyeur ! Mais, sans doute,
l'Amérique latine représente-t-elle un immense laboratoire où
s'élaborent, entre praxis politique et foi chrétienne, des hypothèses neuves que nous aurons à envisager en d'autres termes.
Comme le disait Sebag, il y a une géographie de la Révolution.
Des stimulations et des hypothèses nous viennent du pays où
les tensions sont plus vives que dans nos régions vieillissantes,

---

3. Dans la plupart des pays d'Amérique du Sud, toute opposition se dit ou
est dite *révolutionnaire*, et les gouvernements eux-mêmes, si conservateurs
qu'ils soient, font grand usage du mot. Dans le sens déjà plus étroit d'« un
changement profond et brutal dans un espace de temps relativement court »,
Thomas Melville a raison d'écrire : « La véritable question n'est pas : "Faut-
il ou non la révolution ?", mais plutôt : "La révolution sera-t-elle pacifique ou
violente ?" » (texte repris *in* Alain Gheerbrant, *L'Église rebelle d'Amérique
latine*, Paris, Seuil, 1969, p. 247-249).

l'action, plus pressante, et où il est peut-être moins facile de se laisser prendre aux idéologies qui, chez nous, couvrent des tactiques étrangères aux discours, se contentent de répéter des passés honorables ou tendent à compenser par un surcroît de théorie un déficit de la praxis. De cet Orient de l'Ouest, nous vient donc un soleil, tragique à bien des égards, mais il n'apparaît ici qu'au fond d'une pupille, dans le puits d'une attention étrangère. Comment pourrait-il en aller autrement ?

Bruits dans le silence

Les bruits de coups d'État militaires et de coups de main terroristes nous arrivent tour à tour du Brésil[4]. Depuis le cinquième acte constitutionnel du 13 décembre dernier (maintenant, il y en a onze autres de plus), ils se multiplient au même rythme, s'appelant les uns les autres, en même temps que l'ensemble du pays s'enfonce dans le silence. Des députés dispersés, des partis jugulés, des professeurs et des étudiants mis à la porte des universités, des journalistes renvoyés ou exilés, des militants – marxistes, chrétiens ou prêtres – emprisonnés et torturés par la DOPS, le CPOR ou le « Commissariat des vols », les voix sont étouffées et ne se font plus entendre. Seuls, quelques appels à la justice et quelques récits[5] échappent au murmure des salles de police et traversent sans passeport les frontières de la censure[6].

4. Sur l'enlèvement de l'ambassadeur américain Burke Elbrick, voir E. Baiby, in *Le Monde diplomatique*, octobre 1969, p. 12 ; M. Boucher, in *Politique aujourd'hui*, octobre 1969, p. 121 et s. ; Michel de Certeau, in *Esprit*, octobre 1969, p. 571 et s.

5. Outre les cas de militants ou de prêtres torturés dont *Le Monde* a fait état (déposition du P.J. Talpe, 2 octobre 1969 ; appel des prêtres de Belo Horizonte, 16 octobre 1969 ; etc.), ou que mentionne un texte distribué par la JEC internationale (Paris, octobre 1969), cent autres seraient à mentionner, rien que du côté des chrétiens : l'emprisonnement de Frei Giraldo Bonfim par l'autorité militaire de la 10ᵉ région (mai 1969), les « interrogatoires » du P. Michel Le Van (Belo Horizonte, mai 1969), etc. On voit se multiplier les mœurs policières inaugurées avec le coup d'État de 1964. Voir Marcio Moreira Alves, *Torturas e Torturados*, Rio, 1966 ; et *O Cristo do povo*, Rio, 1968.

6. Pour mesurer ce qu'est cette censure, il faut relire au moins l'incroyable communiqué « confidentiel » du ministère de la Justice du Brésil (extraits, in *Le Monde*, 20 juin 1969).

Sur place, frappe ce silence général, plus oppressant encore d'être déchiré de temps à autre par de brusques éclats, et contrastant avec le progrès économique (au moins en 1968, avec un produit national brut de 30 milliards de dollars, qui donne au Brésil la onzième position dans le monde) et la confiance qu'inspire un pays qui reçoit d'ailleurs plus d'investissements privés qu'aucune nation sous-développée du monde[7]. Cette impression correspond non seulement à des faits, mais à un programme, celui du pouvoir militaire qui, déjà en place (quoique divisé), se rend plus visible, contrôle mieux la situation et étend son action. Les partis politiques et les forces traditionnelles de l'opposition, qui s'effacent ou s'effritent lentement devant ce pouvoir, n'ont pas intérêt à le mésestimer.

Le régime militaire s'installe

Sans s'arrêter sur les projets économiques et sociaux soigneusement élaborés par l'*Escola superior de guerra* de Rio (la « Sorbonne ») – tel un plan de réforme agraire –, de multiples entreprises gouvernementales indiquent une action concertée. On ne s'en étonne pas quand on sait les prodigieux moyens techniques et financiers dont dispose l'École de guerre, le travail intensif qui s'y fait, l'effort déployé sur

7. Beaucoup plus précises que l'information en langue française, les publications allemandes (le Brésil est le principal objectif des investisseurs allemands, dont les capitaux ne représentent pourtant, dans l'industrie, que le quart des investissements des USA), américaines naturellement et anglaises donnent à ce sujet beaucoup de renseignements. Voir en particulier le mensuel *Wirtschaftsbericht über die lateinamerikanischen Länder*, Deutsche Ueberseeische Bank, Berliner Disconto Bank ; les *Documents on Brazil*, Brazilian Embassy, Washington, surtout le *Survey of the Brazilian Economy* de 1966 ; le luxueux *Company Formation in Brazil*, Bank of London & South America Ltd ; etc. Sur les problèmes de l'économie brésilienne, qui ne peuvent être traités ici, on se référera aux travaux bien connus de Celso Furtado et à son article moins connu : « L'egemonia degli Stati Uniti e il futuro dell'America Latina », in *Il Mulino* (Bologne), n° 200, juin 1969, p. 638-654. Parues au Brésil, deux présentations générales : Mario Henrique Simonsen, *Brasil 2001*, Rio, Apec, 1969, qui s'oppose à Celso Furtado, mais pense que le Brésil ne sera pas demain plus prospère qu'aujourd'hui ; José Itamar de Freitas, *Brasil ano 2000. O futuro sem fantasia*, Rio, Artes graficas, 1969 (assez superficiel et donnant la version gouvernementale).

place et les facilités accordées pour les études à l'étranger en vue d'une formation scientifique d'hommes politiquement « sûrs » – surtout, mais pas seulement, les militaires. Ainsi, dans les universités, à l'élimination des étudiants ou des professeurs « subversifs », à l'instauration de l'obligation, pour chacun, de dénoncer toute action ou toute parole contraire à la « sécurité nationale »[8], à l'appauvrissement des départements tenus pour plus « dangereux » (sciences politiques, sciences sociales, philosophie)[9], à la pression qui a fait disparaître tant de revues ou de réunions étudiantes, s'ajoutent des mesures positives. Par exemple, repris, le *Plano decenal do IPEA*, issu du projet élaboré par le professeur Rudolf Atcon (USA), doit opérer une sélection des étudiants en fonction du marché du travail, en liaison avec les grandes organisations où ils auront à exercer des fonctions dirigeantes, et en vue d'une bonne intégration dans les structures du régime[10]. Par ailleurs, on cultive (à juste titre) et on utilise (politiquement) la fascination qu'exercent sur tous les étudiants les régions du Centre ou du Nord (voix intérieure et inconnue du Brésil), en les mobilisant, avec le Projet Rondon (1968)[11], par un travail qui prépare, tout au long de l'année scolaire, des expéditions de deux à quatre mois pendant les vacances, avec, pour objectif, de constituer au retour des rapports sur les paysans,

8. Ces dénonciations, stimulées par la présence incognito de policiers (agents de la DOPS, d'ailleurs repérés, mais que faire ? se taire) et par la crainte d'être accusé pour n'avoir pas dénoncé, sont naturellement suivies d'effets. Tarif minimum : 5 ans d'exclusion des universités pour le professeur ; 3 ans pour l'étudiant.

9. Les mesures prises sont souvent aussi discrètes qu'efficaces : diminution du budget, suppression de secrétaires, etc. Quant aux professeurs éliminés de ces départements, ce sont souvent les meilleurs, tels Fernando Henrique Cardoso à São Paulo, qui appartient au même groupe que Octavio Ianni, et dont les études sur la dépendance culturelle sont décisives.

10. D'où la préférence accordée, par exemple, aux études payantes et à des universités privées, qui favorisent également les « héritiers » et les éléments de l'ordre. « Ce qu'il y a de plus important », disait déjà le plan Atcon (et il entendait par là empêcher que l'université devienne un foyer d'agitation), « c'est que les universités reviennent à un nombre d'étudiants plus réduits, plus capables et plus sélectionnés... » : sécurité politique et malthusianisme culturel.

11. Du nom du maréchal Candido Mariano da Silva Rondon (1865-1958), créateur du Service de protection des Indiens (1910) et d'un centre de recherches anthropologiques (1942).

les mines, les *focos* d'opposition, etc. – information fort utile au gouvernement.

Ces quelques exemples renvoient à une politique élaborée depuis plus de trois ans, et qui fait de « l'éducation » un « facteur de sécurité nationale ». « L'instrument psychosocial de la stratégie nationale », écrivait-on déjà en juillet 1966 au nom de l'École de guerre[12], « comprend la combinaison d'instruments comme l'éducation, l'information, et la propagande, pour la formation de personnalités aptes à la défense de la démocratie contre l'expansion sociale du communisme ». Cette « économie de l'éducation » est aussi une militarisation de l'éducation. Elle comprend, entre autres : la création des *guarda mirim* (unités d'adolescents agents de police) ; l'implantation, surtout dans le Nordeste et dans les régions sucrières, des centres COPTO *(Obras publicas e Treinamento ocupacional)* qui réunissent des milliers de jeunes de seize à vingt et un ans (au total : 6 000 ? 7 000 ?) sous la direction de militaires[13] et avec l'aide des *Peace Corps* et de membres de l'USAID[14], en vue d'un entraînement physique et d'une formation à « l'action civique » ; la multiplication de liturgies sportives et nationalistes bien encadrées dont la première manifestation fédérale était, à l'occasion de l'anniversaire de l'Indépendance, la *Semana da Pátria* (1-7 septembre [1969]), accompagnée de slogans, d'insignes et de « fêtes » que l'on n'avait plus vus depuis les beaux temps de la dictature de l'*Estado nôvo* de Vargas (1937-1945). Le même souci des « cadres » se reconnaît dans les objectifs des attaques ou des créations gouvernementales. Demain, que représenteront, face à cette jeunesse méthodiquement éduquée et mise en place, les protestations issues de forces démantelées, de vieux routiers libéraux, de consciences malheureuses ou de vocations « prophétiques » ? Tout ce monde, les techniciens militaires le méprisent déjà comme le musée d'un âge révolu étranger aux nécessités actuelles de l'économie ou de la sécurité nationale ; ils lui laissent ou lui enlèvent un décor officiel selon les besoins de

---

12. In *Revista brasileira de estudos políticos* (Belo Horizonte), nº 21, juillet 1966 ; voir à ce sujet note 15.

13. La direction de chaque COPTO est assurée par un colonel.

14. USAID = United States Agency for International Development.

l'opinion publique, et bientôt, peut-être, ils pourront même le tolérer sans danger, avec l'avantage de fournir des issues verbales et des apparences « démocratiques » à un pays bien tenu en main.

L'idéologie des généraux

Mais quelle pensée politique habite ce programme concerté ? Dans ses grandes lignes, elle est accessible. Nous en avons des présentations : l'ensemble publié par la *Revista brasileira de estudos políticos* [15], le recueil des conférences du général Golbery do Couto e Silva [16], les actes constitutionnels [17], les critiques de Edgard Mata Machado à la Chambre des députés (1er février et 19 avril 1968), sans parler des *Documentos reservados* qui filtrent hors de l'École de guerre [18]. Cette pensée est étrangement pauvre. Au-dessus des quatre secteurs qu'elle distingue dans la nation – le psychosocial (presse, éducation, Église), le politique (où le Congrès est rangé), le militaire et l'économique –, elle place la sécurité nationale : un « Conseil de sécurité nationale » juge en dernier ressort, tranche, expurge ou soutient ; il est doublé par le Service national d'information, situé à la fois dans une position dominante et parallèle. Mais pour mener quelle politique ? Rien n'en est dit de précis, non seulement parce qu'il y a de vives oppositions entre militaires plus « économistes »

15. Dans le nº 21 déjà signalé, volume de près de 300 pages, il faut surtout s'arrêter aux trois articles « doctrinaux » de tête (p. 7-100) : Antônio Saturnino Braga et Omar Gonçalves da Motta, « Introdução ao estudo da segurança nacional », I et II ; Gal Eduardo Domingues de Oliveira, « Segurança nacional. Conceitos fundamentais » ; et à un ensemble d'études (p. 157-182) « Elementos psicossociais do poder nacional ».

16. *Geopolítica do Brasil*, Rio, José Olympio, coll. « Documentos Brasileiros », 1966. Voir aussi Humberto de Alencar Castelo Branco (l'ancien président), « Segurança e desenvolvimento », in *Sintese* (Rio), nº 35, juillet-septembre 1967, p. 5-21.

17. La Constitution fédérale de 1967, les décrets-lois nº 200 (25 février 1967, sur l'organisation de l'administration fédérale), 314 (13 mars 1967, sur la sécurité nationale), 348 (8 janvier 1968, sur le Conseil de sécurité nationale), etc.

18. Par exemple, ceux que rédige l'équipe des collaborateurs de *Carta política*.

et militaires plus « nationalistes », mais surtout parce que l'effort se porte vers les *conditions* de l'ordre (problèmes d'organisation nationale et de lutte anticommuniste) et qu'on en « oublie » toute option sur un type de société. Ces militaires « assimilent » l'économie et la psychosociologie à la position initiale de l'armée, corps particulier dans le pays et normalement au service d'une politique décidée hors d'elle. Des instruments d'une politique, on fait *la* loi, sans se douter, semble-t-il, qu'ils *supposent* (comme l'armée) des postulats ou des objectifs qu'aucun d'eux ne détermine. Aussi exploite-t-on des techniques, mais sans véritable projet. Peut-être est-il normal qu'à une politique sans moyens succède un « ordre » sans politique. C'est une tactique sans stratégie – un instrument à vendre, ou plutôt une organisation destinée à devenir la victime de ses présupposés impensés et de sa propre logique [19].

Le plus grave danger est peut-être là. Une force grandit et s'ordonne, cohérente, expansionniste (par ses pourcentages dans le budget national comme par ses implantations dans le pays), constituée par 200 000 militaires (chiffre discuté, que les uns descendent à 180 000 et les autres montent à 300 000), par les polices fédérales que contrôle le ministère de la Guerre et par tant d'organisations parallèles. Ces hommes, issus de milieux modestes [20], trouvent, chose rarissime, la sécurité financière et une promotion sociale. Bien plus, peu épargnés par l'humour brésilien depuis 1945 et assez dépréciés, ils se voient alloué aujourd'hui, comme corps, le rôle d'être les défenseurs de la patrie. L'honneur d'être les sauveurs renforce l'avantage d'être les bénéficiaires. Combinaison doublement mobilisatrice, que les instructeurs des recrues savent exploiter. Mais, en se croyant

19. De ce point de vue, il est possible qu'en devenant plus visible et qu'en sortant de l'occulte pour prendre les responsabilités gouvernementales, le pouvoir militaire soit amené à situer les problèmes de « sécurité » par rapport aux affaires de l'État. Déjà les appendices du 16e acte constitutionnel (14 octobre 1969), qui visent les groupes de pression militaires, semblent amorcer ce tournant, tout en cherchant à juguler les opposants de la ligne plus « dure » (Albuquerque Lima, etc.).

20. Ouvriers et ruraux s'engagent dans l'armée et dans la police. Au cours des manifestations de Rio, les étudiants rappelaient aux policiers une solidarité oubliée : « Vous êtes des pauvres », « Votre mère a faim », etc.

désormais tout permis au titre de leur force et au nom de leur
« glorieuse » tâche, les héros et les promus deviennent plus
difficilement contrôlables (des saisies et des interventions le
montrent déjà, que les autorités ne maîtrisent plus), soit que
le corps si bien monté suive la loi de sa propre croissance,
soit surtout que les critères d'actions plus « politiques » fassent défaut. La machinerie militaire ne va-t-elle pas « trahir »
ses auteurs, en révélant ce qui leur manque ? Les militaires
disent et pensent : « Nous sommes en guerre. » La priorité
accordée aux conditions de la lutte contre le « communisme »
efface les visées politiques ; la préférence donnée, pour des
raisons d'ordre et de progrès économique, à un malthusianisme culturel (sélectionnant les hommes et les idées) et
social (assurant la prospérité de réseaux bien organisés à
condition de tenir à l'écart et dans l'ordre les trois quarts de
la population, c'est-à-dire les mauvais producteurs et les
mauvais consommateurs) [21] prive d'ailleurs le pouvoir des
participations qui lui permettraient d'éviter son emprisonnement, pratique et théorique, dans un corps particulier de
l'État ou dans les alliances commandées par la sécurité
nationale [22].

Les silencieux de l'opposition

De leur côté, les militants de toute sorte qui s'étaient multipliés avec les grandes ambitions du début de la décennie se
voient écartés des responsabilités. Ce qui explique le manque
d'un programme politique gouvernemental entraîne aussi
leur absence. Du fait des circonstances nouvelles, leur action
d'hier risque de se muer aujourd'hui en une rhétorique, devenue inutile et dangereuse. À l'écrasement des institutions
démocratiques correspond le silence qui s'est étendu sur
le Brésil : c'est celui très fréquent de la déception, du
cynisme ou d'une sorte de retrait patient *(paciência !)* ; c'est

---

21. N'a-t-on pas dit, en haut lieu, que le Brésil pouvait accroître sa prospérité économique avec vingt millions d'habitants et qu'il « reste » soixante-dix
millions de Brésiliens dont on ne sait que faire ?
22. Sur les problèmes de l'intervention militaire, on trouve une typologie
et des analyses intéressantes dans Kalman H. Silvert, *The Conflict Society
Reaction and Revolution in Latin America*, New York, 1968.

aussi celui d'un sourd travail scientifique ou pédagogique, volontairement désarmé de conclusions qui en rendraient impossible la poursuite ; c'est enfin celui des guérillas qui se forment hors d'un langage social désormais fermé à l'opposition.

À première vue, la vie politique s'est simplifiée. Comme une bande dessinée, on la croirait partagée entre les extrêmes du pouvoir et du terrorisme (avec, entre eux, la masse des silencieux). En réalité, si elle s'est bien radicalisée, entraînant les militaires à se manifester et acculant un petit nombre d'opposants à entrer dans la nuit des maquis, elle se morcelle plutôt. Faute de représentations communes et licites, les options politiques se déguisent dans des tâches parcellaires ; elles s'investissent dans des études de fond ; elles s'organisent dans la clandestinité ou l'exil ; etc. Un effritement s'opère. L'action n'en est pas anéantie, contrairement à ce qu'on dit quelquefois ; elle prend mille détours ; elle se déguise et se prépare sous des participations techniques permettant de se tenir au courant et d'apprendre les méthodes utilisables à d'autres fins. Mais elle court le risque de perdre son armature morale et ses objectifs politiques à force de ne pas pouvoir les exprimer publiquement comme tels, là où ils devraient l'être. Car la dictature peut avoir pour effet de pervertir ceux-là mêmes qui la refusent : elle prive d'issues ou de repères licites une opposition latente que rien ne « représente » plus, et elle brise l'articulation des exilés de l'intérieur ou de l'extérieur avec l'expérience massive du pays.

Une évolution plus significative peut être cependant indiquée. Elle partage les groupes et partis d'opposition entre le versant majoritaire d'une activité légale progressivement paralysée, et le versant minoritaire de l'action terroriste. Des groupes de gauche, il reste possible d'établir la liste, mais très difficile aujourd'hui de connaître la géographie réelle. On peut envisager d'abord, comme ayant joué un grand rôle dans le passé, des associations telles que l'ISEB (*Instituto superior de estudos brasileiros*) et le *Frente parlementar nacionalista* : le premier, fondé par Café Filho, consacré à des recherches sociologiques, politiques et économiques, élabore depuis 1962 une philosophie du développement et constitue, par sa volonté d'exercer un leadership idéologique, une sorte de vis-à-vis de l'École de guerre[23], mais la conjoncture rend de plus en plus équivoque le rapport entre ce travail idéologique et les réalités économiques ou les conflits de force[24]. Nous verrons que ce problème est général ; « philosophes » ou théologiens s'interrogent également, et pour les mêmes raisons, sur la portée de la théorie ou de la « prophétie », et ce soupçon entraîne vers le scepticisme ou vers de nouvelles recherches. Par contre, le *Frente* s'est orienté, en se fragmentant, vers le radicalisme.

Dans les groupes d'opposition proprement dits, les vingt dernières années ont vu se dessiner et se fortifier une alliance entre une bourgeoisie nationaliste et le gauchisme contre le capitalisme industriel étranger et le féodalisme rural. Cette tendance, à bien des égards dangereuse du point de vue des objectifs que se fixaient des mouvements « révolutionnaires », a été, depuis, ou accélérée ou renversée, c'est-à-dire partagée, par des éléments qui ne tenaient pas seulement à la radicalisation des conflits politiques, à l'impossibilité de passer certains seuils ou aux débats provoqués par le déclin du stalinisme (1956), mais aussi à une évolution économique et sociale : on a constaté, par exemple, dès les élections qui ont suivi l'*Estado nôvo*[25], une corrélation entre une plus haute moyenne de revenu par tête et une plus importante adhésion à la gauche (en particulier dans les États de Guanabara et de São Paulo)[26]. La catégorie sociale qui sort de la misère devient d'abord une clientèle de la gauche, avant que, plus tard, la menace du désordre ne la rejette à droite. Dans les villes, un clivage s'opère entre un bon nombre de travailleurs

23. Le groupe comprenait Roland Corbisier, Helio Jaguaribe, Candido Mendes de Almeida, Guerreiro Ramos, Inacio Mourão Rangel, etc.

24. Significative et remarquable est l'étude de Candido Mendes, « Prospectiva do comportamento ideologico », in *Dados* (Rio), nº 4, fin 1968, p. 95-132.

25. En mai 1945, le parti communiste redevient légal : il a 4 000 membres. Plus tard, il présentera un candidat (non communiste, Yedo Fiuza) à la présidence de la République et obtiendra 600 000 voix, soit 10 % du corps électoral.

26. Glancio A. Dillon Soarez, « Mobilidade social e comportamento político », in *Revista brasiliera de estudos políticos*, nº 11, juin 1961, p. 57-84. Sur le problème étudiant, voir Arthur José Poerner, *O Poder jovem. Historia da participação política dos estudantes brasileiros*, Rio, Civilização brasileira, 1968.

industriels qui s'identifient davantage à une classe moyenne et se refuseront aux partis « radicaux », et, d'autre part, une masse urbaine d'origine rurale, souvent inadaptée et misérable, qui devient peu à peu une menace pour la stabilité politique. Ce partage social a entraîné une division fondamentale entre ceux qui suivaient l'enrichissement d'une catégorie de travailleurs, et ceux qui plaçaient l'avenir du pays du côté des masses prolétarisées.

Peut-être, par rapport à ces déplacements progressifs, l'un des événements qui permettent le mieux de dater des révisions et de nouvelles mobilisations est-il l'apparition, en 1955, des *Ligas camponêsas* de Francisco Juliao (Pernambuco et Paraiba). Cette guérilla paysanne hétérodoxe (mais, au Brésil, assez traditionnelle) est un symptôme. Elle manifeste la sensibilisation d'une gauche plus « révolutionnaire » aux masses rurales. Une coupure se produit. Les immensités de « l'intérieur » deviennent l'espoir de la révolution, la fascination des intellectuels, comme elles deviennent, pour « l'ordre », l'inconnu menaçant. Par une sorte de nouvelle ruée vers l'or, c'est l'objectif d'études, de campagnes d'alphabétisation et de « conscientisation » ou, à l'inverse, de mesures préventives, dans un pays qui, en 1960, sur 70 millions d'habitants (en 1969, il y en a 92), compte presque 55 % de population rurale et 40 % d'analphabètes. La fondation de Brasilia, capitale-pyramide plantée par Kubitschek au cœur du désert central, est seulement le symbole monumental d'un geste qui reprend celle des *bandeirantes* du XIXᵉ siècle, défricheurs partant *vers* l'intérieur en quête de trésors cachés dans les montagnes aurifères ; mais à ce *pioneirismo* si brésilien, elle ajoute la visée d'un nouveau commencement *à partir* de l'intérieur, qui s'est traduite politiquement, jusqu'au coup d'État de 1964, par les ambitions démocratiques du populisme[27]. Cette grande époque lyrique et prophétique, fertile et révolutionnaire à tant de titres, est aujourd'hui close. L'immigration intérieure vers les villes, la croissante importance des secteurs industriels et leur croissante dépendance à l'égard de l'étranger, les intérêts complémentaires qui associent la politique de la « sécurité nationale » et les groupes

27. Voir Octavio Ianni, *O Colapso do populismo no Brasil*, Rio, Civilização brasileira, 1968, p. 51-133.

financiers ou industriels, ont démystifié ce qu'il y avait d'utopique dans le populisme et enlevé à beaucoup le paradis d'une autonomie économique qui leur paraît aujourd'hui un luxe encore interdit au pays. Mais cela s'est payé par une politique qui boucle la nation dans le cercle étroit d'une sélection sociale et d'une dépendance dite « structurale ». Ce n'est pas pour rien que tant de travaux récents sont consacrés à la dépendance économique et culturelle [28]. Les audacieuses entreprises et constructions d'avant 1964 deviennent les ruines d'un futur arrêté.

Retrait vers la base

Et que reste-t-il des partis de la gauche ? Le parti communiste (PC) a été très éprouvé par les crises internationales. Fidèle à Moscou, le *Partido comunista brasileiro* (PCB) fut conduit par Luis Carlos Prestes sur les voies de la lutte légale et donc à des alliances, en particulier avec le *Partido socialista* (ou PSB, issu de la « gauche démocratique », également ouvert aux trotskistes [29] et aux communistes). En 1956, le *Partido comunista do Brasil* (PC do B) se déclara indépendant de Moscou, perdit alors bon nombre de ses adhérents mais, comme « chinois », il s'orienta vers le radicalisme de la résistance. Formé avec Mario Alves par une extrême gauche du PCB (et aussi par des militants quittant le PC do B), le PCBR *(Partido comunista brasileiro revolucionario)* récusait au contraire les intellectuels bourgeois, voulait être avec les travailleurs et, rendez-vous des ouvriers et étudiants les plus avancés, il s'orienta vers la guérilla, comme le PVR *(Partido da vanguarda revolucionaria)*. Au PVR, débouchèrent également des éléments issus de petits groupes que des raisons théoriques tenaient dans la dissidence : le POLOP *(Política operaria)*, composé d'anciens trotskistes ; la *Dissidência*, constituée d'universitaires provenant du PCB et

---

28. Ainsi les études de José Villegas ; Hélio Jaguaribe, *Dependência e Autonomia na America Latina*, Lima, 1968 (un travail remarquable, inédit) ; Fernando H. Cardoso et Enzo Faleto, *Dependencia y Desarollo en America Latina*, Belo Horizonte, 1969 (également remarquable et inédit).

29. Comme on le sait, le trotskisme a une longue tradition au Brésil ; il y a toujours eu des adhérents, en particulier universitaires.

s'inspirant de Rosa Luxemburg. Par contre, le POC *(Partido operário comunista)*, schisme du POLOP dans le Sud (Rio Grande do Sul), s'intéressait surtout aux techniques de la lutte révolutionnaire. Tous officiellement dissous avec le PC (depuis longtemps), ces partis se diffractent et se recomposent d'après l'alternative que leur laisse l'impossibilité d'une action légale : une organisation souterraine cachée dans des tâches reconnues mais plus ou moins proportionnées à une perspective révolutionnaire (PCB, PSB), ou bien l'action violente (PCBR, PVR).

Ils sont, devant ces deux options, rejoints par les groupes apparus pendant les dix dernières années. Cette relève a une triple origine : ouvrière ou étudiante, politique, et terroriste. La CGT *(Comando geral dos trabalhadores,* syndicat fondé en 1962 à São Paulo) a certes formé bien des leaders ouvriers, mais sans parvenir à se constituer, comme en Argentine, une infrastructure solide, et donc sans pouvoir se garder assez de l'utilisation qu'en faisait Goulart comme d'un atout politique. Aussi, après le coup d'État de 1964, faible à sa base et tenue par son sommet, se défend-elle difficilement contre un autre gouvernement. Les universités présentent plus de résistance. Bien loin d'être, comme la majorité des universités européennes, soigneusement tenues à l'écart d'une vie politique nationale organisée, elles constituent des centres de conscientisation politique. Le problème vient plutôt de ce qu'il n'y a, autour d'elles ou après le temps des études, qu'un frêle réseau d'organisations[30]. D'où la tentation d'idéologisme et de ghetto socioculturel, danger auquel le *Movimento estudantil* (ME), lié à l'*União nacional dos estudantes* (UNE), a toujours été attentif. En effet, « l'action étudiante n'acquerra de l'ampleur sociale que si elle est conjuguée à l'action des autres forces sociales de rénovation qui se manifestent dans la société brésilienne[31] ». Elle a donc débouché dans l'action socioculturelle (avec la campagne de conscientisation de Paulo Freire, une des plus géniales inven-

---

30. À cet égard, jusqu'en 1967 ou 1968, elles restaient aussi isolées du pays que des universités françaises depuis 1964-1965, mais elles représentaient des *centres* sans rayons, alors que les secondes apparaissent plutôt comme des *trous* ménagés dans un tissu.

31. Marialice Mencarini Foracchi, *O Estudante e a Transformação da sociedade brasileira*, São Paulo, Co. Ed. Nacional, 1965, p. 294.

tions du populisme[32], ou avec le Mouvement d'éducation de base) et dans l'action politique – les deux souvent associées, voire impossibles à distinguer. La seconde s'exprima avec la création (1963) de l'Action populaire (AP)[33], issue de la JUC *(Juventude universitaria catolica)*. Jusqu'en 1967-1968, c'était l'un des groupes les plus vigoureux et les mieux organisés, fondé sur un triangle Rio-Belo Horizonte-São Paulo. Certes, longtemps préoccupé d'articuler une tactique marxiste-léniniste avec un personnalisme chrétien, puis un souci althussérien de la théorie avec une action de masse, l'AP souffre d'une usure de ses militants, soit à cause de changements théoriques répétés, rendus nécessaires par des conceptions trop systématiques, soit en raison d'une technique d'épreuves destinées à les former et souvent onéreuses, soit enfin à cause de la pression sociale et des périls inscrits dans la note à payer pour tout engagement réel. Actuellement passée à la ligne « chinoise » et partisane de l'insurrection armée (contre le « foquisme » cubain), l'AP, qui garde la majorité à l'UNE, déplace son influence vers le Nord.

Pourtant, la purge et la censure gouvernementales accélèrent, là comme en d'autres organismes, un processus qui se dessinait mais n'eût peut-être pas abouti sans elles : expulsées des universités, les activités politiques se retrouvent ailleurs, sur des bases qui estompent la division entre étudiants et ouvriers. Ici, la dictature unifie ce que les structures démocratiques séparaient. Elle soude, en deçà de leurs origines, des hommes également amenés à se dire : « Nous ne pouvons plus accepter. » C'est une minorité, mais elle se regroupe au nom d'une participation commune à une même résistance, et non plus au titre d'appartenances sociales ou culturelles. Creuset illicite d'un nouvel alliage politique, cette radicalisa-

---

32. Outre les publications d'alors, fondamentales autant que rarissimes (parce que saisies), *Estudos universitarios* (Recife), n° 4, avril-juin 1963 et Paulo Freire, *Educação e Actualidade brasileira*. Recife, 1959, on a l'analyse aiguë de Candido Mendes, *Memento dos vivos*. Rio, 1966, p. 173-243, et le nouveau livre de Paulo Freire, *A Educação como prática da liberdade*, Rio, Paz e Terra, 1966. Il faudrait dire cependant tout ce que Freire doit aux méthodes de l'ACO (Action catholique ouvrière) qu'il a systématisées.

33. Dans l'abondante littérature consacrée à l'AP ou issue d'elle, il faut faire une place à part à l'un de ses premiers manifestes *Acção popular, documento base*, Salvador, surtout chap. 3, p. 41-51.

tion aura-t-elle la force d'imposer une politique ? Il est impossible de le dire, et il est vraisemblable que ce ne sera pas demain. Mais il y a là le principe d'un recommencement pour l'opposition. Déjà, plus lointainement, il a pour écho les projets de l'UNE concernant « l'université du peuple [34] », les campagnes culturelles de la JOC (cf. infra) et tout le champ ouvert par la formation de collectivités où étudiants, ouvriers et paysans, prêtres et « athées », peuvent collaborer à un travail littéralement fondamental. La fermeture des grandes avenues politiques a pour compensation un retrait vers la base : retrouvailles fondatrices de groupes et de langages nouveaux, quoique en catimini ; recommencements dérisoires par rapport au continent brésilien, mais peut-être plus décisifs que les idéologies circulant « entre soi ». En tout cas, seule action possible, si l'on met à part la guérilla ; de surcroît, elle ramène à ses sources une part de ces « élites » brésiliennes qu'habite, à travers la mobilité d'esprit la plus subtile et la plus rapide, la nostalgie d'un sol incertain et d'une « sauvage » innocence, continent perdu et à venir.

C'est la perspective qui anime sans doute aussi l'*arraisme*, suscité par celui qui a été préfet de Recife puis gouverneur de l'État de Pernambuco jusqu'en 1964, et qu'un rapport secret militaire traitait encore dernièrement de fascinateur, tel « un nouveau Chevalier de l'espérance » : Miguel Arrais [35], un organisateur et un homme d'État, préoccupé d'un œcuménisme politique de gauche, moins soucieux d'idéologie que de réformes sociales et du pouvoir qui les conditionne, plus intéressé par le socialisme algérien que par le cubain, et entouré de prestige, presque de dévotion, dans tout le Nordeste. Tout un réseau d'affiliés ou de sympathies semble aujourd'hui préparer, et comme préserver ce qui est, à travers les tâches de la promotion sociale, l'une des chances actuelles d'un futur autre. Sous la forme de la guérilla urbaine (« Nous ne croyons pas à la solution pacifique... Nous passons à l'action »), Fdo. Carlos Marighella, l'ex-député de Bahia, donne aussi à la violence le sens d'un

---

34. Congrès de l'UNE, 1968 : à cette occasion, 700 étudiants furent emprisonnés.

35. Miguel Arrais, *Le Brésil : le pouvoir et le peuple*, Paris, Maspero, 1969.

recommencement réconciliateur (entre catégories socioculturelles, entre l'extérieur et l'intérieur du pays), lorsque, dans son *Manifeste* de décembre 1968[36], il la déclare soutenue et définie « par l'alliance armée d'ouvriers, de ruraux et d'étudiants, d'où surgira l'armée révolutionnaire de libération nationale dont la guérilla est l'embryon ». Avec des méthodes originales qu'inspire d'ailleurs le « modèle » uruguayen des Tupamaros[37], la guérilla du PVR, soutenue par les éléments militaires de Lamarca, exprime et radicalise les caractères de toute une opposition silencieuse et marginalisée : la démystification des idéologies d'antan, la constitution d'unités de base, la clandestinité d'une action préparant un avenir différent – en somme, répondant au pouvoir, le travail qui s'opère en sous-main dans une nation plus patiente que passive, et, comme on le disait en 1922, « anthropophage », capable de s'assimiler peu à peu l'étranger.

L'Église ou la fragmentation de l'action

À en juger selon des critères sociologiques, l'Église reste solide. En 1967 encore, sur une population de 86 millions, le clergé comprenait 12 978 prêtres (contre 12 181 en 1965), dont 5 065 « séculiers » et 7 913 religieux (soit 1,49 pour 10 000 habitants). 947 séminaristes du clergé séculier (contre 841 en 1963) et 1 700 religieux (contre 1 875 en 1963) se préparaient au sacerdoce. Il y avait 36 436 religieuses (dont 4 761 étrangères et seulement 303 naturalisées) et près de 4 000 religieux non prêtres[38]. Malgré l'insuffisance des hommes par rapport aux tâches et le fait que ces chiffres indiquent, relativement à la population dite catholique, une

---

36. Publié en 1969 par *Granma*, le journal de La Havane.

37. Sur ce modèle, Malcolm Browne avait déjà attiré l'attention dans un article du *New York Times*, 23 janvier 1969. Le mouvement Tupamaros, manifesté au grand jour en août 1968, s'est d'ailleurs expliqué dans deux études qui circulent dans toute l'Amérique latine : Carlos Nunez, *Los Tupamaros. La única vanguardia*, Montevideo, mars 1969, 150 p. ; et surtout Antonio Mercader y Jorge de Vera, *Tupamaros : Estrategia y acción*. *Informe*, Montevideo, mars 1969, qu'il faut lire pour comprendre la guérilla urbaine.

38. Données établies par le département de statistiques du CERIS (Rio).

moyenne inférieure à celle de beaucoup d'autres pays, ces données demeurent impressionnantes. De surcroît, elles représentent une implantation dans tout le pays, privilège qui donne à l'Église une extension nationale. À ce seul niveau, apparaissent pourtant des indices de fragilité. Par exemple, le nombre des prêtres quittant le sacerdoce croît brusquement à partir de 1965 pour les religieux, et de 1966 pour les « séculiers »[39].

Cette lézarde sur la façade imposante des chiffres révèle déjà des ébranlements internes. Elle suggère aussi la nature d'une « crise » que cent analyses avaient décrite[40] avant qu'elle apparaisse à la surface des documents officiels[41] : alors même que les structures, les expressions et les coutumes étaient à peine modifiées, un mouvement du sol changeait leur sens religieux et leur position sociale. Une évolution de la société déporte l'édifice ecclésial et se traduit, dans un ralenti à bien des égards tragique, par ces lézardes surprenantes et par la chute de pans entiers. Des évidences religieuses deviennent incroyables ; des pratiques, impossibles ; des institutions chrétiennes encore rentables, insignifiantes et irrespirables pour des chrétiens. C'est là d'abord un fait[42]. Il ne sert à rien de le récuser. Rester dans ces bâtiments pour les défendre à cause de ce qu'ils *ont* signifié, mais alors qu'ils se muent en ruines, en musées ou en réalisations prospères désormais désaffectées de leur sens primitif, c'est (quelquefois malgré soi ou à son insu) en devenir le « conser-

39. Dès 1965, le nombre annuel des laïcisations de prêtres religieux brésiliens passe de 13 (1963 et 1964) à 29 (1965), 39 (1966), 58 (1967), etc. Dans le clergé séculier, la même montée se produit, mais avec un an de retard, les laïcisations passant de 5 (1965) à 47 (1966), 53 (1967), 99 (1968). Partout, les plus forts pourcentages concernent les hommes de 35 à 45 ans. Ces chiffres ne peuvent d'ailleurs être qu'indicatifs.

40. Ainsi, parmi les plus vigoureuses, *Paz e Terra* (Rio), n° 6, 1968, p. 149-279 ; José Kosinski de Cavalcanti, « A Igreja em Agonia », in *Visão*, 12 avril 1968, p. 66-75 ; Alain Gheerbrant, *op. cit.*, p. 311-336. Voir aussi Michel de Certeau, « Problèmes actuels du sacerdoce en Amérique latine », in *Recherches de science religieuse*, t. 56, 1968, p. 591-601.

41. Ainsi à Medellín, août 1968, ou dans les dossiers de la CNBB (Conférence nationale des évêques du Brésil), notamment les rapports de septembre 1968 et le recueil des rapports de chaque région ecclésiastique, *Documentos dos presbiteros*, CNBB, Rio, juillet 1969.

42. Celui qui a le plus retenu la littérature française sur la situation religieuse du Brésil.

vateur ». Encore faut-il, au-delà des images, comprendre ce qui se passe ; déceler ici, où il ne sera question que des rapports avec l'action politique, les forces subsistant derrière ce décor effondré ; reconnaître ces tours de l'histoire qui peuvent faire dire successivement par des réactionnaires et par un gauchisme évangélique le même cléricalisme ou la même dépendance culturelle vis-à-vis de l'étranger, et qui amènent souvent des personnages contraires à répéter une structure inchangée ; repérer enfin les voies neuves de la praxis chrétienne qui s'inscrit dans une évolution générale.

L'Église a un pouvoir. On ne saurait le nier sans fuir à la fois le réel et des responsabilités (double « bénéfice » de l'idéologie). Ce pouvoir est enraciné dans une histoire que les masses populaires rappellent à ceux qui l'oublieraient. Mais il change avec elle. Dans le passé, l'Église brésilienne a été nationaliste (on disait, en termes européens : « gallicane »), participant étroitement aux activités culturelles, politiques et sociales du pays. Bien que son origine fût étrangère et souvent son recrutement (mais cela avait-il alors le même sens qu'aujourd'hui ?), bien que son autorité fût parfois cruelle et dictatoriale, elle s'était installée dans les profondeurs du pays où la *convivência* créait des liens étroits. Cette genèse commune prit fin avec l'Indépendance. La volonté de rompre avec un « ancien régime » appelait une opposition aux pouvoirs ecclésiastiques ; elle se traduisit, chez les hommes chargés d'inventer un présent, par la vogue de conceptions révolutionnaires, « laïques », libérales ou positivistes venues d'outre-océan [43], en somme, par un renouveau de la « singerie nationale » que stigmatisera Monteiro Lobato, donc aussi par une plus grande distance entre les « élites » d'un Brésil côtier et les masses traditionnelles de l'intérieur. De son côté, l'Église se replia sur des positions plus romaines ; elle recourut davantage aux religieux et aux missionnaires d'Europe ; elle se méfia ou se débarrassa du nationalisme libéral fréquent chez tant de chrétiens et de prêtres brésiliens à la fin du XIXᵉ siècle ; elle fit de l'obéis-

---

43. Voir João Camillo de Oliveira Torres, *O Positivismo no Brasil*, Petropolis, Vozes, 1957, assez tendancieux, mais bien documenté ; et surtout Vamireh Chacon, *Historia das ideias socialistas no Brasil*, Rio, Civilização brasileira, 1965, en particulier p. 247-264 sur le saint-simonisme.

sance à l'autorité religieuse l'article premier de la spiritualité ; mais elle put également se prévaloir de ses attaches
réelles avec le peuple, se sentir avec lui plus libre à l'égard
des pouvoirs publics, s'associer à ses soulèvements et se cré-
diter du titre de parler en son nom [44]...

Retour à des expériences locales

Par trop caricaturale [45], cette présentation qui isole deux
groupes dans tout un éventail de positions n'a pas seulement
pour but de souligner, chez les « bourgeois », la conjugaison
(normale) de l'Indépendance et d'une nouvelle dépendance
culturelle, dans l'Église, la relativité d'une doctrine à une
situation, chez tous, la réciprocité des options prises. Apologue plutôt, elle éclaire quelques aspects des problèmes présents de l'Église brésilienne. Prêtres et laïcs retrouvent en
effet aujourd'hui une tradition nationaliste, mais qui peut
bénéficier, devant la dictature, de l'indépendance acquise
hier au nom d'une opposition souvent réactionnaire. Par
contre, ils sont tentés de réitérer l'expérience libérale ou
positiviste en allant de nouveau chercher au-dehors, par
exemple en Europe, des systèmes (théologiques ou non) qui
les coupent des masses religieuses populaires et leur imposent, pour agir, des grilles occidentales élaborées en fonction
d'autres situations. Plus que la plupart des autres groupes
sociaux, les prêtres, les religieux, les religieuses, les militants
des mouvements internationaux d'Action catholique sont
aujourd'hui liés à l'étranger par leur formation et par leurs
voyages. Que Rahner remplace Suarez, que Ernst Bloch se
substitue à Maritain, cela ne modifie pas le problème ouvert
par des importations culturelles (d'ailleurs arrivées par les
circuits de dépendances économiques, surtout nord-améri-
caines et allemandes) qui ramènent le danger d'une fixation
« côtière », de l'abstraction idéologique et de l'inattention à

44. Voir José Comblin, « Situação historica do catolicismo no Brasil », in
Revista eclesiástica brasileira, t. 26, 1966, p. 514-601 ; et Vamireh Chacon,
op. cit., p. 385-410, « Os cristãos e os movimentos socialistas ».
45. Appuyée pourtant sur un certain nombre d'études socio-historiques de
valeur parues au Brésil depuis Gilberto Freyre, *Maîtres et Esclaves* (1933),
Paris, Gallimard, 1952.

la réalité brésilienne[46]. On le constate, les positions les plus « progressistes » se sont introduites là où il y avait le plus de contacts avec l'étranger. Combien d'apôtres et théologiens ont rapporté d'Europe l'outillage mental mis au service de la révolution nécessaire ! Des solidarités révolutionnaires avec l'extérieur peuvent devenir des impérialismes idéologiques que renforceraient d'ailleurs une conception dogmatisante du vrai et une nostalgie de l'absolu. Une grande majorité de chrétiens se défie actuellement de cette tentation. D'où un retour à des expériences locales. Il ressemble à un retrait sur soi, mais il se réfère plutôt à la volonté de retrouver les communions qu'a toujours exprimées la *palavra* (parole) brésilienne (en cela assez différente de la *palabra* hispano-américaine, plus proche de l'arme ou de la promesse). Libérée de rigidités anciennes par le choc d'échanges internationaux, l'expérience chrétienne cherche à s'élaborer elle-même, sans que des stimulations extérieures ne deviennent à leur tour le masque d'une profonde originalité.

Par rapport à cette parole qui est essentiellement un geste de *convivência*, les institutions tout entières semblent compromises avec le langage reçu de l'extérieur. Les autorités apparaissent vite comme un système, « abstrait » lui aussi, qui n'engage pas la foi et qu'expliquent ses adhérences à diverses sortes d'étrangers[47]. On leur préfère des recommencements internes, sous la forme de « communautés » de base. La foi est d'abord la communication en vérité et la construction de langages que le groupe élabore en se formant. Rien d'étonnant que la pastorale revienne par ce détour aux

46. Le même problème se pose à d'autres, comme l'a montré, par exemple pour un certain nombre de théories marxistes de la révolution, Caio Prado Jr. *A Revolução brasileira*, São Paulo, Ed. Brasiliense, 1966, p. 33-34.

47. Phénomène qui s'est manifesté d'abord sur le terrain politique, c'est-à-dire celui des solidarités : « Aux environs des années cinquante, les autorités ecclésiastiques de deux des plus importants archidiocèses du Brésil avaient formellement défendu aux catholiques de voter pour un candidat qui serait lié au parti communiste : dans les deux cas, les candidats ont été élus, malgré une population catholique à plus de 90 %. » (Procopio Camargo, « Essai de typologie du catholicisme brésilien », in *Social Compass*, t. 14, 1967, p. 410-411).

religions populaires[48], ou se tourne, par une décision qui date
de cette année, vers les méthodes de conscientisation conçues
par Paulo Freire (après une visite officielle, et quasi un pèlerinage à l'exilé, alors à Santiago du Chili)[49]; qu'en bien des
lieux, le militant, le prêtre, l'évêque (tel Mgr Fragoso à Cra-
téus, dans le Nordeste) donne à son action le sens d'une promotion sociale, pédagogie de l'initiative collective et d'une
participation au mystère (essentiel à la foi chrétienne) de la
communion créatrice[50]. Mais ces genèses communautaires
font également partie d'un mouvement politique vers la base.

Une dissociation décisive

Cette évolution est renforcée par un autre biais, plus décisif du point de vue des options politiques parce qu'il dissocie
l'identification d'une politique avec le christianisme. Il y eut
une fois (c'était pendant les beaux jours du populisme) un
temps où des chrétiens – avec quelques grandes voix qui faisaient croire à l'unanimité – s'engagèrent du côté du réformisme pour défendre le peuple, la justice et le respect de
l'homme. Ce fut, jusqu'en 1964, l'heure de l'Action catholique, de l'Éducation de base, de renouveaux doctrinaux. Ce
temps dura peu. Le mouvement avait sa force qui menait plus
loin une part de ses adhérents et lui en aliéna beaucoup
d'autres, craignant qu'on allât trop loin. Une cassure terrible
se produisit. Au niveau national, une « réaction » analogue

48. Aux nombreuses études consacrées par des centres ethnologiques à la
signification culturelle et politique des religions populaires (en particulier
l'Instituto Joaquim Nabuco, Recife ; le Centro de estudos afro-orientais, Salvador) ou par María Isaura Pereira de Queiroz (São Paulo), on ajoutera les
bibliographies publiées in *Archives de sociologie des religions*, et les indications de G. Kaiser, *ibid.*, t. 11, 1966, nº 22, p. 59-80. Leur font écho maintenant les recherches pastorales : voir surtout Eduardo Hoornaert, « Problemas
da pastoral popular no Brasil », in *Revista eclesiástica brasileira*, juin 1968,
p. 280-307.
49. Voir les rapports ronéotés des P. Paiva et Marçal, Rio, 1969.
50. Voir José de Broucker, *Dom Helder Camara*, Paris, Fayard, 1969 ;
dans une optique plus neuve, Antonio Batista Fragoso, *Évangile et Révolution sociale*, Paris, Cerf, 1969. Dans une perspective plus officielle, R. Cara-
muru de Barros, *Comunidade eclesial de base : uma opção pastoral decisiva*,
Petropolis, Vozes, 1967.

s'était produite avec le coup d'État de 1964 (lui-même inauguré, le 19 mars, à São Paulo, par la « Marche de la famille avec Dieu pour la Liberté » où, parmi des centaines de mille de manifestants, les dames catholiques, le chapelet à la main, portèrent le premier coup décisif contre le président Goulart). En 1967, la JUC cesse d'être Action catholique et, contre la hiérarchie, s'engage plus avant dans la politique révolutionnaire avec le groupe qui avait fondé l'Action populaire. Du côté de la hiérarchie, c'est l'unité qu'on veut sauver, en refusant à la JUC de faire de *la* politique (mais ce n'est qu'une politique en face d'une autre). La JUC, de son côté, est portée à identifier les engagements qu'elle prend avec le christianisme authentique (d'ailleurs tenu non pas pour une « doctrine sociale », comme dans la Démocratie chrétienne primitive, mais pour une inspiration d'où naissent des options liées entre elles par une dialectique de l'histoire) [51]. L'Action populaire hérita de cette formule qui sera d'abord l'une de ses forces de séduction, mais provoquera ensuite, transposée en un surcroît de théorie, le malaise de rigidités successives.

Assise sur des solidarités politiques plus encore que sociales, l'unité est donc brisée. Des ruptures vont apparaître partout, jusqu'entre membres de l'épiscopat, qui pendant si longtemps ont essayé de les atténuer ou de les cacher. Mais avec cette sorte d'unité, hier investie dans un « réformisme » qui recouvrait des divergences profondes, aujourd'hui fragmentée en positions politiques contraires, c'est un langage chrétien qui se morcelle. Il laisse apparaître une partition réelle selon les partis pris. Le chrétien s'exprime par sa praxis, qui est et ne peut être que politique en un moment de crise nationale. Aussi peut-il dire en toute vérité : comme chrétien, je parle marxiste. Mais, dans le même temps, il est incapable de distinguer et donc d'articuler ce rapport entre *chrétien* et *marxiste :* le premier de ces deux termes le renvoie, en fait, ou à des options politiques différentes qu'il refuse, ou à l'effritement des références jusque-là communes.

51. La pensée de Henrique C. de Lima Vaz, située à l'articulation d'une théologie politique, d'une philosophie de l'histoire et d'une praxis révolutionnaire, joue un rôle capital. Voir les indications de Lidia Acerboni, *La Filosofia contemporanea in Brasile*, Milan, 1968, p. 138-155.

Pour penser son action comme chrétienne, il lui faut pouvoir découvrir la dialectique paulinienne de la foi et des œuvres : il n'y a pas de foi sans cette praxis, mais la foi ne peut lui être identifiée. Le discours officiel en est loin. Marginalisé à sa manière, réduit à n'être qu'un fragment, il est aussi ramené à sa source obscure : l'expérience et le silence. Car si les évêques se taisent aujourd'hui, si, à part quelques exceptions, ils se retirent sur les problèmes ecclésiastiques et pastoraux (en particulier sur la crise du sacerdoce, blessure centrale du « corps ») [52], s'ils fuient collectivement les interventions dans les débats politiques et sociaux, ce n'est pas d'abord, je crois, manque de courage, mais manque de langage proportionné aux problèmes présents. L'innocence des premiers temps est perdue, celle qui, naïvement, identifiait la foi à une position politique, celle qui supposait la parole créditée par une communauté, celle qui dispensait la protestation d'une information économique. Alors, au désenchantement de la « prophétie », s'ajoutent la pression du gouvernement, les intérêts des institutions établies, les urgences absorbantes des tâches pastorales, et aussi le respect que le technocrate, nouveau savoir, nouveau pouvoir, inspire aujourd'hui à l'ecclésiastique.

Que beaucoup de chrétiens n'attendent plus rien de l'Église-institution dans leurs combats quotidiens, on le constate – et c'est peut-être pour en avoir trop attendu. Certainement aussi parce que scandalisés pas trop de capitulations devant le pouvoir et par l'abandon de militants jadis soutenus quand le climat politique leur était favorable. De ce point de vue, les militaires majorent son importance, sans doute parce qu'aucun gouvernement latino-américain ne peut oublier que Perón est tombé pour s'être opposé à l'Église, et aussi parce que, portés à prendre l'Église pour une armée, ils redoutent ses « officiers », mais surtout parce que, soucieux des cadres, ils savent l'autorité conservée par le sacerdoce

52. C'est au problème du sacerdoce que s'est entièrement consacrée l'assemblée nationale de la CNBB en août 1969, après avoir rejeté la proposition de protester contre les tortures et l'injustice – position plus « prudente » encore que celle de l'an dernier (juillet 1968), affirmant au moins l'impossibilité de condamner la violence (Rapport, § 39). On note pourtant, dans les rapports de la CNBB, la part croissante accordée à l'information économique et sociale sur le Brésil.

dans ces campagnes dont la passivité, d'après eux, conditionne l'essor économique des secteurs industrialisés. En fait, dans l'Église (si le singulier garde sociologiquement une signification), les réformistes sont « fatigués » d'être partout accusés et de voir partout échouer leurs projets. Quant aux idéologues, ils commencent à craindre de ne rien dire.

Restent, se croisant, deux options courageuses, fréquentes et inégalement politiques. De l'une, la JOC peut être un modèle et un exemple, lorsque, se désolidarisant cette année de la hiérarchie, elle n'adopte pas pour autant la forme d'un parti (les partis eux aussi sont démystifiés) ; elle constitue, avec des étudiants, des groupes de formation visant à « conscientiser » des travailleurs en leur apprenant à la fois leur histoire méconnue, leur situation présente et la possibilité de refaire l'histoire en commençant par faire une collectivité[53]. L'autre oriente une minorité de chrétiens vers un engagement plus radical, vers les maquis ou la guérilla. Leur premier but n'est pas de répondre à la violence par la violence. Il s'agit pour eux d'être fidèles à une exigence qu'on appelait hier « missionnaire » et qui a toujours été essentielle à la foi : refuser l'idolâtrie qui identifie l'absolu à une société, une nation à un groupe, le bien commun aux intérêts de quelques-uns, et donc se porter à la défense des éliminés, se battre avec eux sans laisser à d'autres les risques de l'opération, et participer à la tâche qui doit faire des miséreux aussi les bénéficiaires du travail, des excommuniés les coauteurs du pays, des silencieux les témoins d'une expérience ou d'une vérité nécessaire à tous. Moins soucieux des idées et plus soucieux des hommes, soupçonneux à l'égard des discours trop courts ou trop flottants pour une praxis, passionnés par cette communication qui fait partie du génie brésilien et devient, à juste titre, un « lieu » théologique, ces chrétiens peuvent paraître perdus dans leur océan national. Ils élaborent cependant pour demain, sur des modes expérimentaux qui ne leur sont d'ailleurs pas propres, la base d'une vie réellement « po-

---

53. Les campagnes de formation organisées par la JOC à travers tout le pays, malgré menaces et, à plusieurs reprises, emprisonnement et tortures des responsables, diffusent, par exemple, une histoire des travailleurs qui démystifie la légende officielle de la non-violence et fait d'un passé récent le langage d'un présent. Voir le rapport ronéoté : *Acção e Orientação da JOC do Brasil*, juillet 1969.

litique » et le vocabulaire d'une expression chrétienne. La fragmentation de leur action, pour cruelle qu'elle soit, ne saurait inspirer le pessimisme. Des urgences nationales déchirent la fiction d'unanimités « religieuses » qu'en d'autres pays on préserve si soigneusement. Elle place les croyants devant les données *réelles* d'un problème de vérité indissociable des responsabilités qu'impliquent des liens spirituels et culturels avec les masses populaires.

6

Conscience chrétienne
et conscience politique
aux USA : les Berrigan

« We accuse »

Fait sans précédent, cette année [1971], quatre grands hebdomadaires chrétiens – *The Christian Century, Christianity
and Crisis, Commonweal* et *The National Catholic Reporter*,
les deux premiers, protestants, les deux autres, catholiques
– s'associèrent pour publier simultanément à l'occasion de
la Semaine Sainte le même « Appel à la pénitence et à
l'action » :

« En ce Vendredi Saint de ce que nous osons appeler l'année du Seigneur 1971, il y a en Indochine une foule innombrable – enfants de Dieu – qui crie, explicitement ou non :
"Mon Dieu, mon Dieu, pourquoi m'as-tu abandonné ?" Trouver une réponse humaine à un pareil cri n'est jamais facile.
Cette année, c'est angoissant pour des Américains : le cri de
millions d'hommes sur terre vient de ce qu'ils éprouvent
l'oppression de notre gouvernement, de notre économie et de
nos troupes. L'armée américaine pourrait bien, surtout en
Asie du Sud-Ouest, répéter la crucifixion du Christ.

« Qu'on ne dise pas que nous confondons religion et politique. Le Christ fut crucifié par les soldats des armées de
l'empire, en un pays soumis à une autorité qui imposait une
loi dénaturée et maintenait un ordre oppressif. Et le Christ
nous l'a dit : ce que nous faisons au dernier de ses frères,
c'est à lui que nous le faisons. Il n'y a pas eu, au Golgotha,
une claire distinction entre religion et politique, et il n'y en a
pas davantage aujourd'hui...

« Nous, chrétiens, nous avons trop toléré des hommes au

pouvoir chez nous, et trop oublié les victimes de leur pouvoir à l'étranger. Nous avons été trop souvent manipulés et réduits à l'inefficacité par l'habileté de l'appareil politique.

« Nous avons proposé, réclamé, manifesté, crié. D'une manière ou d'une autre, nous avons soutenu quelques-uns de nos jeunes qui risquaient leur liberté en vue d'arrêter la guerre. Mais ils ont porté plus que leur part du fardeau. Il est temps, pour le reste d'entre nous, de nous engager intérieurement et publiquement dans un acte d'accusation. Peut-être sera-t-il entendu par un gouvernement qui se rend sourd de propos délibéré... »

Venait ensuite l'énoncé de dix chefs d'accusation contre le président, l'administration et les leaders politiques des États-Unis. *We accuse :* nous accusons. Dix fois répétée, l'expression visait un gouvernement qui abuse le peuple américain ; qui multiplie au Vietnam les massacres (25 à 35 000 civils tués pendant la seule année 1970), les bombardements (plus de deux fois et demie le tonnage de bombes déversées sur l'Europe pendant toute la Seconde Guerre mondiale) et les défoliants dévastateurs ; qui provoque la dégradation morale de l'armée américaine au-dehors, accroît la misère au-dedans à cause du privilège exorbitant accordé aux budgets militaires, et déconsidère les USA dans le monde entier. À ce réquisitoire politique, inspiré par « l'amour du pays » – le pays de Lincoln – et par les exigences d'une « conscience chrétienne », doivent être proportionnées, disait le manifeste commun, « des actions effectives qui démolissent finalement l'appareil de cette guerre ». Il concluait en citant Daniel Berrigan : « La paix ne triomphera pas sans une action entreprise avec sérieux, constance, esprit de sacrifice et courage, par un grand nombre d'hommes et de femmes honnêtes [1]. »

Entre d'autres, cet « Appel » est le symptôme d'un éveil de la conscience chrétienne à des responsabilités politiques : le signe d'un *revival* autant que d'une crise. Les indices en sont multiples, dans l'immense horizon de la société américaine, même s'ils représentent encore seulement une minorité. Le « cas » aujourd'hui célèbre, du moins aux USA, des frères Berrigan permet d'en mieux comprendre le sens. Il s'agit

---

1. *Commonweal*, 8 avril 1971. La presse américaine a fait largement écho à ce Manifeste, voir par exemple *Newsweek*, 12 avril 1971.

d'hommes qui ont beaucoup évolué, beaucoup écrit, et sur lesquels la documentation est abondante. Ils sont devenus, de leur prison, les symboles d'un mouvement. Sans doute le Français que je suis se sent-il indiscret à toucher à un problème qui blesse profondément la conscience américaine. Qu'est-ce que des étrangers pouvaient entendre de nos débats à propos de la guerre d'Algérie ? Mais il est possible, je crois, sans être un voyeur, sans avoir non plus la prétention d'être un « observateur », de saisir une interrogation qui nous concerne aussi comme hommes et comme chrétiens, et qui nous renvoie, ici même, à *nos* responsabilités.

Histoire à l'américaine

Ce qui en a d'abord passé dans la grande presse américaine tient de *Détective*. Le 9 octobre 1968, Daniel Berrigan était condamné à trois ans de prison pour avoir, le 17 mai précédent, brûlé au napalm des fiches de mobilisation dérobées au bureau de recrutement militaire de Catonsville (Maryland). Il avait participé au coup monté par son frère Philip, récidiviste[2], et par sept autres amis. Sa peine prenait effet le 9 avril 1970. À cette date, il opta pour la clandestinité. La police était à ses trousses. Il circulait par des réseaux secrets sous la surface de la société américaine. Soudain, il faisait irruption au grand jour : dans une église, ou lors d'un meeting, il s'expliquait. Quand les policiers étaient là, il avait disparu. À ce qu'on prétend, disait-il : « Il y a nécessité morale de lier l'action illégale à ses conséquences légales. Mais ce principe sert les intérêts du pouvoir. Il est une justification plus ou moins consciente de l'ordre établi, social, politique et même religieux... Des hommes de bonne volonté, agissant dans des périodes difficiles en vue de provoquer des changements importants dans la nature même et la fonction des institutions publiques, peuvent ainsi être réprimés... En acceptant les tri-

---

2. Une peine de six ans de prison avait déjà été prononcée (Cour fédérale de Baltimore, avril 1968) contre Philip Berrigan, coupable d'avoir, en octobre 1967, avec D. Eberhardt, T. Lewis et J. Mengel, répandu du sang sur les fichiers de mobilisation dans le bâtiment des douanes de cette ville.

bunaux, la loi, le Code pénal, ils deviennent les serviteurs des structures auxquelles ils tentent de s'opposer. »

La question qu'il entendait poser allait plus loin : une société entière est victime de son propre développement. C'est elle qui est prisonnière d'un système anonyme et concurrentiel, impérialiste au-dehors et violent au-dedans, qu'elle a peu à peu construit. Il faut ouvrir des issues à la liberté et refuser la prison. « Dans un monde où il y a tant de choses à haïr, *trouver quelque chose à aimer est une tâche herculéenne.* » L'homme pourchassé voulait être le témoin de l'espoir. Il n'acceptait pas l'hémorragie du sens et le pourrissement des raisons de vivre. « De nouvelles formes d'action sont nécessaires... Nous devons au moins essayer [3]. » La voix se tut quand il fut saisi par la police, le 11 août 1970, et enfermé dans la prison fédérale de Danbury (Connecticut). L'ordre avait eu raison de lui. Fini, le roman policier. Poète renommé aux USA, professeur à Cornell University, prêtre catholique, jésuite, Daniel Berrigan n'a rien d'un jeune exalté. Il a 50 ans. Une intransigeante fidélité à sa foi et au sacerdoce, une information étendue grâce à de nombreux voyages à l'étranger, une vaste culture religieuse et littéraire : rien de tout cela ne fait un casseur. Si, pour la première fois, il a violé positivement les lois, c'est après beaucoup d'hésitations, et poussé par une préoccupation centrale : « chercher des voies nouvelles » qui « *ouvrent* des perspectives », permettre un « réveil » de la vie assoupie ou aliénée dans un système, faire ainsi « œuvre poétique » et « lutter pour une naissance » par une *poétique de la conscience américaine.*

Son frère Philip, de deux ans plus jeune, religieux joséphite, prêtre catholique, lui aussi condamné à la prison pour avoir commis et d'ailleurs inspiré la même « action symbolique [4] » de Catonsville, a entrepris la même « tâche herculéenne ». Son expérience, moins internationale et universitaire que celle de Daniel, est plutôt celle d'un homme d'action qu'ont marqué près de vingt ans de travail parmi les Noirs de

---

3. Daniel Berrigan, in *Africasia*, nº 16, mai-juin 1970, p. 33.

4. Au cours de leur procès (Cour fédérale de Baltimore, 5-9 octobre 1968), « les 9 de Catonsville » présentèrent leur geste comme « *a symbolic act, a free speech act* ». Voir Daniel Berrigan, *The Trial of the Catonsville Nine*. Boston, Beacon Press, 1970, p. 103.

Washington, New Orleans ou Baltimore, et qui a toujours voulu « mettre sa vie à l'épreuve des événements ». Pour que des hommes mûrs, élevés dans une austère famille de travailleurs irlandais, formés dans l'Église au respect du pouvoir et à l'obéissance religieuse (*Irish Catholic priests :* trois mots qui empilaient trois sortes de conservatisme), rompent avec la sacro-sainte conjugaison de « la loi et l'ordre[5] », brisent le conformisme traditionnel dans les milieux catholiques USA, prêchent la « désobéissance civile » et le refus du service militaire au Vietnam, se jettent délibérément dans l'illégalité et, avec des amis jusque-là aussi irréprochables qu'eux (comme on l'a souligné au procès de Catonsville), rejoignent enfin dans les prisons d'État les marginaux, les Noirs, les rebelles et les criminels, que s'est-il donc passé ? Comment des « sages » en sont-ils venus à cet acte « fou » ? De leur côté, pas de rupture. « Pour moi, écrit Philip – et Daniel en dit autant –, la prison fut une affaire entièrement volontaire, une des conséquences prévisibles d'un dissentiment politique sérieux. Ce qui ne signifie pas que j'ai choisi ou préféré la prison, mais seulement que j'ai *considéré la désobéissance civile comme un devoir chrétien et accepté la prison comme une conséquence[6].* »

Depuis fin 1970, le surprenant a pris les allures du rocambolesque. À l'affaire de Catonsville, s'est ajoutée l'accusation que le directeur du FBI, J. Edgar Hoover (empereur, depuis plus de vingt ans, de la plus grande force policière du monde), porte contre Philip, toujours sous les verrous, et contre quatre complices en liberté : grâce à des communications secrètes, ils auraient comploté de faire sauter à la bombe le système de chauffage de la Maison-Blanche, et d'enlever Kissinger, conseiller de la présidence pour les Affaires étrangères. S'agit-il de déconsidérer la cause des Berrigan ? Ou bien, non-violents convaincus, seraient-ils

---

5. *Law and Order :* Cette expression désignait le programme du parti républicain en faveur d'une politique rigoureuse vis-à-vis des Noirs. Elle renvoie plus généralement aux « valeurs de l'ordre ». Elle a été reprise naguère par McCarthy dans sa « chasse aux sorcières » et, récemment, dans ses croisades par l'actuel vice-président Agnew. Le président Nixon en avait fait l'un des thèmes de sa campagne électorale.

6. Philip Berrigan, *Journal de prison d'un prêtre révolutionnaire*, Paris, Casterman, 1971, p. 23 : c'est moi qui souligne.

passés à l'action violente ? Jusqu'ici, les preuves contre eux
ne sont pas convaincantes. Mais un nouveau procès doit
avoir lieu à l'automne, pour lequel un grand jury fédéral a
déjà été désigné à Harrisburg (Pennsylvanie). Ils seront jugés
sur cinq chefs d'accusation : conspiration contre la guerre et
contre l'État ; atteinte au système du « Service sélectif » ;
appel à la résistance contre le service militaire (le *draft*) ; préparation d'un kidnapping de Kissinger ; projet d'attentat à la
bombe dans les sous-sols de la Maison-Blanche. D'ici là, une
campagne organisée par Eqbal Ahmad, professeur à l'Institut
Adlai Stevenson (Chicago) pour les affaires internationales,
inculpé lui aussi mais en résidence surveillée, s'efforce de
rassembler les 400 000 F nécessaires à des particuliers désireux d'assurer leur défense dans un procès contre l'État.

Une interrogation nationale

La protestation des Berrigan a trouvé aux États-Unis un
large écho. Elle est d'ailleurs bien loin d'être solitaire : ainsi,
les grandes manifestations contre la guerre se multiplient,
en particulier depuis la « marche sur le Pentagone » (19-
21 octobre 1967) qui réunit plusieurs centaines de milliers de
personnes et qui donna lieu à des verdicts d'emprisonnement
pour « conspiration »[7]. La *Peace March* du 24 avril dernier,
à Washington et à San Francisco, n'est que la dernière, et la
plus spectaculaire, d'une longue série. Dans le contexte de
l'immense interrogation qui ébranle aujourd'hui toutes les
certitudes américaines, mais qu'avive le sentiment très profond, quasi messianique, d'une « mission » privilégiée à
accomplir dans le monde, le geste des Berrigan a ceci de particulier qu'il surgit en un lieu d'où on ne l'attendait pas, et
qu'il passe délibérément le Rubicon de l'illégalité.

D'une part, il trouble une géographie des options idéologiques et politiques. La rébellion est maintenant le fait non

---

7. Voir par exemple Noam Chomsky, *L'Amérique et ses nouveaux man-
darins*, Paris, Seuil, 1968, p. 24-55, « De la résistance ». Des milliers de
cartes militaires furent renvoyées par des jeunes au département de la Justice.
Ce fut l'un des griefs qui valurent alors au Dr B. Spock, au pasteur W. Sloane
Coffin, à Goodman et Ferber une condamnation à deux ans de prison pour
« conspiration ».

seulement de « spirituels » – ce qui n'est pas nouveau aux USA –, mais de catholiques et de prêtres (Philip a été le premier prêtre catholique condamné pour délit politique). Les Berrigan ne sont pas des marginaux, des Noirs, des Chicanos, des miséreux, en somme de ces gens qui n'ébranlent guère la conscience américaine, trop compétitive pour être surprise ou atteinte par la protestation des « vaincus » de l'intérieur. Ce sont des pairs, des *reputable men*, des religieux appartenant à des ordres qui ont une place et un pouvoir dans la société. Par là, ils mettent en cause, publiquement, « l'identification automatique du catholicisme avec le *statu quo*, son alliance avec les causes patriotiques dominantes, son ambition de se faire accepter[8] ». Ils s'en prennent aussi aux biens de l'État (la destruction de quelques dossiers militaires) et ils invitent leurs concitoyens à la « désobéissance civile ». Cela au nom d'un irréductible de la conscience – animés, disent-ils, par une « passion morale[9] ». Le titre d'un film sur Daniel Berrigan le dit en une association explosive : « Le saint hors la loi[10]. » Mais, plus qu'une violation de la loi, le geste des Berrigan est un acte déclaratoire. Ils affirment que la moralité a *déjà*, en fait, passé « hors la loi » et qu'ils la suivent là où elle loge désormais, « hors les murs ». C'est donc déclarer brisée une alliance qui était dans la démocratie américaine l'analogue de l'Alliance biblique et qui articulait sur les exigences les plus fondamentales des individus les institutions publiques. Si la conscience s'exile dans l'illégalité, si le pouvoir, l'administration, la police, sont rejetés du côté de l'immortalité et désignés par un vocabulaire qui fait resurgir, avec toute la symbolique du « Malin », le tréfonds d'une culture puritaine, le sol des certitudes nationales se lézarde.

8. Edward Duff, « The Burden of the Berrigans », in *Holy Cross Quarterly*, janvier 1971, p. 6.
9. « Our moral passion », Daniel Berrigan y revient souvent, notamment in *The Trial*, p. 114.
10. *The Holy Outlaw Father Dan Berrigan* (Lee Lockwood et Don Lenzer, Review Presentations, New York, 1971). Ce titre reprend d'ailleurs un thème fondamental dans le puritanisme du XVIIe siècle et dans une tradition religieuse antérieure à l'Indépendance américaine. Voir A. Woodhouse (ed.), *Puritanism and Liberty*. Londres, 1951 ; W. Haller, *Liberty and Reformation in the Puritan Revolution*. New York, 1967 ; et surtout M. Walzer, *The Revolution of the Saints. A Study on the Origins of Radical Politics*, Londres, 1966.

Ce qui est atteint par le poison du soupçon chez beaucoup, ce que beaucoup défendent avec âpreté – y compris sur le mode du *Law and Order* –, c'est le sens même de leurs institutions. Elles inspiraient aux Américains une fierté démocratique assez sourcilleuse sur le droit, et une confiance proverbiale, souvent traitée chez nous de « crédulité » parce qu'elle est bien peu « latine » et qu'en France, après des siècles de droit romain, coutumier et monarchique, on a toujours affecté de scepticisme les relations du pouvoir et de la moralité. Il n'en allait pas de même aux États-Unis, depuis que la Constitution de 1787 a fondu ensemble un esprit messianique et les principes des « Lumières »[11]. Aujourd'hui, avec un *gap of credibility*, s'ouvre une crise politique qui est une crise de conscience. De l'interrogation qui remue leur conception de la vie politique, les Américains discutent ouvertement, violemment. Deux cents millions de citoyens se battent avec les démons de l'instabilité, que multiplie la conjoncture présente. Fait à lui seul impressionnant.

La guerre du Vietnam est de plus en plus au centre de ce débat. Au printemps dernier, une enquête de *Newsweek* montrait que pour un tiers des interviewés, « les USA avaient commis des crimes de guerre pour lesquels de hautes personnalités militaires et civiles devaient être jugées[12] ». À la radio, tout au long du jour, des gens appellent, voix sorties des *middle classes*, pour discuter de cette guerre contraire à la *dignity* américaine, allant jusqu'à dire, comme le faisait une commerçante : « Contre la guerre du Vietnam, tout le monde se sent communiste. » Surmonter ainsi une obsession encore largement répandue, adopter le point de vue de l'Ennemi, changer ainsi de camp, c'est trahir un ordre en s'apercevant que désormais l'ennemi est au-dedans. Sur un mode différent, les Berrigan ne disent pas autre chose. Pareil revirement semble faire place à une *culpabilité* nationale. Le mot même, *guilty*, prolifère dangereusement dans le langage depuis que

---

11. Voir, par exemple, C.N. Degler, *Out of our Past. The Forces that Shaped Modern America*, New York, 1970, chap. 2-5, p. 37-159.

12. Kenneth Auchincloss, « Who Else is Guilty ? », in *Newsweek*, 12 avril 1971.

le lieutenant Calley a été condamné puis libéré[13] ; il accompagne (d'abord en sourdine, puis avec de plus en plus d'insistance) l'universelle évocation d'une « crise d'identité ». Qui est coupable, ou qui ne l'est pas ? Que sommes-nous ? Deux problèmes liés. Quelque chose comme une *honte* surprend un grand peuple. Au cœur de sa puissance, il se découvre indigne de lui-même et mal-aimé. Par réflexe, il le refuse – en des mouvements contraires qui consistent tantôt à expulser l'accusation comme « criminelle », avec ces campagnes réactionnaires qui réitèrent les « chasses aux sorcières », tantôt à s'exiler d'une société de l'injustice, en cherchant dans *l'underground*, le radicalisme ou l'illégalité, souvent dans la drogue, l'équivalent de ce qui a poussé jadis tant de sectes, de « purs » et d'aventuriers vers l'Ouest, hors des villes et de l'*Establishment*. Ceux-là mêmes qui protestent contre la guerre (c'est encore une minorité, mais elle grandit) visent à se débarrasser de l'*indignity*, à se donner en Américains un autre lieu et une autre identité. Soit qu'ils se désolidarisent d'un système condamnable, soit qu'ils désignent des responsables dont le châtiment purifierait le système, ils rejettent le mal au-dehors. Ils exorcisent le démon intérieur en manifestant contre une guerre lointaine qui n'a jamais été déclarée par le Sénat, donc jamais approuvée par le peuple américain, et qui peut être désavouée par lui, comme un corps étranger.

Mais le mal ne s'élimine pas ainsi. On ne le localise pas si aisément. Il remonte avec toutes les formes, externes et internes, de l'oppression économique, militaire, sociale et raciste. On dirait que, abcès sur le corps de l'empire, la guerre du Vietnam dégage et révèle une odeur de corruption qui envahit l'espace créé par tant de réussites et de victoires. *Corrupted, polluted :* la contamination menace tout. Analysable en termes économiques, la *pollution* prend également une autre signification, celle d'être une physique et quasi une somatisation de la crise. On en vient à reporter sur l'eau et sur l'air le trouble interne du pays. Des robinets, coulent mille diables invisibles qui peuplent aussi le ciel des villes. Cette

---

13. Le lieutenant William L. Calley fut reconnu coupable, le 29 mars 1971, du meurtre de « 22 civils au moins », exécutés dans le village sud-vietnamien de My-lai, le 16 mars 1968. Par décision personnelle du président Nixon, il fut libéré de prison.

maladie de l'environnement, produite par l'organisation
même du succès, est le langage atmosphérique d'une insécu-
rité sociale. Une population prodigieusement active doit se
méfier à la fois de ses propres créations et de la nature, ce
recours américain de toujours. Les signes divers s'accumulent : fragilité du dollar, injustices sociales, croissance de la
criminalité, revendications des minorités, rupture entre générations et, sans doute plus inquiétant que tous les autres, le
jugement porté sur leur société par des jeunes qui en condam-
nent les postulats, la fuient à leur manière (la classe bourgeoise qui s'exile des grands centres vers les banlieues de la
campagne n'en fait-elle pas autant ?), se mettent en quête
d'autres raisons de vivre et traduisent, par leur retrait (par
exemple, 369 refus du service militaire en 1965 ; 3 873 en
1970), par la drogue, par leurs fondations [14] ou par leurs mouvements spirituels [15], la vacance générale du sens et l'interrogation nationale.

Un moment crucial est arrivé, le plus important peut-être
depuis la guerre de Sécession. Raidira-t-il la société américaine sur les sécurités menacées ? Sera-t-il pour elle un temps
de recommencement ? Un procès est ouvert dont le peuple est
juge et partie. Il est impossible d'en prévoir l'issue, même si
ce grand débat national, avoué, public, à bien des égards tragique, mais vécu dans le déploiement d'une gigantesque vitalité, laisse espérer la réponse dont est capable un peuple qui a
la passion de vivre et qui pousse l'horreur de la mort jusqu'à
en interdire toute évocation, et le mot même. De nouvelles
responsabilités apparaissent à beaucoup d'intellectuels. Ou
bien ils multiplient les aveux d'impuissance. Des choix dras-
tiques se précisent. Certains, comme Timothy Leary, cherchent une issue du côté de la drogue et de la mystique
orientale. Pour quelques-uns, les USA connaissent l'équivalent de ce qu'ont été les dix dernières années de l'Empire
romain. Nombreux sont ceux qui ouvrent de nouveau aux

14. Fonder une « société révolutionnaire » et « nouvelle » (*Commune,
Free School, Free Church, Free Press*, etc.), cela aussi est un geste américain
depuis trois siècles. Voir W. Hedgepeth et D. Stock, *The Alternative
Commune Life in New America*. New York, 1970, l'un des meilleurs
ouvrages sur les *Communes*.
15. Sur la Jesus Revolution, un remarquable dossier « The New Rebel
Cry : Jesus is coming ! », in *Time*, 21 juin 1971, p. 56-63.

Américains, mais sur le mode de l'exploration psychologique, le recours à la nature humaine, qui restaurent ainsi l'ancienne utopie du bonheur caché dans les profondeurs de l'homme et qui fournissent, avec cette littérature « psychanalytique », le langage commun, une *vulgate* nationale, de l'interrogation sur l'identité personnelle et collective[16]. Il y a aussi, tel Noam Chomsky, linguiste de réputation mondiale, ceux qui s'engagent dans le radicalisme politique : « À ce moment précis de l'histoire, d'autres questions se posent, plus urgentes » que les problèmes techniques et professionnels[17]. Comme le faisait Saul D. Alinsky, grande figure spirituelle du radicalisme, ils battent le rappel pour une mobilisation politique[18]. Aux appartenances idéologiques et sociales d'antan, qui perdent sens aujourd'hui, succède, « spécialement en réponse au développement de la guerre du Vietnam », l'exigence de prises de position personnelles proportionnées à « un doute fondamental sur l'avenir », dans le risque et l'absence de certitude, sans l'assurance d'un *home* national, et donc par la voie d'une « itinérance » qui renouvelle l'antique marche à travers le désert[19].

Les Berrigan inscrivent dans ce contexte l'intervention de chrétiens qui entendent agir. Certes, ils jouent sur le théâtre public[20]. Ils en font partie. Ils savent parler le langage américain dans une société où il n'est pas de débat, de crime ou d'amour qu'une caméra ne raconte ; où tout geste est image offerte à un œil ; où la rhétorique du spectacle est le discours d'un peuple prodigieusement apte à la métonymie, porté à la symbolisation, sensible aux « effets » et aux subtilités du récit gestuel. Aussi bien, toute contestation a-t-elle les allures d'un *show :* la manifestation du 24 avril dernier contre la

16. Cette énorme production est aussi l'indice d'un nouveau départ vers un autre Far West : la découverte du « nouveau monde » de l'intérieur *(the inner revolution).*

17. Noam Chomsky, *op. cit.*, p. 195.

18. Saul Alinsky, *Reveille for Radicals*, New York, 1969 ; id., *Rules for Radicals*, New York, 1971.

19. Robert N. Bellah, *Beyond Belief. Essays on Religion in a Post-traditional World.* New York, 1970, surtout l'introduction, p. XI-XXI (où l'auteur, l'un des meilleurs sociologues de la religion aux USA, décrit son itinéraire personnel) ; *id.*, « No Direction Home. Religious Aspects of the American Crisis », conférence, Harvard, novembre 1970, un texte remarquable.

20. « *The scene* » est l'un des mots favoris de Daniel Berrigan.

guerre fut une *Peace Parade* et une grande *party* sous le
soleil du printemps. Cette figure festive de la protestation
n'exclut pas le « sérieux », qui ne se réduit pas au discours
idéologique ou au pathos de la dramatisation. Ainsi en est-il
des Berrigan, militants jubilatoires réunis pour une fête du
feu à Catonsville, acteurs et témoins de la conscience nationale sur la « scène » américaine. Ils ont donc été entendus
aux USA. Ce qui ne veut pas dire : suivis. On a tenté d'étouf-
fer leur indiscrète interpellation en raillant la naïveté de dangereux utopistes [21]. Le « fardeau » qu'ils portent sur leurs
épaules au nom de tous a été au contraire perçu comme un
appel adressé aux chrétiens [22]. Mais la presse religieuse n'est
pas la seule à discuter le cas. Les grands journaux, tel *The
New York Times*, en meublent leurs colonnes. La télé traquait
les Berrigan de plus près que la police. Les plus sérieux des
hebdomadaires politiques et littéraires leur consacrent leur
couverture, des dossiers approfondis ou des séries d'articles :
Time [23], *Newsweek* [24], la *New York Review of Books* [25], etc. Il
existe des livres sur eux, en particulier celui de Francine du
Plessix Gray [26]. Des films aussi, comme *The Holy Outlaw* qui
circule dans les universités et les *colleges* [27]. Une pièce de
théâtre, *The Trial of the Catonsville Nine* (le procès des Neuf
de Catonsville), due à Daniel Berrigan et jouée sur les
grandes comme sur les petites scènes. Les Berrigan eux-
mêmes ont beaucoup écrit : Daniel, une quinzaine d'ouvrages, depuis son premier recueil de poèmes, *Time without*

---

21. Voir par exemple M. Geltman, « The Holy Terrorists », in *National
Review*, 4 mai 1971.

22. Voir en particulier *Holy Cross Quarterly*, janvier 1971, nº spécial intitulé *The Burden of the Berrigans*, avec des textes de Chomsky, R. McAfee
Brown (l'un des grands noms de la théologie protestante), Ed. Duff (s.j.), etc.

23. « The Berrigans : Conspiracy and Conscience », in *Time*, 25 janvier
1971 ; etc.

24. « The Berrigan Plot », in *Newsweek*, 25 janvier 1971 ; « A Guide to a
Curious Case », *ibid.*, 3 mai 1971 ; etc.

25. « Dialogue Underground », *New York Review of Books*, 11 et 25 mars
1971, 8 avril 1971 ; « Address to the Democratic Town Committee of New-
town », *ibid.*, 6 mai 1971 ; etc.

26. *Profiles in Catholic Radicalism. Divine Disobedience*, New York,
Knopf, 1970. Voir aussi *Trials of the Resistance*, New York, Vintage, 1970.

27. Voir note 10.

Number (1957), qui lui valut le prix Lamont[28] ; Philip, trois livres, dont le premier, *No More Strangers* (Macmillan, 1965), était préfacé par Thomas Merton[29]. Prise dans les bruits et le remuement d'une nation qui s'interroge, qu'est-ce que cette littérature nous apprend des choix faits par des chrétiens ?

Pour une poétique sociale

Je m'attacherai davantage à l'itinéraire de Daniel Berrigan. Non qu'il soit supérieur à son frère, bien qu'il s'explique mieux. Mais il m'est plus proche, et je ne puis en parler sans entendre la demande qu'un autre jésuite, Edward Duff, plaçait en exergue de l'article qu'il consacrait au prisonnier : « Pourquoi n'es-tu pas ici, Ed. Duff, s.j.[30] ? » « Sésame, ouvre-toi. » Daniel Berrigan ne commente pas ce titre de son autobiographie. Mais tout l'ouvrage où elle a paru en précise le sens : que tombent les barreaux entre hommes, *No Bars to Manhood*[31]. Quel est le trésor que doit ouvrir la parole efficace ? L'univers des hommes vivants. Au moment où il est envoyé en prison – *Punishment for Peace*, comme dit son frère Philip –, Daniel réédite en prose, avec cette histoire de sa vie, ce qu'ont été déjà ses recueils de poèmes. Chacun de ces textes raconte comment des portes se sont ouvertes. Ce sont récits de voyages et de rencontres qui ponctuent la découverte de mondes nouveaux par un « chercheur intenable[32] ».

Après une intérieure accoutumance aux surprises de l'ex-

28. Outre la poésie, dont nous reparlerons, signalons surtout : *They Call Us Dead Men*, New York, Macmillan, 1966 ; *Consequences : Truth and...*, New York, Macmillan, 1966 ; *No Bars to Manhood*, New York, Doubleday, 1970 (quatre éditions) ; *The Dark Night of Resistance*, New York, Doubleday, 1971 ; *The Geography of Faith*, Boston, Beacon Press, 1971.

29. Les autres sont : *A Punishment for Peace*, New York, Macmillan, 1969 ; *Prison Journals of a Priest Revolutionary*, New York, Holt Rinehart, 1970 (traduit en français, voir note 6).

30. In *Holy Cross Quarterly*, janvier 1971, p. 41.

31. *No Bars to Manhood*, New York, Bantam, 1971, p. 3-18, « Open Sesame ».

32. « The incontinent seeker », ce sont les premiers mots du poème « The Book », ouverture de *No One Walks Waters*, New York, Macmillan, 1966.

périence spirituelle et littéraire, mais dans le milieu préservé
des institutions familiales, scolaires ou jésuites, le grand choc
a été la France, en 1953-1954. « J'atterris sur une nouvelle
planète », dans un pays marqué par Diên Biên Phu, par la fin
des prêtres ouvriers, par une effervescence de questions et
d'échecs. Il se laisse changer par ce monde de solidarités
insoupçonnées. Il découvre aussi Camus, Simone Weil, etc.
Puis commence le travail avec les Portoricains de Brooklyn,
avec les Noirs de New Orleans, avec des communautés
rurales du Mexique, avec les ambitions et les audaces de ses
étudiants. 1957 marque le début de la notoriété littéraire. Ses
premiers poèmes publiés évoquent des campagnes en attente
d'un « merveilleux matin ». De cette poésie, le prince est un
enfant qui s'émerveille [33]. Les atmosphères y sont légères.
Les paysages, peuplés de figures saintes et prophétiques. Des
expériences sociales assombrissent un ciel trop pur : 1963-
1964 est l'année décisive. La France le déçoit. « À Noël, je
décidai que l'Europe de l'Ouest n'était plus ma tasse de thé. »
Il visite la Tchécoslovaquie, la Hongrie, l'Union soviétique.
Les pays marxistes lui montrent des « formes sociales radicalement différentes », des « communautés de foi pacifiques »
et pauvres [34]. Puis l'Afrique. En 1967, ce sera l'Amérique
latine ; en 1968, le Vietnam. Nouveaux éblouissements !
Mais ils mettent en cause tout un système mental qui va de
l'anticommunisme traditionnel jusqu'à ces « valeurs » dont
le monde occidental ou catholique aurait le privilège. Ils
dévoilent aussi l'ampleur de la misère, le poids d'une injustice économique, l'horreur de la guerre. *Cela* existait donc, et
je ne le savais pas ! Son inconscience passée a pour lui signification religieuse. Comme Jacob, il se dit : Dieu était là, et je
ne le savais pas. Qu'est-ce qui a rendu possible une pareille
ignorance ? Et comment se fait-il que d'autres ne voient pas ?

33. Voir surtout « The Innocent Throne », in *Time without Number*, New
York, Macmillan, 1957.
34. « Peaceable Communities of Faith » (in *No Bars to Manhood*, p. 9).
L'expression a un arrière-fond biblique : en particulier, chère à toute la tradition pacifiste américaine, la description par Isaïe de l'harmonie entre les
hommes et la nature (Is 11, 6-9), et son illustration par le célèbre tableau
d'Edward Hicks, *The Peaceable Kingdom*. Le souvenir de Daniel Berrigan
est coloré par la grande utopie qui inspire aussi les *Communes* aux USA.
Mais cette fois-ci l'image vient de l'Est.

Dès son retour à New York, en 1964, il agit en conséquence. Il sera de ceux qui disent *Non* à la guerre, un *No-
Sayer*. Commence alors un temps de combats, de manifestations et de polémiques, voyages sur les eaux amères des
contradictions intérieures. « Mes relations avec l'Église et
avec mon ordre furent profondément réorganisées. » Il se
heurte à l'archi-patriotisme de l'opinion catholique[35]. Berrigan et Spellman : David et Goliath à New York, mais le car-
dinal garde son pouvoir et en use. Ce petit jésuite est
insupportable ! Non sans raison : « Nous travaillions, écrit-il,
à créer une Église nouvelle et un ordre nouveau. » Cette
époque est celle de « la crise la plus dure de ma vie ». L'opposition qu'il rencontre n'en est pas le principal motif. C'est
plutôt que ses découvertes lui révèlent des mondes *fermés :*
celui de la misère, celui des ghettos noirs, celui de la guerre.
Tous implacables. Que peut, pour les changer, le chant du
poète ? Que pèsent les vérités du chrétien ? Déjà dans les
recueils de 1960, de 1962, et surtout de 1966 (le meilleur de
tous)[36], le doute s'insinue. Ce n'est plus le paradis d'antan,
mais une lutte pour l'espoir, après la répudiation des mots
inertes. Vaine est la parole qui n'invente rien. Il interroge,
dans le poème « The Question » :

> Quand donc,
> Quand aurez-vous fait
> Des hommes d'imagination ?

La réponse est donnée par le titre qui est le thème du
recueil de 1966 : *Personne ne marche sur les eaux*. De quoi
donc la voix des chrétiens est-elle capable ? Ils semblent
répéter des mots et des idées qui n'opèrent plus. La poésie de
Daniel passe alors de son premier versant à l'autre. Elle est
née des ouvertures qu'il a reçues ; puis elle cherche à rendre
possibles des issues. Elle parle toujours en termes d'espaces :
des espaces spirituels, d'abord, donnés à la parole qui les par-

---

35. « Dans l'histoire des guerres américaines, les catholiques américains
ne s'étaient jamais trouvés récalcitrants. Ils étaient doublement patriotes :
parce qu'ils étaient catholiques et parce qu'ils avaient été stigmatisés comme
quelque chose d'inférieur à l'Américain » (*No Bars to Manhood*, p. 11).

36. *Encounters*, World, 1960 ; *The World for Wedding Ring*, New York,
Macmillan, 1962 ; pour celui de 1966, voir note 32.

court ; des terres humaines ensuite, pays fermés où trouver la faille d'une liberté. La même conception s'y retrouve tout au long. Sa poésie joue sur le dire et le faire. Elle les symbolise en articulant sur l'acte la « belle parole » qu'il instaure, ou sur les poèmes l'invention qu'ils éveillent. Qu'est-ce *dire*, sinon *ouvrir* ? Daniel Berrigan est le même en poète et en chrétien. Or voici que son langage ne peut plus vraiment *dire*, dans les « enfers » où il est entré. Les mots tombent, comme des oiseaux morts, dépourvus de toute capacité « poétique », devant les puissances militaires, économiques et cléricales. Des actes doivent donc prendre le relais. Des actions symboliques seront ses poèmes.

Depuis Rimbaud [37], la poésie est hantée par cette question (l'expression chrétienne l'est malheureusement beaucoup moins, soucieuse avant tout d'énoncer ou de conserver des « vérités »). Dans les années où Daniel publiait ses premiers recueils, le poète mexicain Octavio Paz évoquait l'espoir constant, depuis un siècle et demi, de réconcilier poème et acte, d'identifier la création de la communauté à la production du poème, de convertir le poème en « poésie enfin *pratique* » [38]. Cette ambition qu'il a installée dans la poésie, Rimbaud l'a détruite lui-même en écrivant *Une saison en enfer*, tombeau pour la mort du poète : « Point de cantiques... Je dois enterrer mon imagination... » Une seule voie reste : la tâche sociale. Comme dans la *République* de Platon, le poète est inutile à la révolution nécessaire. « Il faut être absolument moderne », engagé dans le travail technique ou politique. Près d'un siècle après Rimbaud, O. Paz s'interroge encore : « N'y a-t-il pas d'issue ? » Non, si le poète « n'avance pas, et tombe, et se redresse, et tombe encore dans les eaux stagnantes du langage [39] ». Oui, si « le poème est un acte essentiellement révolutionnaire ». Cette dernière option organise aux USA un renouveau de la poésie politique, avec le grand

---

37. Voir les *Illuminations*, et la lettre à Paul Demeny (15 mai 1871) : « La poésie ne rythmera plus l'action ; *elle sera en avant* » (*Œuvres complètes*, Paris, Gallimard, coll. « Pléiade », 1946, p. 256).
38. *L'Arc et la lyre* (1956), Paris, Gallimard, 1965, p. 339-341. Voir « Vers le poème », in *Liberté sur parole, ibid.*, 1966, p. 180-183.
39. Octavio Paz, « ¿No hay salida ? » in *Liberté sur parole*, p. 232.

poète Robert Bly[40], John LeRoi, Denise Levertov, Walter Lowenfels, etc., et le mouvement « Les écrivains américains contre la guerre au Vietnam »[41].

En poète et en chrétien, Berrigan suit plutôt la trajectoire de Rimbaud. « Travailler à une création[42] », « donner un espace où respirer[43] », les mots ni les protestations verbales ne le peuvent. Lassés de voir et de savoir sans rien changer, trouverons-nous enfin le chemin de l'agir ? Telle est sa question. Déjà il avait été mêlé à « l'affaire Roger La Porte », un garçon qui s'était immolé lui-même, en novembre 1966, devant le building des Nations unies : Roger avait voulu payer de sa vie une revendication pacifiste, déchirer la molle étoffe des mots pour passer enfin à un acte, le dernier, et pour lui apparemment le seul encore possible. Et Daniel Berrigan, expédié en Amérique latine à cause de ce scandale, ne pouvait pas ne pas comparer des styles d'action : Pie XI et Gandhi... « étaient contemporains. Ils étaient tous deux profondément troublés par le cours des événements. Tous deux appelaient la paix sur le monde. Mais l'un connut par expérience la prison, les menottes et les marches, l'angoisse proche des foules. Le lieu d'où il parlait, c'étaient les villages, les maisons misérables, les prisons, c'est-à-dire les conditions de vie communes aux hommes qui luttent. L'autre parlait depuis un palais baroque dans la ville éternelle[44] ».

Un choix s'imposait, celui que Philip, homme d'action, avait fait depuis longtemps. Il fallait payer le prix. Dans les risques à prendre, il y avait sans nul doute un aspect « suicidaire » : ces actes-là ne sont pas rentables pour celui qui les pose, mais d'une efficacité ultérieure, comme ç'a été et c'est le cas de militants syndicalistes ou politiques minoritaires. Un « sacrifice », peut-être une mort, *permettra* des voies à

40. En particulier son grand poème *The Teeth-Mother Naked at Last*, City Lights, 1970 (un extrait a paru, in *L'Art vivant*, juillet 1970) ; ou son anthologie *Forty Poems Touching on Recent American History*, Boston, Beacon Press, 1970.
41. Voir l'aperçu de Todd Gitlin, « The Return of Political Poetry », in *Commonweal*, 23 juillet 1971 ; et son livre *Campfires of the Resistance*, New York, Bobbs-Merrill, 1971.
42. « Working for a Creation », in *No Bars to Manhood*, p. 73.
43. « To Give Breathing Space », in *The Geography of Faith*.
44. *No Bars to Manhood*, p. 46.

d'autres[45]. Telle sera la vraie « fête » christique – non pas la fête qui devient un sujet académique ou une fiction d'immédiate réconciliation, mais celle qui lie à une *perte* la capacité d'*ouvrir* quelque chose : une fête poétique. Daniel Berrigan sait aussi qu'il y a, en quelque sorte, une sécularisation du martyre. Il a beaucoup réfléchi sur Bonhoeffer[46]. « Les jésuites du XVIe et du XVIIe siècle menaient une vie souterraine en Angleterre pour défendre l'unité de l'Église... Je ne peux me concevoir comme un prêtre jésuite mourant au nom de l'Eucharistie, si ce n'est d'une manière très nouvelle, en ce sens que l'Eucharistie impliquerait que l'homme est valeur, qu'on ne peut ni tuer, ni dégrader, ni violer la vie humaine, et qu'on ne peut être raciste[47]. »

Ainsi s'exprimera la foi dans un monde où son langage devient insignifiant. Une lutte pour la paix, pour le respect de l'homme et pour la communion, devient l'épiphanie risquée, le vocabulaire en acte, d'une expérience qui obéit – mais sur la « scène du monde » – aux mêmes exigences que le « combat spirituel » mené hier dans une société religieuse par les moines au désert et par les témoins ou « martyrs » de Jésus dans les communautés *underground* de la foi. Une « conspiration » pour la justice est le langage présent de la « révolution » chrétienne. Elle coûtera le même prix que jadis, dans la même joie, avec le même caractère aléatoire de « fruits » encore invisibles. Reste à savoir si les communautés chrétiennes présentes sont prêtes à cet engagement. De toute façon, « la bonne vieille définition du renouveau de l'Église (chaque chose à sa place, enfants surveillés mais non écoutés, vertu portant en elle-même sa récompense, une petite réforme au bon moment, la vérité bien en main, rendez à César...), cette définition a volé en éclats[48] ».

45. Voir Daniel Berrigan, « How to Make a Difference », in *Commonweal*, 7 août 1970, publié cinq jours avant l'emprisonnement (texte traduit in *Terre entière*, n° 44, novembre-décembre 1970, p. 1-13, avec, comme titre, « Souffrir plus, essayer plus, risquer plus, nous faire plus confiance les uns aux autres »).

46. Voir par exemple *No Bars to Manhood*, p. 106-118, sur Bonhoeffer disant « God is neither Here nor There. »

47. « Dialogue Underground », in *New York Review of Books*, mars et avril 1971. Le même thème est déjà développé dans le recueil de poèmes *False Gods. Real Men*, New York, Macmillan, 1969.

48. Daniel Berrigan, *in* Philip Berrigan, *Journal de prison*, p. 14.

Un autre temps est arrivé. Mais des chrétiens renvoyés « hors les murs », « hommes privés de pays et d'Église », « sans consolation et sans soutien de la part de leurs communautés », se demandent une fois de plus, membres d'une Église « qui fait cause commune avec César » et d'ordres religieux qui oublient soigneusement des injustices gênantes pour leurs établissements : « La communauté est-elle réformable ? » [49]. Est-il possible d'affronter ensemble, au titre d'une communauté spirituelle, les exigences de la conscience chrétienne dans la société politique d'aujourd'hui ? Des réponses sont venues [50]. Mais finalement, « c'est votre problème », dit Phil Berrigan, qui va de l'avant [51]. C'est le nôtre. Encore faut-il souligner que cette insolente interrogation vient de citoyens et de chrétiens qui *n'ont pas renoncé* et qui se risquent à chercher une issue. Ceux qui se disent en *a parte* (ou n'osent même plus se dire) que « c'est foutu », ceux-là ne scandalisent pas et ne connaissent pas d'ennuis. Leur tranquillité est liée à la mort de ce qu'ils avaient cru.

Le « trou », issue ou non-lieu ?

Le trou, c'est le *jail*, la prison. Les Berrigan ont été mis au trou, avec et après beaucoup. À la date présente, l'un, Daniel, y est gravement malade ; l'autre, Philip, poursuit une grève de la faim avec ses « complices ». Est-ce véritablement une issue ? Les deux frères ne le pensent pas. Comme tout le monde, plus que d'autres, ils sont dans l'aléatoire, sans assurance sur l'avenir, « au seuil de l'inconnu ». Ils ne prétendent pas être exemplaires, ni posséder le « Sésame, ouvre-toi » de la conjoncture présente. Ils obéissent seulement à une nécessité de conscience, et ils en posent l'acte. Il n'y a pas de foi sans « œuvres ». « Signes » donc, et non pas « modèles », comme le rappelait Robert McAfee Brown, qui ajoutait : « Nous devons trouver nos propres voies pour porter le mes-

---

49. In *No Bars to Manhood*, p. 19-24, tout le chapitre « The Best of Times, the Worst of Times » est consacré à ce problème.

50. Au cours de son voyage aux USA en mai [1971], le P. Pedro Arrupe, supérieur général des jésuites, a voulu rendre visite à Daniel Berrigan dans sa prison.

51. *Journal de prison*, p. 25-30.

sage à d'autres. Jusqu'à ce que nous agissions, les Berrigan
ne nous laisseront aucun répit[52]. »

Mais, en même temps qu'un courage nécessaire, un champ
où le manifester, et une mutation actuelle du langage chrétien, ils représentent le type de *place* alloué à la question
qu'ils manifestent : la prison, c'est le *non-lieu* d'une société.
Il est symptomatique en effet qu'une revendication portant
sur le sens et les buts de la vie politique les ait finalement
conduits *là*. Ils y rejoignent des Noirs et des radicaux. Ils s'y
trouvent dans une situation analogue à celle qui est faite à
tant d'autres associations (ou qu'elles sont amenées à se donner) : *Communes, ghettos*, groupes *underground*, mouvements de toute sorte issus d'une « contre-culture », sont
repoussés vers les bords de l'ordre établi. Avec ces formations plus ou moins « hors la loi », une interrogation devenue
fondamentale est marginalisée. On ne s'en étonnera pas. Elle
est intolérable. Une société ne peut se mettre collectivement
en cause ; elle ne saurait être soumise à de telles menaces
sans réagir violemment. Pourtant, nous ne pouvons consentir
à une pareille « répression » du problème, ni aux procédures
qui l'assurent. Mieux vaut la prison que cet effacement
aveugle. « Les temps sont tels que, pour que des hommes
soient libres, il en faut quelques-uns en prison[53]. » Mais y
a-t-il une autre issue que cette expression symbolique, « utopique » aussi – ou plutôt « a-topique », comme le dit Henri
Desroche – d'une question qui, concernant l'ensemble de la
société, n'a de lieu propre nulle part ? À la différence du *libéral*, sensible seulement à des problèmes particuliers, le *radical* saisit leurs articulations et le système qu'elles composent.
Il n'en a pas moins « la tâche de localiser l'universel[54] » et de
déterminer des points d'impact. Aucune action n'est possible
sans cela. C'est peut-être le drame des Berrigan que d'être
reversés dans le symbole, casés dans un non-lieu, après avoir
voulu mener une action qui ouvre à une question de
conscience un espace communautaire. Aujourd'hui, le

---

52. In *Holy Cross Quarterly*, janvier 1971, p. 42.
53. *No Bars to Manhood*, p. 73.
54. *Ibid.*, p. 72.

Defense Committee qui les soutient[55] ne peut que participer à des manifestations qui se multiplient, mais dans le désordre, contre la guerre ou en leur faveur. Ni lui ni la *National Peace Coalition* ne peuvent et n'entendent les organiser en un mouvement. Une « conscientisation » sociopolitique se diffuse donc par mille réseaux divers, sans fournir à une action commune un programme, des options, des cadres, en somme un lieu, et sans même savoir si elle n'aura pas pour conséquence une puissante vague réactionnaire. Au sens étroit du terme, une action « politique » doit pouvoir calculer son lien avec les objectifs qu'elle vise. Mais il s'agit ici d'autre chose, d'un préalable fondamental et moral à toute vie politique. Et peut-être est-ce le destin des témoins (et d'une expression « poétique ») que de ne comporter aucun impératif particulier, d'ouvrir seulement des possibilités, de les rendre nécessaires sans les définir, et d'opérer par des retombées encore imprévisibles.

29 août 1971

---

55. Organisé par le professeur Eqbal Ahmad, le Defense Committee (156 Fifth avenue, New York, N.Y. 10010) rassemble et diffuse aujourd'hui toute l'information concernant le procès des Berrigan.

III

Penser le christianisme

7

La rupture instauratrice

Les affirmations de sens[1] font aujourd'hui figure d'un « reste » dont on aurait désinfecté les champs scientifiques. Mais, exclues des laboratoires, elles entrent dans les circuits de l'exploitation commerciale. À une rationalisation du savoir, semble correspondre une folklorisation des vérités d'antan[2]. Les convictions s'amollissent, perdent leurs contours et se retrouvent dans le langage commun d'un exotisme mental, dans une *koinè* de la fiction : elles s'accumulent dans la région où l'on *dit* ce qu'on ne *fait* plus, là où se *théâtralisent* les requêtes qu'on ne parvient plus à *penser*, là où se mêlent des « besoins » variés, encore irréductibles, mais tous dépourvus de représentations *croyables*. Le christianisme se voit affecter une place dans cette population de « valeurs » métamorphosées en légendes par nos sociétés du spectacle. Avant même de préciser à quelle critique la religion est soumise dans les secteurs de sciences humaines qui la rencontrent ou la traversent, il faut déceler dans une mutation *sociale* ce qui rend *possibles* ces analyses techniques. Toute science renvoie aux organisations socioculturelles qu'elle élucide. Ses résultats ne sont pas isolables de la situation globale qui les a permis ; ils s'inscrivent dans un « langage » (un ensemble de références mentales et de structures sociales) qui les « comprend », même s'ils l'expriment sur un mode qui leur est propre. Chaque science appartient à une culture et en dépend, avant même de la modifier en explici-

---

1. Par *sens*, j'entends non l'un des « sémèmes » dont le repérage et l'organisation font l'objet d'une analyse sémiotique, mais la signification globale qu'un sujet individuel ou collectif peut donner à sa praxis, son discours ou sa situation.
2. Voir ci-dessus chapitre 4.

tant ses postulats. Un aperçu de ce que devient la religion dans le type de communication qui caractérise nos sociétés occidentales sera donc le préalable à un bref examen de la critique « scientifique [3] » et à l'esquisse d'une problématique actuelle de la foi.

1. Ce que la société contemporaine fait de la religion

Un indice : l'information religieuse

Le statut de la religion dans la communication sociale n'est pas étranger aux problèmes ouverts par l'analyse scientifique. Il y a là indiqué le lieu des questions qui reçoivent ailleurs un traitement sociologique, psychologique ou historique. De ce point de vue, « l'information religieuse » est un indice pertinent de ce qui se précise en des recherches spécialisées. Elle ne saurait en être dissociée selon le clivage conservateur qui distinguerait de la « vulgarisation » le savoir critique d'une élite. En matière religieuse, l'information atteste déjà, en effet, une mutation fondamentale qui a pour caractéristique *le remplacement d'une écriture « évangélique » par une organisation « spéculaire » du langage*. J'appelle « évangélique », dans une perspective culturelle ou philosophique, la conception supposant une *vérité* amenée au jour grâce à une *expression* qui la diffuse, tel un message « annoncé » par une communication. La « nouvelle » d'aujourd'hui (comme la « bonne nouvelle ») est dès lors jugée d'après sa conformité à la « réalité » qu'elle laisse plus ou moins émerger. Définie tour à tour par « l'objectivité » des faits ou par l'expérience vécue, il y aurait, sous-jacente aux signes de sa mise en circulation, une « vérité » reçue ou connue – qui serait aussi quelque part la possession d'un

---

3. La dénomination « scientifique », on le sait, n'a pas la même portée dans chacune des sciences humaines, ni dans les sciences exactes. Ce n'est pas sans hésitation que nous adoptons ce terme à propos des premières, qui semblent d'autant plus « scientifiques » qu'elles sont moins « humaines ». De plus les critères manquent, quand il s'agit de « scientificité » à propos des recherches psychologiques, sociologiques ou historiques, et il n'est pas évident qu'il faille en décider selon les normes des sciences dites « exactes ».

groupe ou d'un regard. Elle serait lésée, en même temps que son propriétaire, par une expression « infidèle ».

Dans cette perspective (encore fréquente chez des clercs et, plus généralement, propre à l'enseignement magistral fondé sur la distribution « apostolique » du savoir que définit un groupe [4]), l'information doit répandre *au-dehors* une réalité dont le secret est tenu *au-dedans* comme en retrait par rapport à ce qui le manifeste. Certes, l'instrument de la distribution exerce de plus en plus ses contraintes. Il exige des « adaptations » qui permettent de « faire passer » le message. Il excite aussi les convoitises de ceux qui se mettent à douter de leur « vérité » si elle est sans retentissement, à lui chercher de nouveaux auditeurs et à la jauger d'après sa diffusion. À la limite, dans certains groupes religieux fortement idéologiques dont l'identité n'a d'autre assise qu'une vérité à *dire*, on finit par faire dépendre son existence de la place occupée dans l'information. L'être a la consistance de la surface de papier ou de l'écran que regarde le public : *Esse est percipi* [5]. Là même, pourtant, demeure un schéma « évangélique », d'après lequel des croyances ou des expériences sont des vérités à *manifester*, de sorte que leurs auteurs ou propriétaires sont lésés par toute *infidélité* du journal. Mais c'est réduire un système nouveau à n'être que l'instrument d'une ancienne conception théologique et missionnaire. C'est aussi reporter sur l'information une doctrine qui a depuis longtemps quitté l'historiographie ou les sciences humaines, et qui donnait pour fonction au discours d'être l'exacte représentation de « faits » ou la remontée d'un « vécu » dans un langage supposé docile et transparent. Il y a équivoque. Les choses ne fonctionnent plus ainsi.

---

4. Jean Dubois et Joseph Sumpf, « Un modèle d'enseignement du français : analyse linguistique des rapports d'agrégation et du Capes », in *Langue française*, n° 5, 1970, p. 27-44, ont montré comment, par exemple, le jury d'agrégation juge les expressions des candidats en lettres d'après leur conformité à un « goût » qui est *propre* au corps des agrégés, un « sens *intime* » des choses.

5. « Exister, c'est être vu » : tel est le titre d'une nouvelle de Borges construite en forme d'apologue sur les mass media (Jorge Luis Borges et A. Bioy Casares, *Chroniques de Bustos Domecq*. Paris, Denoël, 1970, p. 139-144).

La fin d'un « évangélisme » du langage

Le journal n'est pas cette mince pelure destinée à rendre visible une profondeur du monde, et pas davantage l'annonce d'une réalité, ni la prédication d'une vérité de l'histoire. Bien loin que l'information soit identifiable à une somme d'informations, elle est un système d'écriture qui a sa logique propre. « Les récits rémanents de l'écriture de presse, et de l'ensemble des informations "de masse", *mythifient* la réalité vivante[6]. » Cette *production* de grandes légendes populaires avec et dans l'élément du quotidien est l'équivalent des mythologies d'antan. Elle répond à une fonction et elle obéit, comme la poétique d'hier, à des règles qui ordonnent des stéréotypes et des « figures » de style en vue d'une dramatisation de la vie courante. Comme les atlas de l'âge classique, ces « représentations » présentent au public un « théâtre du monde ».

Le matériau religieux offre à cette production des possibilités particulières du fait qu'à la différence des autres, il est moins lié à des forces politiques ou à des pressions financières. Moins lesté, il est plus disponible. Mais aussi, tombé dans le domaine public (comme les églises, les cérémonies, ou la littérature religieuses), progressivement détaché d'inféodations ecclésiales, abandonné même par des communautés chrétiennes au moment où il entre dans la *vulgate* du parler courant, le langage religieux garde la vertu de désigner encore, bien que de plus en plus vaguement, les problèmes qui concernent les raisons de vivre, les cadres mentaux, les objectifs sociaux, la relation avec une tradition, etc. Désaffecté de références précises à des croyances orthodoxes par sa diffusion même, il n'en est que plus apte à l'expression du *mystère* qui constitue, illustré par les thèmes du hasard et du destin, la « clé de voûte » des « faits divers » dans tous les quotidiens. À « la confuse topographie de l'indéchiffrable contemporain[7] » que le journal dessine chaque matin ou

---

6. Violette Morin, *L'Écriture de presse*, Paris et La Haye, Mouton, 1969, p. 157.

7. Georges Auclair, *Le « Mana » quotidien. Structures et fonctions de la chronique des faits divers*, Paris, Anthropos, 1970, p. 235.

chaque soir, il fournit un repère privilégié. À cette « *infrathéologie* » qui dit « l'innombrable obscurité de la relation de l'homme avec le monde [8] » sous la forme d'antinomies et de paradoxes, correspondent très bien les théologies chrétiennes diluées dans l'espace social, les débats sur l'autorité ou sur la femme dans les Églises. Aussi les personnages encore proches et déjà folkloriques que sont des évêques ou des prêtres *doivent*-ils désormais *figurer* dans n'importe quelle émission ou chronique touchant un problème vital. Non parce qu'ils disent le vrai ou, comme ils le croient, parce qu'ils « font passer » quelque chose de leur vérité, mais parce que, dans la *commedia dell'arte* d'une société entière, ils tiennent tour à tour le rôle d'un même personnage énigmatique, souvent vu de dos, fréquemment spécialisé dans l'aveu, la contestation, le scandale ou l'extraordinaire, placé d'ailleurs sur les bords du théâtre national, et chargé d'être le figurant des questions sans réponse qu'a précisément fait naître la disparition d'idéologies ou de dogmes croyables.

Une production mythologique

Dans un article consacré au *rewriting* et dépourvu de toute préoccupation confessionnelle ou religieuse, A. Kientz montrait comment les journaux modulent le même matériau religieux selon leur style ou leur public [9]. Du communiqué remis à la presse par les prêtres du groupe « Échanges et dialogue » à la suite de leur réunion à huis clos des 11 et 12 janvier 1969, chaque journal tire un parti différent, comme le peintre ou le savant le fait de ses documents. *Le Monde* intitule l'article qu'il consacre au communiqué : « Les prêtres du groupe "Échanges et dialogue" ont fait parvenir aux évêques une motion sur l'autorité dans l'Église » ; *le Nouvel Observateur :* « Les prêtres rentrent dans l'ordre » ; *l'Express :* « Le célibat est-il normal ? » ; *France-Dimanche :* « J'ai épousé un

---

8. *Ibid.*, p. 236. « Imagination mythique, intellect magique », ce système « vire vers l'ébauche d'une cosmogonie quotidienne de type manichéen (...) ou encore vers l'esquisse d'une démiurgie ». L'auteur le rapproche donc du *mana*, « forme permanente et universelle de la pensée » (Lévi-Strauss).

9. Albert Kientz, « Analyse de contenu et rewriting journalistique », in *Communication et Langages*, t. 4/4, 1969, p. 55-71.

prêtre » ; et *le Figaro littéraire* le place dans une chronique
d'ordre plus général : « Le trouble est dans l'Église. » Deux
thèmes seulement étaient retenus par les titres, alors que le
communiqué insistait surtout sur la fondation du groupe et
sur son avenir. Les distorsions subies par le contenu du texte
initial sont d'ailleurs calculables. Le tableau ci-contre donne
le pourcentage de lignes accordées à chaque thème selon les
journaux [10].

Thèmes	Communiqué d'«Echanges et dialogue »	Le Monde	Le Nouvel Observateur	L'Express	Le Figaro littéraire	France-Dimanche
Le groupe et son avenir	72 %	44 %	1 mention			
L'autorité	12 %	30 %	80 %		45 %	
Le célibat	12 %	26 %	20 %	99 %	55 %	99 %
Le travail	1 mention	1 mention	1 mention	1 mention	1 mention	1 mention
Engagement politique et syndical	1 mention	1 mention	1 mention	1 mention	1 mention	1 mention

Déformation ? Mais il faut en dire autant de l'utilisation de
Plaute par Molière dans l'*Avare*, ou de la conjoncture politique
par Racine dans *Athalie*. Plus simplement, le journaliste *traite*
ses matériaux à la manière dont l'historien, le psychanalyste
ou le sociologue traite les siens. Comme on fait de l'histoire, il
fabrique des « papiers » – il fait de l'information – selon des
règles propres, non pas déterminées par une vérité enfouie
dans un objet, mais en fonction des opérations qui permettent
la production d'une littérature particulière. Reste qu'en traitant
le matériau religieux, il joue sur une gamme spécialement
incertaine et sensible. Ce secteur de l'information l'introduit
dans la région la plus imprécise de la culture contemporaine,
celle pourtant qui touche à vif les inquiétudes ou les espé-
rances des lecteurs. Là moins qu'ailleurs, il est possible de

10. *Ibid.*, p. 59.

savoir ce qu'une « nouvelle » signifiera à ses récepteurs ; et il est sûr cependant qu'ils seront touchés. Mais ce contrôle manque davantage parce que l'information religieuse devient, jusque dans les journaux les plus sérieux, la *métaphore* des questions fondamentales pour leur public : pour celui du *Monde* ou du *Nouvel Observateur*, dans l'exemple cité, ce seront le pouvoir et l'autorité ; pour celui de *l'Express* ou de *France-Dimanche*, les relations personnelles et la sexualité ; pour *le Figaro littéraire*, l'ordre ou le désordre.

Que l'expression religieuse se veuille un signe d'« ouverture » ou de « fermeté » doctrinale, qu'elle soit habitée par un désir d'« adaptation » ou par la volonté de « défendre » une vérité contre ses compromissions, c'est finalement secondaire. Elle est devenue la propriété du public. Il en use, comme de contes provenant d'un passé encore proche, pour se parler d'interrogations, non pas étrangères, mais pas identifiables non plus à ce qu'elle dit littéralement. Le journaliste peut puiser à son tour dans ce vocabulaire. Il y trouve de quoi composer les allégories sérieuses qui permettent à l'informateur religieux d'être une sorte de barde ou de dramaturge contemporain. Certes, en continuant de choisir son matériau parmi les nouvelles tombées des agences, il maintient « l'effet de réel [11] » qui est la condition première de « l'écriture de presse ». Il ne peut pas dire n'importe quoi. Mais son œuvre rend au public, sur le mode propre au poème journalistique, l'image de ce qu'une société a fait de la religion : non plus le signe d'une vérité, mais le mythe ambigu d'une énigme multiforme.

II. L'analyse scientifique du langage religieux

« La désintégration du signe semble bien être la grande affaire de la modernité [12]. » Elle atteint de plein fouet toutes les conceptions chrétiennes. Elle n'est pas seulement le fait d'une élite particulièrement critique. Elle ressort d'une situation globale. Encore faut-il en esquisser les formes scienti-

---

11. Voir Roland Barthes, « L'effet de réel », in *Communications*, n° 11, 1968, p. 84-89. Edgar Morin, *L'Esprit du temps*, Paris, Grasset, 1962, le notait déjà.

12. Roland Barthes, *op. cit.*, p. 89.

fiques, fût-ce de façon hâtive, et en fonction de quelques secteurs restreints des sciences humaines.

Un produit

On pourrait caractériser la manière dont les sciences humaines considèrent les manifestations religieuses en disant qu'elles les traitent comme des *produits*. Certes, pour le théologien, le langage religieux est aussi un produit, mais de l'intelligence de la foi conditionnée par la culture, la société, l'histoire, etc. Fondamentalement, il annonce un « essentiel » qui fonde la réalité et anime l'histoire ; il rend lisible, bien que sur un mode mystérieux, une action de Dieu ou de l'Esprit de Jésus, à travers tout un ensemble de « signes » – de sacrements, d'institutions et de dogmes. Mais dans le champ des sciences qu'a rendu possibles et instaurées un type non religieux de société, les signes chrétiens se voient dépouillés de leur privilège par rapport à d'autres phénomènes socioculturels. Bien loin d'être mis à part comme des énoncés *vrais*, soutenus par quelqu'un qui s'y révèle, ils sont tenus pour les produits et les éléments d'organisations sociales, psychologiques et historiques. Ils y renvoient et les représentent. À ce titre, ils peuvent être analysés de la même manière que tout autre fait, à ceci près qu'ils montrent moins leur rapport intrinsèque à une société ou à une structure psychologique. Cette problématique amène à formuler la critique du langage religieux sous deux formes différentes.

Les symptômes « religieux » de systèmes non religieux

D'une part, les faits religieux entrent, à titre d'éléments particuliers, dans les « systèmes » qui permettent seuls de les comprendre [13]. Ainsi, une analyse linguistique, sociologique ou économique saisit seulement les faits religieux en tant

---

13. Par « système », il faut entendre non la *réalité* d'une infrastructure ou d'un tout isolable, mais le *modèle* interprétatif que constitue et vérifie une pratique scientifique, c'est-à-dire une organisation cohérente des procédures interprétatives.

qu'ils s'inscrivent dans l'ensemble des traits qu'elle relève comme pertinents. Ce qui rend intelligibles les faits considérés, ce sont les rapports réguliers qu'ils entretiennent les uns avec les autres. Par exemple, une forme de religion ou de théologie renvoie par son organisation propre, par la nature de sa hiérarchisation, par ses thèmes doctrinaux, etc., au type de société, de culture et d'économie qui l'explique. Son inscription dans cet ensemble est précisément le mode de son intelligibilité. Lorsqu'une sociolinguistique explique un langage verbal en y décelant les indices et les transformations de structures socioculturelles [14], elle n'excepte pas les discours religieux. Les théologies de la Trinité y figureront au même titre que les autres discours, comme les symptômes et les variantes d'organisations linguistiques ou sociales : l'exposé des relations trinitaires, le vocabulaire employé, etc., ne sont alors signifiants que par une mise en relation avec d'autres éléments [15], ce qui permet de saisir partout la manifestation de systèmes caractéristiques. Comprendre, en sciences humaines, c'est avoir, par méthode, à surmonter la régionalisation des faits religieux. De même, des affirmations religieuses individuelles seront analysées en fonction des structures psychologiques dont elles sont les représentations. Les mots qui parlent de salut, d'illumination ou de Dieu ne sont plus entendus comme les signes d'êtres ou de réalités qu'ils nommeraient ; ils désignent l'activité qui les produit en fonction d'ensembles donnés, et les règles spécifiques de cette production. La relation déterminante n'est donc plus celle de l'énoncé religieux avec la « vérité » que lui affecte une croyance, mais la relation de cet énoncé, pris comme *symptôme*, avec la construction sociale, historique ou psy-

14. Voir Joseph Sumpf, « Sociolinguistique », in *Langages*, n° 11, septembre 1968, un n° spécial sur ce champ.

15. Il y a longtemps que l'histoire de la théologie procède à cette analyse. Ainsi, dans une étude désormais classique, Erik Peterson référait le concept de *monarchia*, dans la théologie grecque, à l'organisation impériale et culturelle du temps. Mais ce qui était saisi comme le « contexte » ou le milieu d'élaboration du sens devient l'explication même du texte. La méthode naguère *utilisée* pour exposer « l'incarnation » de la foi chrétienne finit par être le seul mode technique d'accès au texte et par ramener à son type propre d'intelligibilité la « vérité » au service de laquelle on la mettait. La pratique historique a été le cheval de Troie avec lequel s'est introduit un nouveau mode de penser.

chologique, où l'inscrit un déchiffrage des connexions entre phénomènes apparemment hétérogènes.

L'équivoque du signe religieux

Bien plus, dans cette perspective, le fait religieux semble indissociable d'une *équivoque*. En effet, il n'énonce pas le processus qui l'explique. Il parle de Dieu, de grâce, de libération par la foi. Mais ce qui en rend compte, c'est son rapport au dynamisme organisateur d'un système social ou d'une structuration psychologique. En somme, le contenu religieux *cache* les conditions de sa production. Il est le signifiant d'autre chose que de ce qu'il dit. C'est une allégorie à déchiffrer – le déguisement d'un mode de production que l'analyse scientifique se donne pour tâche de reconstituer. Le psychanalyste, tout comme le sociologue ou l'historien, est celui qui ne se laisse pas prendre au leurre des représentations et qui sait y déceler un autre signifié que le sens immédiatement affirmé. Par exemple, chez un peintre bavarois tour à tour possédé du démon, délivré par la Vierge, appelé enfin à entrer dans une congrégation religieuse, Freud discerne les symptômes successifs d'une même structure psychologique : dans chacune de ces situations successives, la soumission à une peine (celle qu'impose le diable ou bien la règle monastique) est le prix payé pour recevoir d'une loi « paternelle » la sécurité de vivre sans avoir à risquer son existence [16]. L'expression religieuse, ici encore, a un autre « motif » que celui qu'elle affiche et, par méthode, le psychanalyste doit reconnaître *en elle* les indices des lois qui l'organisent à son insu [17].

16. Voir Sigmund Freud, « Une névrose démoniaque au xviie siècle », in *Essais de psychanalyse appliquée*. Paris, Gallimard, 1952, p. 213-256 ; et Michel de Certeau, *L'Écriture de l'histoire*, Paris, Gallimard, 3e éd., 1984, chap. 8 : « Ce que Freud fait de l'histoire ». On trouvera les positions analytiques essentielles dans Jacques Lacan, *Écrits*, Paris, Seuil, 1966, p. 793-827, « Subversion du sujet et dialectique du désir dans l'inconscient freudien », etc.

17. Dans l'élucidation freudienne (à certains égards, il faut en dire autant de l'explication sociologique ou historique), la « raison » du fait religieux n'est donc pas cherchée *en dehors* de lui, sous la forme de réalités étrangères au phénomène. Elle est inscrite *en* lui comme ce qui l'organise à l'insu de ses acteurs. C'est ce qu'il « trahit » malgré lui, car le « signifiant » énonce, mais sur le mode de l'équivoque, ce qui est par lui réellement « signifié ».

De façon analogue, le sociologue ou l'historien décèle, dans une théologie ou une mystique centrée sur la « hiérarchie » ecclésiastique au XVIIᵉ siècle français, son homologie avec d'autres expressions de l'« ordre » classique, mais aussi le retentissement, sur le plan idéologique, de la situation faite aux chrétiens dans une société dont les structures cessent progressivement d'être religieuses. Alors, les groupements chrétiens manifestent les contraintes sociales auxquelles est soumise toute minorité : raidissement défensif des institutions, ésotérisme du discours, conscience gratifiante d'être martyr ou victime pour la vérité, etc. Les contenus doctrinaux (apologie des pratiques ou des connaissances qui spécifient le groupe, spiritualité du cœur blessé, etc.) avouent sans le savoir un nouveau fonctionnement du christianisme dans la société du temps. Cent autres exemples pourraient être donnés. L'essentiel est le renversement qu'opèrent les sciences humaines dans l'analyse des faits religieux. Elles les tiennent pour importants, et même centraux dans les sociétés traditionnelles, mais elles les retournent en prenant pour l'explication ce qui hier apparaissait comme l'expliqué. Les affirmations religieuses prétendaient dire la vérité (ou le sens) de la vie sociale ou individuelle ; en réalité, ce sont aujourd'hui des modèles sociohistoriques, ou (comme disait Freud) des « mécanismes » psychologiques, qui les expliquent.

L'évanescence d'une spécificité religieuse

Parmi les conséquences de ces démarches scientifiques, il faut d'abord souligner que la différence entre les phénomènes religieux et les autres cesse progressivement d'être repérable. Elle n'a d'ailleurs plus beaucoup d'intérêt scientifique. Certes, on ne peut nier qu'il y ait objectivement des institutions, des littératures ou des manifestations religieuses – qu'en somme il y ait « *du* religieux » –, mais il est impossible d'en définir vraiment les critères. Selon les travaux, tantôt son domaine s'étend à des socialismes du XIXᵉ siècle, au positivisme, voire au communisme, tenus pour des messianismes ou des « religions profanes » ; tantôt il se rétrécit au point que toute portée autre que sociologique ou psychologique est refusée à des groupements ou à des signes religieux.

À cette élasticité du religieux, correspond l'évanescence d'une méthode ou d'un objet propre à une « science des religions » dès là qu'il ne s'agit plus de sociétés globalement religieuses.

Cette indécision se retrouve dans le christianisme avec l'indétermination des critères qui permettraient avec certitude d'affecter à un geste le nom de « chrétien ». D'un point de vue scientifique, elle tient à la nature même de la compréhension sociologique, historique ou psychologique : les phénomènes, religieux ou non, n'acquièrent une signifiance et une intelligibilité que par rapport à des règles d'interprétation ; ils sont organisés en fonction de procédures d'analyse qui constituent des pertinences ; ils se classent d'après les types existants d'_opérations_ scientifiques. Si l'objet « religieux » perd sa spécificité propre et se trouve redistribué selon les formalités distinctes de la praxis sociologique, économique ou psychanalytique, c'est que, dans une société qui a cessé d'être religieuse, les sciences ne peuvent plus l'être. Or, il n'y a « scientificité » que là où une problématique définit des pratiques, _se donne_ ses objets et crée les pertinences qui lui sont propres. Ce n'est plus le cas des « sciences religieuses ». Pendant un temps, elles ont eu une sorte de cohérence négative qui leur venait de l'extérieur : elles s'opposaient à des croyances ou des orthodoxies ; elles avaient pour objectif de « reprendre », dans les termes d'analyses sociologiques, historiques ou psychologiques, les objets religieux dont les Églises s'étaient réservé la connaissance. Mais à mesure que ces analyses se développent, les découpages selon les modèles sociologiques ou psychologiques l'emportent sur la distinction entre religieux et non-religieux. D'où l'incertitude dans la détermination de ce qu'il faut appeler « religieux ».

Aujourd'hui, les travaux qui se caractérisaient par un _objet_ religieux – la sociologie religieuse, la psychologie religieuse, l'histoire religieuse, etc. – sont incapables de préciser en quoi et comment elles pourraient être définies par le qualificatif qui leur est accolé. Les procédures de l'analyse y sont les mêmes que pour tout autre objet. Ce sont elles qui spécifient ces études comme sociologiques ou psychologiques. L'adjectif « religieux » devient une énigme. Il cesse tout à fait de déterminer les méthodes employées, les vérités considérées et donc aussi les résultats obtenus [18]. De ce point de vue, la difficulté de « penser » les faits religieux en termes de sciences humaines ne provient pas seulement des critiques locales qui résultent d'un examen sociologique ou psychanalytique, mais, plus fondamentalement, d'une nouvelle situation *épistémologique*. Un nouveau statut du « comprendre » s'édifie sur la cohérence entre les procédures de l'analyse, les postulats qu'elles impliquent et les objets qu'elles déterminent. Il fait du « religieux » un matériau, et non plus un « objet scientifique », encore moins la détermination des pratiques. Il donne sa véritable portée à ce qu'on a appelé la sécularisation. C'est le pensable qui est « sécularisé ».

Le réel, objet perdu

Il faut toucher enfin au point le plus central, celui qui concerne le réel. Les sciences humaines évitent les termes de « vérité » ou de « réalité » (si ce n'est en un sens tout relatif). En effet, chacune d'elles découpe, analyse et explique les phénomènes en fonction des postulats et des méthodes qui la distinguent des autres. De ce fait, elle donne lieu à des affirmations que mesurent des possibilités de faire apparaître des écarts ou des contrôles, et qui sont proportionnées à des procédures d'investigation. Ses « produits » ne sont pas des choses, mais les résultats et les indices successifs de démarches que spécifient l'isolement d'un champ « propre », la définition d'objets formels et la normalisation d'une recherche. Une analyse psychologique mettra donc au jour des « mécanismes » ou des règles d'organisation, mais sans identifier « ce qui se passe » à ce qu'elle en dévoile. Elle ne saurait donner pour un jugement de *réalité* la structure schizophrénique dont elle caractérise la genèse, les lois ou les transformations. De même, un travail sociologique sur les

---

18. Cette situation est clairement indiquée par la 5ᵉ section (sciences religieuses) de l'École Pratique des Hautes Études dans son recueil *Problèmes et Méthodes d'histoire des religions*, Paris, PUF, 1968. Elle est analysée d'une façon incisive par Jean-Pierre Deconchy, « Du théorique au stratégique en psychosociologie des religions », in *Politique aujourd'hui*, février 1970, p. 43-50. C'est le problème qui sert de point de départ aux remarquables analyses de Robert N. Bellah, *Beyond Belief*, New York, 1970.

messianismes ou sur une culture marginale décèle les lois de fonctionnements sociaux, mais sans pouvoir réduire à ce qu'il en dit la réalité des groupes étudiés ou le sens des idéologies considérées. De ce seul point de vue, toute proposition ontologique est exclue du discours scientifique, parce que chaque relation isolée par l'analyse se réfère à une production et à la définition de ses règles.

Le besoin se fait donc sentir de confronter ces sciences coexistantes mais non coordonnées. Entre ce que concluent, d'une part, l'analyse psychanalytique et, d'autre part, l'analyse sociologique ou historique d'une même œuvre artistique ou littéraire, quel lien rigoureux établir ? On s'interroge donc sur le rapport qu'entretiennent les objets formels découpés dans le même « fait » par des recherches distinctes, ou les régularités et les séries instaurées au titre de « modes de comprendre » différents, ou encore les discours scientifiques où s'exposent des interprétations hétéronomes. La question porte sur la possibilité d'un « méta-discours » qui surmonte ces différences, ou sur les raisons de son impossibilité. Aussi voit-on proliférer les réflexions épistémologiques, les recherches méthodologiques et les projets *inter-* ou *pluri*-disciplinaires. L'objectif est la mise en relation d'*opérations* scientifiques grâce à une confrontation de leurs présupposés ou de leurs règles. C'est à travers cette diversification croissante des *praxis* interprétatives que se présente l'énigme de l'accès au réel. Dans la mesure où, aujourd'hui, pour des raisons de fait mais aussi pour des raisons de droit, aucun « méta-discours » scientifique n'est susceptible de rendre *pensables* les relations entre sciences humaines et donc de restaurer l'antique ambition d'une théorie unitaire, le réel reçoit, entre ces discours régionaux, la figure de l'objet perdu. Non pas qu'il soit dénié (ce qui serait absurde), ni anéanti (ce qui serait strictement impensable). Mais il est *rendu absent* par l'approche même. Il disparaît par le fait même de la connaissance. Il devient insaisissable comme partout *supposé* et partout *manquant*.

Or la théologie semble précisément s'accorder le privilège de se prononcer sur cette réalité que les sciences humaines changent en faux problème ou en problème impossible. Elle annonce un *déjà là* qui sous-tend et organise tout son discours. Bien plus, en énonçant des « vérités », il lui arrive encore d'affirmer des *êtres*. Elle postule, en tout cas, une lisibilité de l'existentiel ; elle suppose à ses mots la capacité d'être la transparence et le don des choses, le dévoilement de valeurs essentielles et l'émergence de la vérité de l'histoire. Par rapport au lucide retrait des sciences humaines sur l'activité qui détermine leurs produits, par rapport à ce qui est aussi une pudeur scientifique, cette prétention de la théologie serait seulement de l'impudeur[19]. Elle présumerait aveuglément le pouvoir de transpercer l'opacité du langage et de rendre présentes « comme ça », au grand jour, des vérités substantielles. Scientifiquement parlant, il semble également impossible de dire que Dieu ou les anges existent, que l'homme existe à travers la variation de ses figures, ou qu'il existe une continuité de l'histoire : ce n'est pas que ces propositions soient fausses, mais elles sont *insignifiantes*, dès là que chaque affirmation reste interne à un langage.

III. Le non-dit de la science : langage et histoire

Faute de pouvoir être la réalité, l'objet des sciences dites « humaines » est finalement le langage, et non l'homme ; ce sont les lois selon lesquelles se structurent, se transforment ou se répètent les langages sociaux, historiques ou psychologiques – et non plus la personne ou le groupe. La conscience, individuelle ou collective, y apparaît comme une représentation, le plus souvent trompeuse et trompée, des déterminismes qui l'organisent. S'il en est ainsi, on ne saurait faire crédit à cet effet de surface qu'est, chez l'homme, la conscience d'être l'auteur ou le sujet des structurations dont il est seulement le symptôme. Une expansion de la science sur tous les terrains du langage est donc associée à un retrait de « l'homme » et de son assurance (collective autant qu'individuelle, car les lois de l'organisation économique ou culturelle sont aussi déterminantes que celles des structurations psychologiques). Une *perte du nom propre*, un effacement des prestiges accordés à la conscience, et même un effritement de la confiance inspirée jadis par les irruptions

---

19. Voir Langdon Gilkey, *Naming the Whirlwind : the Renewal of God Language*, New York, 1969.

volontaires ou par les manifestations révolutionnaires accompagnent, comme leur ombre, l'apparition d'une solidarité sans propriétaire dans les champs anonymes de la recherche scientifique. Le langage ainsi disséminé en espaces hétéronomes, pourtant rassemblé par des lois qui ne connaissent d'unités qu'en fonction d'ensembles, serait le lieu d'une modestie quasi mystique. Tels les mots, les significations tiendraient à des implications réciproques qu'aucun terme ne peut poser ; elles remueraient l'humain comme ses mouvements habitent l'océan.

Pourtant, on n'efface pas si vite la référence à un vouloir, la requête d'un désir ou l'exigence d'un sens. Elles resurgissent hors des champs scientifiques, même si c'est sous la forme d'évocations et de légendes. Cela reste une question. Et lorsque la théologie s'élabore hors des rationalités critiques ou se contente d'en répéter et d'en vulgariser les produits au service de convictions inchangées, elle passe aussi du côté de ces légendes, mais, avec d'autres types d'expressions imaginaires sans doute plus importantes et mieux diffusées, elle tient quand même présente cette question ; elle l'atteste. Elle garde un sens comme on garde une porte. Peut-être ne sait-elle plus l'énoncer dans les termes des analyses contemporaines. Alors elle se combine avec elles, mais à la manière d'un folklore accolé à des rationalités. Mais peut-être cette situation même (qui n'est pas exactement celle des phénomènes religieux) indiquera-t-elle comment la foi chrétienne peut s'articuler sur les questions qui s'ouvrent à la jointure de la science et de l'histoire.

Les « conditions de possibilité » historiques des sciences

Quel que soit l'espace mental (spirituel aussi) qu'elles créent ou qu'elles élucident, les sciences humaines ne peuvent être dissociées d'une référence à des mouvements et à des situations qui les ont rendues possibles. Elles en portent la marque dans les postulats de leurs discours et dans les conditionnements de leurs pratiques. Elles ne sont pas innocentes. Elles n'ont pas à justifier ce rapport à l'histoire, mais seulement à l'expliciter. Certes, elles n'en deviennent pas pour autant des philosophies tacites. Par exemple, contraire-

ment à ce qui a pu s'écrire dans le temps des premiers enthou-
siasmes, les procédures « structuralistes » de la recherche ne
sont pas plus que les autres une philosophie. Mais elles renvoient à une société où se combinent la rationalisation et la
production du langage. Ce sont toujours des mouvances
sociales qui permettent des redistributions épistémologiques
et, de ce fait, l'isolement de nouveaux champs scientifiques,
l'instauration de séries, de mensurations et de pratiques encore
inouïes.

Cette relation des sciences avec des présupposés historiques – ou avec des « conditions de possibilité » – est l'un
des objets que se fixe l'épistémologie contemporaine. Dans
les discours bien établis, une analyse exhume aujourd'hui le
geste de différenciation grâce auquel ils se sont définis en se
distinguant mutuellement. Elle va plus outre, renvoyée
qu'elle est aux conditionnements socioculturels impliqués
par des organisations ou des désorganisations. Elle indique
ainsi un *non-dit*, fond sur lequel des recherches et des
conceptions scientifiques se détachent en se donnant leur statut propre. Les savoirs semblent donc relatifs à ce qu'ils ne
disent pas : à des mutations globales, à des coalescences
mentales imprévues, à des rencontres aussi, à des coupures
ou à des irruptions [20]. Sans doute faut-il reconnaître là, d'une
part, le rapport de la *raison* à un *vouloir* – un vouloir sans
nom propre, et investi dans les remuements anonymes d'une
société –, et d'autre part la relation paradoxale que l'*universel* d'une rigueur scientifique entretient avec la *particularité*
de conjonctures historiques – mais des conjonctures qu'on ne
peut ramener à la description qu'en fait une analyse socioculturelle. Au fondement des sciences humaines, il y a une articulation avec ce qu'elles taisent. *Cela*, qu'elles supposent,
comment faut-il le désigner ? Est-ce un « vouloir », ou une
« nécessité » ou le « désir », travail d'Éros, nouveau Sisyphe,
dans toutes les formes du savoir ? Ou bien encore, pour le
nommer, fera-t-on appel à des « choix » caractéristiques de

---

20. Michel Foucault, *L'Archéologie du savoir*, Paris, Gallimard, 1969,
pour l'histoire, et François Jacob, *La Logique du vivant. Une histoire de l'hé-
rédité*, Paris, Gallimard, 1970, pour la biologie, ont donné à cette question
quelques instruments théoriques d'analyse. Voir Michel de Certeau, *L'Écriture de l'histoire*, chap. 1 : « Faire de l'histoire ».

civilisations ou de périodes, à des options collectives ? C'est
une autre question.

Le « refoulé » de la science occidentale

Cette interrogation se présente d'abord visiblement avec
les mouvements qui mettent en cause les stabilités sosioscul-
turelles apparemment les mieux assurées, et qui dressent
« l'étrangeté » de présences oubliées ou de droits négligés en
face d'organisations dominantes. Révolution culturelle ?
Peut-être. Il faut à tout le moins évoquer quatre aspects d'une
révision déchirante qui atteint aujourd'hui quelques-unes des
combinaisons essentielles aux sociétés occidentales depuis
plus d'un siècle. Une histoire plus ou moins longue a en effet
donné à des types de relation (qui sont aussi des rapports de
forces) le statut d'évidences. Elle a mis *le Blanc* dans un rapport de *domination* avec les autres races ; elle a assuré à
l'adulte une place *d'autorité* par rapport à l'enfant ; elle a établi *l'homme* dans le *public* et la femme dans le privé ; elle a
enfin marié si étroitement *l'ordre* à *la raison* que la folie a été
excommuniée par le renfermement ou traitée comme une
délinquance. Ainsi, une lente structuration de l'univers français a renforcé ou produit des « évidences » : la suprématie
tie des Blancs ; la magistrature des pères (qui rejetait sur
ses bords les jeunes et les ancêtres) ; la priorité du masculin
dans les dénominations, les tâches et les responsabilités
publiques ; l'instrumentalité de la culture ou de l'enseignement au service d'une politique (tour à tour « patriotique »,
républicaine et nationale), et la légitimité des marginalisa-
tions culturelles opérées au nom de « raisons » qu'organise
encore la « raison d'État ». On en vient à penser qu'à des
titres divers, la *différence* de race ou de nation (le Noir, le
sauvage, le primitif, l'étranger), d'âge (l'enfant), de sexe (la
femme) ou de discours (le fou) est devenue l'*autre* « refoulé » par le système qui se constituait en l'éliminant. Cet *autre*
peut être flatté aussi bien que redouté. C'est tour à tour un
rêve ou un cauchemar, une image paradisiaque ou diabo-
lique. Mais, semble-t-il, il est d'autant mieux introduit dans
le langage comme un objet qu'il est plus exclu de la cité
comme sujet.

Le retour du refoulé, une désarticulation ?

Partout il y a aujourd'hui comme un retour de ce refoulé, avec les mouvements de Noirs, de jeunes, de femmes, ou avec la révision du statut donné à la folie. Il suscite d'obscurs réflexes de défense. On veut exorciser l'inquiétude par de nouvelles chasses aux sorcières. C'est que ce *retour de l'autre* atteint la société occidentale à l'articulation de ses institutions sur leurs présupposés historiques. Des combinaisons tacites se désarticulent. Des éliminations et les certitudes qui en étaient l'envers sont contestées en même temps. Voici que se déplacent les frontières qui circonscrivaient des valeurs et des assurances. La conscience de soi collective s'inquiète, au moment où le changement rompt ses équilibres internes. C'est l'identité socioculturelle qui n'est plus sûre. Il n'est pas surprenant que ce déplacement donne lieu à des manifestations tout à la fois marginales et globales ; qu'il n'ait pas de représentations adéquates (celles qui existent se réfèrent précisément à ce qui est bougé) ; qu'il prenne des formes « culturelles » et flottantes plutôt que scientifiques ou politiques ; qu'il se traduise enfin, dans le champ des idéologies, par des mouvances et des mixtures indéterminées. Les conflits théoriques et, chez nous, les luttes politiques elles-mêmes indiquent seulement (à la surface de répartitions qui se troublent) ce qui se passe à la jointure d'une société avec ses postulats. Le même phénomène se constate aux États-Unis, quoique avec plus de violence. Il ne peut être insignifiant.

Les sciences se retirent donc et prospèrent sur les terrains des productions rationalisables. Mais elles laissent vacante la zone des cadres de référence devenus incertains, où prolifèrent les inquiétudes, les contestations et les magies. Ces lieux désertés par les évidences d'hier manquent de repères précis (même le « scientifique » en est dépourvu et il est aujourd'hui amené à s'engager politiquement, pour répondre à des interrogations dont les réponses ne sont plus investies dans sa recherche). Les convictions communes, les doctrines philosophiques, ainsi que les théories politiques, ne sont plus des instruments proportionnés à la nature du changement qui s'opère. Les cadres de référence explicites *fondent*, à la manière dont coulent, dans le célèbre tableau de Salvador Dali, les mécanismes de la montre qui s'amollit.

Les sciences de « l'autre »

Sans prendre la question de si loin, on peut la reconnaître dans l'essor même des sciences qui sont d'abord nées sur les frontières du savoir et qui, attachées au dévoilement des altérités ethniques, passées ou inconscientes, jouent un rôle croissant dans les révisions de la raison occidentale : l'ethnologie, l'histoire (y compris et surtout celle des sciences, des idées ou des mentalités), la psychanalyse. Certes, elles passent le temps à jouer avec le feu. Tour à tour, elles *montrent* une irréductible étrangeté et elles la *cachent* en de nouvelles formalisations. Elles n'en forment pas moins la plaque tournante sur laquelle vire un mode d'intelligibilité. Ainsi, à côté de nos raisons « claquemurées » (comme le disait Lévi-Strauss), l'ethnologie découvre des régions humaines jusqu'ici inconnues ou méconnues, déjà changées d'ailleurs par les dominateurs qui les ouvraient au savoir occidental. Elle tend à relativiser, comme limitées à des lieux et cantonnées dans certaines périodes, nos conceptions de la connaissance. Des civilisations oubliées se font jour dans les discours de la science universitaire. Jusque dans la langue des ethnologues, *l'autre* conteste encore l'ordonnance de notre culture. Non pas d'abord parce qu'une curiosité aventurière a conduit chez lui les conquérants du savoir qui relayaient les conquérants de terres. Ces sociétés « autres » résistent à nos codes dans la mesure où elles se sont donné, *par des actes politiques*, le moyen de *s'affirmer culturellement*[21]. Par contrecoup, ces travaux ramènent l'attention, chez nous, sur les étrangers de l'intérieur. Ainsi de nombreuses recherches essaient de rendre sa place à la « culture populaire » : au XIXᵉ siècle, elle avait été réprimée par la censure de la littérature de colportage et muée en « folklore », en l'objet d'une science qui

---

21. Voir Robert Jaulin, *La Paix blanche*, Paris, Seuil, 1970. Dans une remarquable étude, Yves Benot a montré, chez Diderot, les préalables « philosophiques » de ce revirement dans l'ethnographique : *Diderot de l'athéisme à l'anticolonialisme*, Paris, Maspero, 1970.

sous-entendait l'assurance ou la volonté de n'avoir plus à craindre l'intervention des milieux populaires dans les conflits sociaux[22].

Dans une tout autre perspective, on s'aperçoit que notre historiographie est par trop fondée sur les documents écrits ; par là, elle se limite *a priori* aux productions de ceux qui en sont à la fois les auteurs et les objets – une catégorie aisée de gens qui comptent et qui savent. Il faut être déjà riche, au moins culturellement, pour laisser des traces écrites, depuis celles du mariage enregistré ou du testament, jusqu'à celles d'une correspondance ou d'œuvres littéraires. Or notre histoire part de ces pièces-là et ne juge du reste que d'après elles. Malgré tous les correctifs possibles, elle entérine l'optique de ceux qui écrivent, pour en faire le postulat de ses procédures. Une méthodologie renforce donc le privilège sur lequel elle s'arc-boute. Elle demeure liée au milieu socioculturel de ses origines modernes. Il faut inventer des procédures nouvelles qui permettent à des expériences sans écriture de trouver place, avec leur optique propre, dans une histoire d'un autre type[23].

La pratique historique, non-dit et a priori *de l'analyse scientifique*

Les questions posées à propos des sciences humaines circonscrivent toutes un problème : la facticité de la raison. Il y a un rapport essentiel entre l'*universalité* revendiquée par toute science véritable et la *particularité* de sa localisation socio-historique. Il s'impose à la réflexion épistémologique contemporaine, quoique sous des formalités diverses. Pour Éric Weil, les « catégories » de la pensée sont liées à des « at-

22. Voir Michel de Certeau, *La Culture au pluriel*, nouv. éd., Paris, Seuil, « Points », 1993, chap. 3 : « La beauté du mort » (en collaboration avec Dominique Julia et Jacques Revel).

23. Ainsi les recherches historiques sur les Noirs du XVIIIe siècle, par exemple à l'UCLA (Los Angeles, Afro-American Study Center) ou au Brésil (Salvador, Département d'histoire de l'université), manifestent l'insuffisance des méthodes classiques et renvoient à l'existence énigmatique de ceux qui ont été « éliminés » de l'historiographie américaine par une conception scientifique. Aucune science humaine n'est innocente.

titudes » historiques[24]. Michel Foucault analyse comment des discours scientifiques se différencient et se combinent entre eux de manière à former des constellations liées à des périodes et disparaissant avec elles. Des systèmes épistémologiques se succèdent ainsi, qui s'excluent réciproquement pour se constituer, sans qu'aucun d'eux ait le statut privilégié de pouvoir dire la vérité des autres. Ils renvoient à des événements que l'historiographie peut décrire mais qu'elle n'explique pas, que chaque rationalité manifeste mais sans pouvoir prendre pour objet ce qui est la condition de son développement[25].

Sous cette forme ou sous d'autres, chaque science est ramenée à une sorte de « degré zéro » historique ; elle est reconduite au silence de son origine par des faits qui, de soi étrangers aux démarches rationnelles, sont partout impliqués par elles. Mais sur un mode plus courant, la *pratique* des chercheurs est déjà le « non-dit » de la description ou du discours scientifique : une participation à la *vie* socioculturelle enveloppe et permet la poursuite collective d'expériences « scientifiques »[26]. De toute manière, dans ses postulats ou dans son fonctionnement, la science est indissociable de son *autre* qui n'est pas à proprement parler l'irrationnel mais la facticité d'appartenances et la contingence de la pratique.

Pour rendre compte de cette « facticité », l'anthropologue Ernesto De Martino se référait à des « choix » socio-historiques. Chaque civilisation serait caractérisée par une sorte de décision anonyme – orientation commune et défi collectif. À un moindre degré, il en irait sans doute de même pour chaque organisation socioculturelle. Par exemple, à partir du XVIIe siècle, la civilisation européenne occidentale aurait « choisi » de se définir par le risque de se fonder elle-même au lieu d'être organisée par l'architecture cosmique d'une intégration religieuse, et ce « choix » moderne serait dispersé à travers une série de phénomènes historiques – depuis le dis-

24. Voir Éric Weil, *Logique de la philosophie*, Paris, Vrin, 1950, « Philosophie et violence », p. 54 et s., notamment les réflexions sur le « rapport entre les catégories et les attitudes » (p. 79-80), c'est-à-dire sur le rapport entre discours et histoire.

25. Michel Foucault, *Les Mots et les Choses*, Paris, Gallimard, 1966 ; etc.

26. Georges Thill, *La Fête scientifique*. Paris, coéd. Aubier, etc., coll. « Bibliothèque de sciences religieuses », 1973.

cours cartésien ou les naissances scientifiques de l'âge classique jusqu'à la Révolution française et l'analyse marxiste elle-même, valable seulement pour les sociétés qui ont pris cette option. De toute façon, en raison de ce tournant *historique*, il est *désormais* impossible à l'Europe occidentale de *penser* les problèmes de notre temps dans les termes d'un savoir religieux. Aussi, pour De Martino, la dialectique marxiste et son interprétation de la religion correspondraient à ce que sont *devenues* simultanément la pensée et la société depuis trois siècles, mais elles ne seraient pas applicables à des civilisations antérieures ou contemporaines qui poseraient collectivement le problème du sens en termes religieux et s'organiseraient donc autrement que les nôtres [27]. L'appel à la notion de « choix » est sans doute discutable. Mais il indique la nature de la question. Chaque innovation culturelle ou scientifique implique ce rapport – énigmatique mais inéliminable – entre une *situation* (ou un « choix » de civilisation) et une *raison* (qui la « vérifie »). Chaque science se réfère à un mouvement historique. Elle en explicite les possibilités, sur un mode discursif qui lui est propre. Elle implique un « autre » qu'elle-même : l'histoire qui l'a permise et reste l'*a priori* de toute rationalité. Tout langage cohérent fonctionne grâce à des préalables qu'il suppose sans les fonder.

IV. La rupture instauratrice, une problématique de la foi

De toute façon, il existe une relation nécessaire entre le statut du « vrai » dans la science (« le vrai n'est pas une proposition, mais une *pré-sup-position normative* ») et le carac-

---

27. Cesare Cases, « Entretien avec Ernesto De Martino », in *Esprit*, mars 1966, p. 372-376. « Il y a, disait De Martino, un type de civilisation, autonome et se suffisant à elle-même, qui est fondée sur la religion comme élément de réintégration culturelle de l'individu dans la société. Ce type de civilisation existe encore dans les sociétés primitives. La civilisation occidentale, elle, a opté pour un autre mode de réintégration culturelle : la maîtrise rationnelle de la nature. » Entre eux, « il ne s'agit pas d'enfant et d'adulte, mais, pour ainsi dire, de deux manières d'être adulte, l'une des deux étant la nôtre » (p. 373). Frederick Ferré, *Le langage religieux a-t-il un sens ? Logique moderne et foi*, Paris, Cerf, 1970, p. 172-189, se réfère aussi à la « décision » que masque ou suppose le langage.

tère impensable de ce qui ne lui est pas conforme (« la logique de l'identité et de la non-contradiction ne nous est d'aucun secours pour *comprendre* la possibilité d'un *choix* autre que celui dont procède la science [28] »). Ce rapport est double. D'une part, il combine le *pensable* à ce qu'il implique d'*autre* que lui-même ; d'autre part, il pose comme *impensable* – « différent » donc, et non pas seulement contraire – cette altérité *impossible à éliminer*. Une géographie des recherches philosophiques ou logiques contemporaines pourrait être établie d'après la manière dont elles font état de ce rapport entre le « pensable » et « l'impensé » qu'il suppose, ou entre « le même » et « l'autre ». Le problème concerne la psychanalyse, l'ethnologie, la sociologie, et, sur des modes divers, chacune des sciences.

Il concerne également le christianisme, une fois qu'on cesse de l'envisager comme une série d'énoncés et de représentations introduisant des *réalités* « profondes » dans le langage, ou comme la somme des conséquences à tirer de quelques « vérités » *reçues*. En tant que la foi des croyants se réfère à une *histoire* présente et passée que postule partout son *discours*, elle s'inscrit dans le contexte d'une interrogation générale. C'est de là que nous parlons en chrétiens. De cette place *particulière*, il nous faut élucider ce que le christianisme peut dire *de lui-même* dans l'élément d'une culture nouvelle. C'est le propos des notes qui suivent. Elles visent à souligner comment *fonctionne* l'expérience chrétienne. Il faudrait plutôt dire : comment s'articule son *opération* propre. Ces quelques aspects structurels sont susceptibles de préciser comment, dans une situation épistémologique *donnée*, le christianisme est *pensable*. Mais peut-être, après tout, relèvent-elles d'un autre genre littéraire – la « confession » – dans la mesure où, faute d'être *reconnue* par d'autres chrétiens, cette présentation serait tout juste le tracé d'une recherche non seulement particulière, mais individuelle.

---

28. Georges Canguilhem, « De la science et de la contre-science », in *Hommage à Jean Hyppolite*, Paris, PUF, 1971, p. 176 ; c'est moi qui souligne. Aussi, ajoute l'auteur, « le faux, le fou sont à discrétion, mais sans discernement. Du prestige, de la valeur des différences, des différences de valeur, de tout ce qui fait fi de la morne identité de l'être à soi-même, il est impossible de parler comme d'un ordre. Et dès lors il est impossible de parler de la Raison comme d'une essence » (p. 176-177).

La « *permission* », ou l'*événement*

De quelque manière qu'on le prenne, le christianisme implique une *relation à l'événement* qui l'a instauré – Jésus-Christ. Il présente une série de figures sociales intellectuelles et historiques toutes placées sous le double signe d'une *fidélité* et d'une *différence* par rapport à cet événement fondateur. Ce premier aspect met en cause la *permission*. Singulièrement appauvrie par des réductions moralisatrices, la permission peut retrouver aujourd'hui son poids épistémologique et historique. Elle renvoie initialement à des expériences simples. Ainsi, au sortir de *Play-Time*, le spectateur se met-il à remarquer l'humour des rues, comme s'il avait le regard de Tati. Le film a *rendu possible* une observation humoristique qui, sans lui, ne se serait pas produite. Il en va de même pour la lecture d'un poème, la rencontre de quelqu'un, le remuement d'un groupe. Si le registre de la perception ou de la compréhension s'en trouve modifié, c'est que l'événement a rendu possible et, en un sens très réel, a *permis* cet autre type de rapport au monde.

L'histoire des sciences rencontre ce problème avec certains « auteurs » ou avec des « coupures épistémologiques ». Ainsi Freud ou Marx. Freud a rendu possible un nouveau mode d'analyse, théorique et pratique, et ceci ne peut être dénié, alors même que la détermination exacte de sa pensée donne lieu à une multiplicité d'interprétations souvent hétérogènes, et qu'il est bien difficile (ou plutôt : impossible) de circonscrire sa « vérité » dans l'une d'entre elles ou de la tenir dans une connaissance objective de son œuvre. Doit-on, par exemple, voiler dans ses écrits, comme secondaire et périmée, la part qui concerne la culture ? On l'a fait. Faut-il, dans la genèse du moi telle qu'il l'explique, privilégier, comme plus centrale, une différenciation de l'énergie psychique ou une dialectique de la représentation et de l'identification ? Il y a divergences. C'est que Freud n'est pas réductible à un objet de savoir. L'*événement* Freud fuit toute définition « objective ». Il se dissémine et s'évanouit en une multiplicité de lectures. Il reste insaisissable comme objet, mais précisément parce qu'il a permis toutes ces interprétations. Par rapport à elles, il n'est pas seulement ce qui est connu par des spécialistes, mais ce qui rend possibles des connaissances. « Auteur », donc, car il autorise une série d'investigations qui pourtant ne sont pas identifiables aux siennes. Le « retour à Freud » est l'indice d'un déploiement qui crée des *différences* tout en précisant des *incompatibilités* par rapport à un commencement épistémologique.

La notion de « permission » (plus claire dans l'allemand *Lassen* que dans le français *permettre*) indique la relation qui rattache à un événement fondateur les formes successives et différentes du christianisme. Il ne s'agit plus ici de perceptions esthétiques ou de praxis scientifiques, mais d'une question qui concerne radicalement un rapport de l'existence à son « autre » nécessaire et irréductible. Toutes les élaborations chrétiennes répondant à cette question *présupposent* l'événement Jésus-Christ. Elles ont d'abord pour spécificité historique d'avoir été sur des modes différents, ou d'être aujourd'hui, *permises* par ce commencement, bien qu'aucune d'elles ne lui soit identique. Par exemple, quels que soient les types de transmission ou de lecture des « origines » (et Dieu sait s'ils sont divers et parfois lointains), ils *ne répètent jamais* l'Évangile, mais ils ne sont *pas possibles sans lui*. De cette inauguration passée, aucun savoir ne saurait donc fournir une représentation universelle. En tant qu'il est fondateur, un événement n'est pas susceptible d'une connaissance objective. Non pas que la vie, les discours, la mort et la résurrection de Jésus n'aient pas laissé de traces dans l'organisation des communautés ou des écritures anciennes. Mais le relevé de ces traces – et l'objet précieux qu'il dessine en pointillés comme le « fait historique » postulé par ces écritures – n'est pas la preuve ; c'est, dans l'historiographie présente (et sous la forme d'une conception actuelle et passagère de l'histoire), une trace de plus de la relation que des croyants ont posée dès le début lorsque ce qu'ils apprenaient *devenait* pour eux un événement en leur « ouvrant le cœur » à de nouvelles possibilités. Les premiers documents ne nous donnent par écrit que l'envers de l'essentiel. Ils parlent déjà tous d'un événement dont ils *effacent* la particularité en lui substituant des suites *différentes*, mais dont ils *manifestent* ainsi la nature par le fait même d'y renvoyer comme à ce qui les permet. Le caractère historique de l'événement n'a pas pour indice sa conservation hors du temps, grâce à un savoir maintenu intact, mais au contraire son introduction dans le temps des inventions diverses auxquelles il « fait place ».

Les créations successives de la foi, en des conjonctures nouvelles, n'en ont pas moins pour effet de préciser, au fur et à mesure de la distance prise à l'égard des origines, d'une part le *sens* de la « coupure » initiale, et d'autre part les *règles* d'une fidélité définie en termes de comptabilités ou d'incompatibilités. Cette explicitation objective *postule* la relation à l'événement différent (passé) qui rend possibles d'autres expressions. Elle en est l'indication, mais non la réalité. Car jamais ni d'aucune manière, la croyance chrétienne n'est identifiable à la somme totale, ou à un corollaire théorique, ou à une conclusion pratique du travail accompli pendant le temps qui la sépare des origines. Certes, elle laisse chaque fois la *trace objective* d'une « fidélité ». Mais cette fidélité même n'est pas d'un ordre objectif. Elle est liée à *l'absence de l'objet* ou du « particulier » qui l'instaure. Elle a d'ailleurs son premier énoncé (*après* la disparition de Jésus) avec l'écriture posant comme sa condition même la mort par laquelle le « fils de l'homme » *s'efface* pour rendre un témoignage fidèle au Père qui l'autorise et pour « donner lieu » à la communauté fidèle qu'il rend possible.

La « vérification », ou l'ouverture d'un espace

La « vérité » du commencement ne se dévoile que par l'espace de possibilités qu'elle ouvre. Elle est à la fois ce que *montrent* des différences par rapport à l'événement initial et ce qu'elles *cachent* par de nouvelles élaborations (même si elles sont des réinterprétations). À cet égard, elle n'apparaît qu'*aliénée* dans ce qu'elle *permet*, mais parce qu'en elle-même elle reste *autre*, irréductible à un savoir. Elle est la condition et non l'objet des opérations qui en découlent. À ce titre, *elle se perd dans ce qu'elle autorise*. Elle meurt indéfiniment à sa propre particularité historique, mais dans les inventions mêmes qu'elle suscite. Rapport de la *kénose* à la *gloire*, disent les Écritures : de la disparition à la manifestation. Disons aussi : de la condition à la vérification. Les deux termes ne sont pas seulement liés par un ordre de succession, car il y a, de l'une sur l'autre, articulation nécessaire : « Il fallait qu'il mourût. » Le tombeau vide est la possibilité de la vérification qui se déploie dans l'ère de la parole et de l'Esprit. Aussi l'événement initial devient-il un *inter-dit*. Non pas qu'il soit intouchable et tabou. Mais le fondateur disparaît, impossible à saisir et à « retenir », à mesure qu'il prend corps et sens dans une *pluralité* d'expériences et d'opérations « chrétiennes ». Il n'y a plus de perceptible qu'une multiplicité de pratiques et de discours qui ne conservent ni ne répètent le même. L'événement est donc *inter-dit*, en ce sens qu'il n'est dit et donné nulle part en particulier, sinon sous la forme de ces *inter*-relations constituées par le réseau ouvert des expressions qui ne seraient *pas sans* lui.

Avec cette dernière expression – « pas sans » lui –, on a la formulation la plus pudique, la plus rigoureuse aussi, du rapport entre la pluralité des langages chrétiens et « l'inter-dit » qu'ils désignent. Elle est, si l'on veut, la face négative d'une vérité qui s'énonce objectivement sur le mode de l'absence. À la constatation : « Tu n'es plus *là*, ou pas encore *là* », correspond l'énoncé propre de la foi : « Pas sans toi » – ou, selon une formule de la liturgie : « Que je ne sois jamais séparé de toi. » Le « pas sans » – *nicht ohne* – a été suggéré par Heidegger à propos du rapport de l'être à un sujet neutre et donateur (*es*) qui le pose, dans l'expression : « Il y a (*es gibt*, littéralement : "ça donne") être[29]. » Quoi qu'il en soit de ses références heideggériennes, la catégorie du *pas sans* joue de mille manières dans le fonctionnement de l'expérience chrétienne. Ainsi, dans l'organisation de la communauté, nul n'est chrétien sans les autres, et aucune communauté ne saurait se prétendre chrétienne sans y être autorisée par un rapport nécessaire à *l'autre* du passé et à *d'autres* groupes (coexistants ou futurs). De même, dans les évangiles, Jésus n'est pas sans le Père (qui parle en lui) ni sans les disciples (qui feront d'autres œuvres et plus grandes que les siennes). Ainsi se développe, à travers la pratique communautaire ou dans la théologie trinitaire, *la mort* de Jésus, « vérification » de sa relation au Père qui l'autorise et à l'Église qu'il permet. L'événement se déploie (il se vérifie) sur le mode de dispa-

29. Martin Heidegger, « Temps et être », in *L'Endurance de la pensée. Pour saluer Jean Beaufret*, Paris, Plon, 1968, p. 16-71.

raître dans les différences qu'il rend possibles. Le rapport à « l'origine » est un procès d'absence.

Sous toutes ses figures, cette relation du « commencement » à sa « vérification » n'a de forme que plurielle. Elle est de type scripturaire plutôt que visionnaire, si l'on entend par là que la multiplicité l'emporte sur la singularité, ou l'union sur l'unité. En effet, il y a disparition d'une « idole » qui fixerait la vue ; évanouissement de tout objet spéculaire et « primitif » susceptible d'être circonscrit par un savoir ; perte d'un « essentiel » donné immédiatement dans l'Image ou dans la Voix. Au contraire, *une kénose de la présence donne lieu à une écriture plurielle et communautaire*. Déjà une série de lieux, d'œuvres ou de formations historiques, qu'il a rendu possibles, en est la trace. La vérification n'a pas pour marque une signature singulière, aujourd'hui pas plus qu'hier. Elle est faite par *des espaces ouverts à l'élocution et à la praxis*. On pourrait parler d'une syntaxe de ces espaces, car ils sont entre eux articulés. L'articulation n'est certes pas identifiable à un élément commun, culturel, idéologique ou pratique, dans lequel ils s'ouvriraient, ou qui les remplirait. Pas davantage à un développement homogène et linéaire. Elle tient à la relation – qui les organise tous – entre *une singularité qui s'efface* en les permettant et *leur multiplicité qui manifeste* son sens tout en se différenciant. Que le christianisme soit encore susceptible d'ouvrir un nouvel espace, qu'il rende possible une mutation dans la pratique du discours et dans le rapport du locuteur au langage, qu'en somme il « permette » des croyants, voilà en dernier ressort la véritable « vérification », quels qu'en soient le mode et le lieu.

L'autorité au pluriel, ou la pratique communautaire

Chaque figure de l'autorité, dans la société chrétienne, est marquée par l'absence de [ce] qui la fonde. Qu'il s'agisse de l'Écriture, des traditions, du concile, du pape ou de tout autre, ce qui la *permet* lui *manque*. Chaque autorité *manifeste* ce qu'elle *n'est pas*. D'où l'impossibilité pour chacune d'être le tout, le « centre » ou l'unique. Une irréductible *pluralité* d'autorités peut seule indiquer le rapport qu'entretient chacune d'entre elles avec ce qu'elle postule comme « chrétienne ». En tant qu'autorité, ni le pape, ni l'Écriture, ni telle ou telle tradition ne suffit ; les autres lui manquent. Sa relation nécessaire à d'autres fait et dit la nature de sa relation à l'Autre qui l'autorise. Le pluriel est ici la manifestation du sens. Le langage chrétien n'a (et ne peut avoir) qu'*une structure communautaire :* seule, la connexion de témoins, de signes ou de rôles différents énonce une « vérité » qui ne peut être réduite à l'unicité par un membre, un discours ou une fonction. Parce que cette « vérité » n'appartient à personne, elle est dite par plusieurs. Parce qu'elle est la condition insaisissable de ce qu'elle rend possible, elle n'a pour traces qu'une multiplicité de signes : une *surface de lieux articulés* la désigne, plutôt qu'une « hiérarchie » pyramidale engendrée à partir de son sommet.

La première écriture, après la mort et la disparition de Jésus, présente déjà la particularité d'être, comme l'a dit Käsemann, une « connexion d'opposés » – *complexio oppositorum.* C'est un ensemble de textes qui ne disent pas la même chose. L'évangile de Marc n'est pas réductible à celui de Jean pas plus qu'aux épîtres de Jude ou de Paul. La *non-identité* caractérise le langage du Nouveau Testament. Aucune de ses différences internes ne peut être exclue au nom du privilège accordé à l'une d'entre elles. Paul ne serait pas *plus* « chrétien » *sans* Jude ou Pierre, son différent et à certains égards son opposé. Cette surface articulée mais non unifiée obéit donc à un autre type de cohérence que le discours philosophique. Elle ne ramène pas le multiple à l'un. Au contraire, le pluriel est maintenu – en quelque sorte « tenu » et préservé contre une réduction hénologique – par cette coordination d'« opposés ». C'est qu'il est la forme même de l'espace ; par là, il indique la relation « chrétienne » dont chaque texte « apostolique » offre un traitement distinct en parlant à sa manière de la foi en Jésus mort et ressuscité. Et si le corpus testamentaire est clos, c'est qu'il doit permettre, hors de lui, après lui, d'*autres* complexes : patristiques, liturgiques, théologiques, etc. qui vont se multiplier de plus en plus, et parfois s'opposer. La « clôture » du Nouveau Testament rend possibles des différences. Elle en maintient à son tour la nécessité. Le corpus scripturaire ne serait *pas* chrétien *sans* ce renvoi à d'autres. *La limite* a *une fonction permissive*. Elle joue, dans chaque espace synchronique et dans le déploiement diachronique, un rôle de différenciation qui restaure incessamment *le manque de l'autre*, sous la forme de la foi ou de la charité.

On ne peut donc pas accepter les réductions unitaristes. Au cours de l'histoire, elles se sont d'ailleurs déterminées l'une l'autre, lorsque, par exemple, le christianisme a été ramené au privilège d'une lettre scripturaire, ou identifié à la parole d'un personnage ecclésiastique, ou bloqué dans un corps institutionnel et doctrinal, ou noyé dans l'indifférencié totalitaire d'une « profondeur mystique ». Ce sont là variantes de la même structure d'identification. Incompatible avec elles, la *structure de limite* assure la pluralité. Elle articule socialement, théoriquement et pratiquement, toute confession de foi. C'est finalement *la loi* – celle d'une mort, celle d'une solidarité, celle du sens. Cette loi définit la communauté par la différenciation de membres nécessaires les uns aux autres, mais jamais réductibles les uns aux autres. Elle établit chaque communauté, discours ou période, dans un rapport de nécessité avec d'autres[30]. Bien plus, un ferme découpage des groupements ou des discours proprement « chrétiens » est le moyen pour eux nécessaire d'avouer ce qui leur manque et, par là même, de confesser la foi. Certes, on comprend que des communautés (ou des théories) soient portées à fuir dans l'indifférencié du « dialogue » ou du syncrétisme : la manifestation de leur différence les vouerait à leurs limites. Or

---

30. Du fait que, pendant des siècles, la théologie s'est organisée en une recherche de l'unité à travers les variations ou les oppositions de l'histoire, et qu'elle a souvent pris la forme d'un discours universel qui se voulait fidèle à l'unique « tradition », on ne saurait prétendre que le langage chrétien ait cessé d'être une articulation de différences et qu'il ait supprimé la nécessité de la limite. D'une part, la théologie restait *une fonction particulière* parmi d'autres (maintenues comme telles) dans une structure pluraliste. De plus, alors même que ce discours ancien de la théologie s'insinuait dans le cadre du texte scripturaire, ou qu'il se donnait pour tâche d'être seulement un commentaire des Écritures, il n'en maintenait pas moins sa *distinction* par rapport aux Écritures initiales et l'impossibilité d'identifier la fidélité spirituelle à une fidélité littérale : le respect du même sens se traduisait par *une autre* lettre (ou œuvre) que la première. Et quand la « nouveauté » était, jusqu'au XVIIᵉ siècle, assimilée à l'hérésie, quand une réforme se plaçait sous le signe d'un retour aux Écritures, les chrétiens qui voulaient ainsi « restaurer » l'esprit n'en créaient pas moins de *nouvelles* formes d'expression ; fût-ce sur le mode d'un « retour aux sources », ils se *distanciaient* de leurs prédécesseurs immédiats et ils produisaient *un autre langage*.

tout groupe se veut tout parce qu'il refuse, avec sa limite, une articulation avec d'autres et un arrêt de mort. Qu'il se défende aujourd'hui avec les vérités insignifiantes de Monsieur-tout-le-monde, qu'il s'identifie à des lieux communs, au lieu de s'assurer, comme ce pouvait être le cas hier, à coups de totalitarismes sociaux et d'exclusives doctrinales, le réflexe est le même : loi du groupe qui s'identifie au tout, et non plus loi « chrétienne ».

Il s'agit, pour chaque chrétien, pour chaque communauté et pour le christianisme entier, d'être *le signe de ce qui lui manque*, dès là où il est question de foi ou de Dieu. Ce « manque » n'est pas un manque à gagner, mais une limite par laquelle tout témoin confesse publiquement sa relation avec « l'auteur » de la foi, sa loi interne (qui lie une mort à la nécessité de faire place à d'autres), et la nature [de] son lien avec les espaces imprévisibles ou inconnus que Dieu ouvre ailleurs et autrement. La limite articule le langage chrétien – social, liturgique, théorique, etc. Elle pose le sens. Mais elle se réfère à l'acte qui a permis les évangiles et qu'ils racontent : la mort de Jésus. Mourir pour Jésus, c'est « faire place » au Père en même temps que « faire place » à la communauté polyglotte de la Pentecôte et au pluriel des Écritures. Par ce geste de *faire place* à la multiplicité des institutions ecclésiales et à l'invisibilité de l'Esprit – c'est-à-dire à la lettre et au sens de la communication –, est inauguré l'espace où, chaque fois, *permettre signifie mourir*. Dans l'itinéraire personnel, dans la transmission pédagogique, dans l'organisation sociale, la vérité spirituelle a désormais pour trace la relation effective entre l'effacement d'une singularité et ce qu'il rend possible : une manifestation disséminée dans la pluralité de la « vie commune » (Ruusbroec).

La praxis, ou le dépassement critique

Il n'y a donc rien de plus contraire à l'esprit chrétien que l'indétermination : celle des bons sentiments, qui consiste à « faire comme si » les différences ou les conflits n'existaient pas ; celle de la séduction, qui, pour plaire, prend la couleur de l'opinion publique ; celle d'un universalisme de légende qui invente des « chrétiens implicites », qui se donne la totalité sur le mode des « hommes de bonne volonté », ou qui dénie les différences pour ne pas avouer le manque indiqué par la particularité. En réalité, la limite resurgit partout, avec des situations historiques, des localisations sociales ou psychologiques, et donc aussi des rencontres et des conflits. Mais elle n'est pas réductible à un *fait* qu'il suffirait d'entériner. Elle naît d'un *acte* de différenciation qui pose à la fois un lieu et son au-delà, un « maintenant » et un « après », un « ici » et un « ailleurs ». Dans l'Évangile, c'est ainsi que se formule le rapport que la mort établit entre Jésus vivant et Jésus ressuscité : il dut être « ici » pour qu'il lui fût possible de n'être « pas ici », mais « ailleurs » ; il lui fallut être présent pour que sa disparition devînt le signe d'un avenir différent [31]. Dans l'expérience chrétienne, la limite a son maximum dans la mort ; elle joue également sur tout le registre des localisations et des déterminations. Mais elle est constituée par une *opération* qui assure le *passage* de la *particularité* reconnue à son *dépassement*, d'un « être là » à un « ailleurs » – d'une étape, si l'on veut, à une autre. Un lieu est nécessaire pour qu'il y ait départ, et le départ n'est possible que s'il a un lieu d'où il procède : les deux éléments – le *lieu* et le *départ* – sont relatifs l'un à l'autre, car c'est une distanciation qui permet de reconnaître à la localisation initiale sa clôture, et c'est pourtant ce champ fermé qui rend possible une investigation nouvelle.

C'est *un travail sur la limite* qui conduit d'un lieu à un autre : la *praxis* même. Cette opération *déplace*, alors que les discours et les institutions *circonscrivent* les places successivement occupées. Elle est attachée aux particularités de l'action, mais pour leur faire subir un écart, un dépassement critique. Mais la praxis est aussi *le silence* par rapport aux langages. Elle n'est pas de l'ordre de ces lieux institutionnels ou théologiques dont elle part ou qu'elle conditionne. Elle ne saurait y être introduite à titre de contenu ou d'objet. La praxis n'est pas la « chose » dont un énoncé pourrait être « l'expression ». Il y a une illusion à penser que le rapport nécessaire du discours à la pratique doit se traduire par un

---

31. Voir par exemple Mt 28, 1-8, et l'analyse de Louis Marin, « Les femmes au tombeau. Essai d'analyse structurale d'un texte évangélique », in *Langages*, n° 22, juin 1971, p. 39-50.

langage qui soit la description ou l'analyse *de* l'expérience. Tout récit ou toute analyse de la praxis reste un discours qui n'est pas plus « fidèle » à l'action par le fait qu'il en parle. Ce qui s'introduit davantage dans le *dire* est d'ailleurs souvent ce qui s'exile du *faire*. De toute façon, la relation du *dire* au *faire* n'est pas un rapport de contenant à contenu, ou de formalisation à expérience. C'est *une articulation de termes différents*. Le déplacement du *faire* se conjugue à la circonscription de places par le *dire*, tout comme le départ se combine au lieu, sans qu'il soit possible de réduire l'un à l'autre.

Sans doute, pour des raisons socioculturelles suggérées en commençant, le christianisme verse aujourd'hui du côté du langage, du savoir, des énoncés ou, comme on dit, des « croyances » à maintenir ou à réformer – comme si, un « essentiel » étant sûr quelque part, il suffisait de lui trouver des expressions plus adaptées, et surtout comme si une *philosophie* « évangélique[32] » pouvait continuer à privilégier la nécessité de « faire passer » des vérités dans un langage nouveau ou à tenir pour « vérités » des valeurs exhumées de dessous le langage actuel. Dans cette perspective, tout s'organise autour du rapport entre exprimé (un « réel ») et expression (un « langage »). Alors la praxis est vouée à n'être plus qu'un *objet* du discours ; elle y est aliénée. D'être vouée au dire, elle est niée en elle-même. Ou bien on passe à la position inverse : n'étant pas proportionnée à des lieux institutionnels ou doctrinaux, la praxis s'évanouit dans l'indéterminé d'un pragmatisme ou d'un militantisme. Alors, faute de pouvoir agir *par rapport* à quelque chose de particulier (théoriquement énonçable et sociologiquement repérable), on ne sait plus ce qu'on fait. L'apologie exclusive du *faire* pousse en avant une militance enrôlée par n'importe quoi, commandée à son insu par l'aveugle slogan du « engagez-vous, rengagez-vous ». L'action flotte, à la disposition de n'importe quel preneur lucide. Elle oublie ce qu'elle cherche, dans l'ivresse et la satisfaction de sa propre générosité. C'est une force qui

---

32. « Évangélique » au sens qui a été précisé plus haut (« annoncer » une « vérité ») et qui se réfère à une conception actuelle du langage dans des milieux chrétiens, non à l'Évangile même.

déplace, mais elle ignore quoi et pourquoi. Aussi laisse-t-elle
à d'autres le soin de l'utiliser et de la pourvoir d'objectifs.

Mais n'en demeure pas moins la fonction première
qu'exerce le *faire* dans le christianisme. Ce n'est ni une « ap-
plication » (une mise en pratique) d'une doctrine, ni sa justification, et encore moins l'objet ou la règle du langage. Au
fur et à mesure qu'elle se rend plus attentive à la sociologie,
l'histoire religieuse nous apprend d'ailleurs de mieux en
mieux que la pratique des chrétiens a toujours été et reste différente des lois et des enseignements. Faut-il en être scanda-
lisé ? Laissons ce scandale à certains clercs portés à identifier
la vérité à ce qui se dit, ou à croire que les idées énoncées
mènent l'histoire. En fait, la praxis opère toujours, par rapport à ce qui s'enseigne, de sourds ou de brusques déplacements qui rendront possibles d'autres lois ou d'autres
théologies. Elle est en elle-même un permanent écart, mais
par rapport à une institution. Les discours n'en sont pas pour
autant le simple « reflet », ou la représentation, de ce qui s'est
fait. Ils obéissent à des règles d'organisation que, par
exemple, on peut déceler dans la série des traités dogmatiques ou exégétiques. Mais sans la praxis, ils ne seraient pas
ce qu'ils sont. La place nouvelle dont ils ordonnent les implications résulte d'un écart critique par rapport à des places
antérieures.

Une telle connexion entre *fonctions* n'autorise donc pas à
mesurer la rigueur d'un discours à « l'engagement » de son
auteur, ou à juger la validité d'une pratique d'après le taux de
connaissances qu'elle représente. Ce qui compte, c'est *la
coordination entre des « lieux »* nécessaires *et des « écarts »
critiques* (on dira aussi : prophétiques) également nécessaires. Il y a là une nouvelle forme de la *complexio oppositorum* (il faudrait d'ailleurs parler d'une combinaison entre
« dissemblables » plutôt qu'entre « opposés »). Elle ne
concerne plus seulement le rapport entre *langages* différents
de la foi, mais la relation du *dire* et du *faire*[33], principe de la
connexion entre les diverses théologies ou institutions chrétiennes. Sur l'histoire du christianisme *objectif*, lisible,

---

33. Voir Michel de Certeau, « L'articulation du "dire" et du "faire" », in
Études théologiques et religieuses, t. 45, 1970, p. 25-44, à propos de la relation pédagogique et de l'enseignement théologique.

dicible, connaissable, elle articule le *silence* immense *de la pratique*, le travail qui n'a cessé de proportionner des ruptures (contemplatives, prophétiques, missionnaires, sociales, politiques, etc.) à des clôtures (institutionnelles, théologiques, etc.), c'est-à-dire l'opération multiforme des initiatives qui sont nées d'un écart par rapport à l'enseignement reçu et qui ont « donné lieu » à d'autres élaborations. Irréductible au langage, prenant sens grâce à lui et offrant de nouveaux espaces, cette praxis faite de dépassements et de départs est fondamentalement *conversion* des lieux. Elle est le *non-dit* auquel ne cesse de renvoyer toute organisation de sens, ecclésiastique ou sociale[34].

Que cette « conversion » s'opère aujourd'hui dans l'élément du religieux, dans la vie politique, dans le champ d'une profession ou d'une science, peu importe, si l'on admet qu'elle ne peut être cantonnée dans l'un de ces secteurs et qu'elle doit être relative aux lieux actuels de la culture. Dans la détermination des lieux importants et pertinents auxquels il convient de proportionner une révolution, jouent le risque et la lucidité du chrétien comme de n'importe qui d'autre. Il n'est pas plus que d'autres dispensé d'une analyse ou protégé contre l'erreur. Mais quelle que soit sa forme, la praxis chrétienne maintient également *l'effectivité d'une détermination et la nécessité d'un dépassement*. Par là seulement elle fait un mouvement conforme à celui qui articule toute la foi chrétienne : *la conversion de l'Ancien Testament en Nouveau Testament*[35]. La praxis de Jésus – qui a son achèvement dans le silence de sa mort – articule entre eux deux langages. Elle est, entre les deux moitiés de la Bible, le blanc d'une *action*. Laquelle ? Jésus n'a cessé de tenir la particularité de l'institution judaïque et de créer pourtant, grâce à un écart, l'instaura-

---

34. Il n'est pas question ici d'un « implicite » qui devrait ou pourrait être « explicité », mais d'une permanente fonction de la *praxis* par rapport au *langage*. S'il est vrai qu'à bien des égards, une théologie, une législation, une liturgie explicitent partiellement les implications d'une pratique, elles constituent par là même un lieu nouveau auquel se conjugue un autre écart de la praxis.

35. On peut relire dans cette perspective l'admirable chapitre de Henri de Lubac, *Exégèse médiévale. Les quatre sens de l'Écriture*, Paris, Aubier, t. 1/1, 1959, p. 305-363 sur « l'unité des deux Testaments », ou ses notations sur l'analogie de la foi, t. 2/1, 1961, p. 90-93.

tion d'un autre sens. Une distance (son acte) *par rapport* à la loi ancienne opérait le déplacement qui allait donner lieu à une loi nouvelle. Une pratique de la lettre ouvrait la lettre à un esprit dont une autre écriture serait le premier énoncé. Globalement, cette écriture néo-testamentaire n'avait pas pour signification d'être *la* vérité *à la place* de la précédente, ou de remplacer une religion par une autre, mais de connoter un type de conversion désormais inauguré par Jésus, et qui serait indéfiniment à « faire » par rapport à cette institution ou à d'autres. C'était en quelque sorte un mode d'emploi spirituel des Écritures. Ainsi l'ont entendu les premières générations chrétiennes, qui, par « les Écritures », signifiaient l'Ancien Testament.

Les premiers textes évangéliques ou apostoliques manifestent ce dépassement par l'organisation même du récit. Les affrontements ou les dialogues qui en constituent le cadre ne sont pas régis par une structure binaire. Ils n'opposent pas exactement une position « bonne » à une autre, « mauvaise » ou annulée. Si l'on se réfère à des catégories courantes, leur logique peut être caractérisée ainsi[36] : ce n'est pas celle du *l'un ou l'autre* – qui situe la « vérité » comme l'un des termes d'un choix –, ni celle du *l'un et l'autre* – qui prétend surmonter les différences. C'est celle du *ni l'un ni l'autre* – qui crée, proportionnée à une donnée et à son contraire juxtaposé, une troisième hypothèse mais *sans la déterminer*. Il y a renvoi au tiers absent. Cette relation à l'*à venir encore absent* est en quelque sorte le corollaire de la relation à l'événement initial, clos et *manquant* parce qu'il permet[37]. Le texte, à partir d'op-

36. À ce sujet, je dois beaucoup aux indications de Luce Irigaray sur l'interdit, « articulation même, *imprononçable*, du dire », sur cet *entre* « en jeu dans le fonctionnement du langage » et qui appelle une logique de la copule. Voir son article « Le sexe fait "comme" signe », in *Langages*, nº 17, mars 1970, p. 42-55.

37. Ce « modèle » rend sans doute intelligible le double processus caractéristique selon lequel se « développent » les langages chrétiens : d'une part, une *différenciation* entre eux ; d'autre part, un dévoilement des *incompatibilités* avec la foi. Chaque élaboration nouvelle est en effet portée à des exclusives qui voudraient ramener le christianisme à une identification (en le réduisant à une théorisation unitaire, ou à un seul « lieu » théologique, par exemple l'Écriture, ou l'expérience intérieure, etc.). Et chaque fois, en fonction de cette figure nouvelle de la foi, il faut maintenir la pluralité, réouvrir une « troisième hypothèse » et restaurer la relation à la « permission » initiale – par un travail qui explicite la nécessité des articulations mises en cause, et

positions, produit donc un déplacement qui n'est ni de l'ordre de l'exclusion, ni clos avec un universel englobant, mais qui désigne une conversion. Il s'organise en fonction d'un *faire* impossible à *dire* dans le texte et qui sera une pratique de ce texte même. Cette conversion, ici fonction d'une lecture, rendra possible la constitution d'autres textes. Ainsi se trouve posé, du texte à ce qu'il suppose, et du texte à ce qu'il ouvre, le rapport entre le dire et le faire – ou entre le lieu et son dépassement critique par des inventions nécessairement différentes.

Le langage symbolique, ou l'inter-dit

Les langages de la foi sont *symboliques*, si l'on prend ce terme à la lettre. Comme on sait, le « symbole » est d'abord la partie d'un objet auquel manque et s'ajuste une autre moitié. Ainsi en est-il des fonctions qui organisent le christianisme. Aucune d'elles ne dit ou ne circonscrit « la » vérité, mais elles renvoient les unes aux autres d'une manière qui ne ferme jamais le sens, n'autorise ni la répétition ni l'alternative, et ne clôt un lieu que dans l'acte d'en permettre un autre. Chacune de ces régions renvoie donc à d'autres – le secteur « religieux » n'étant aujourd'hui que l'une d'entre elles. Là même, dans l'élément religieux – et si l'on se fie à des compartimentations devenues incertaines –, la prière renvoie à l'action ; la liturgie, à l'éthique ; le dogme, à la morale ; les élaborations de chaque génération, aux précédentes ou aux futures, articulées entre elles par un silencieux travail sur la limite. Ce mouvement ne s'en réfère pas moins à l'In-tenable

_____

par une décision qui « ex-communie » les exclusives réductrices. Cela doit manifester que le christianisme est « ouvert » (c'est la différenciation jamais finie) et qu'il n'est pas compatible avec n'importe quoi.

Déjà Newman avait suggéré de substituer à l'idée d'une continuité ou d'un développement homogène la conception, plus logique, qui posait entre les diverses figures du christianisme un rapport de non-identité et de compatibilité. Il parlait alors des propositions patristiques qui « admettent » une interprétation catholique, alors qu'« au premier abord elles lui sont nettement contraires » (*Essai sur le développement du dogme*, 1, 2, Paris, Desclée De Brouwer, 1964, p. 87). Que les unes « admettent » les autres, c'est ce qui peut être analysé et doit être maintenu s'il y a une articulation des différences, même si cela n'indique pas encore le principe de cette articulation.

qui le rend possible et qui donne à chaque détermination historique ou fonctionnelle sa nécessité propre, relative à d'autres. Un événement est impliqué partout, mais « saisi » nulle part. Jésus est l'Autre. Il est le disparu vivant (« vérifié ») dans son Église. Il ne peut être l'objet possédé. Sa présence a permis ce qui le suit, mais son effacement est la condition d'une *objectivation* plurielle (l'Église) qui lui laisse la position de *sujet* dans la mesure même où il est l'auteur, à la fois le « manquant » et la « permission ».

Sans la *particularité* de son existence historique, rien de ce qu'il a rendu possible ne se passerait. Sans le *dépassement* de cette singularité à travers la multiplicité d'expressions nécessaires les unes aux autres mais jamais suffisantes, aucune marque objective ne pourrait avoir le sens que la foi lui donne. Cette dialectique de la particularité et de son dépassement définit l'expérience chrétienne, amenée tour à tour à expliciter son rapport à un *lieu* (une église, une doctrine, une société, un langage scientifique, etc.) et à le *critiquer* au titre des pratiques nouvelles de la foi. Et tout comme la question du réel est aujourd'hui ouverte en termes de relations entre démarches scientifiques, le *sens* est ici l'*inter-dit*, ce qui se dit du fait de ces articulations – la relation même, et donc le non-objectivable, l'irréductible à toute appropriation par le savoir[38]. Un travail sur les limites posées avec des lieux objectifs différents « fera » donc « la vérité » en même temps qu'un avenir. Bien loin de ramener l'actualité à sa condition passée, ce travail – dépassement critique, toujours « iconoclaste » dit Ebeling – restaure la relation à celui qui est aujourd'hui comme hier « l'auteur de la foi » (He 12, 2). Par là, il maintient ouverte la possibilité d'autres praxis et d'autres lieux à venir. Il est toujours commencement d'autre chose, innovation imprévisible dont rien ne décide encore et qui apparaîtra plus tard, « après coup », une fois constitués les discours et les institutions nouvelles qu'il rend possibles,

---

38. *Entre* ou *inter* indique une place qui n'a pas de lieu et qui se caractérise comme « à l'intérieur de deux » (Alfred Ernout et Antoine Meillet, *Dictionnaire étymologique de la langue latine*, Paris, 1939, p. 481), donc comme renvoi à un tiers non posé. Est-ce par là que le terme en vient à connoter une privation et une prohibition ?

comme une trace de plus dans la vérification visible de l'invisible.

Effet d'une expérience localisée, cette présentation indique quelques-unes des règles propres à une « opération » chrétienne. Elle ne prétend pas ramener le christianisme à quelques thèmes, ni fournir une solution à la critique dont les sciences humaines sont aujourd'hui ou l'origine ou l'objet. De toute façon, des pans entiers de l'un et des autres y manquent. Cette esquisse [39] vise seulement à formuler comment, dans une région qui m'est particulière, le christianisme est pensable et vivable. À ce titre, mon travail peut en permettre d'autres qui l'effacent et qui, de la sorte, en manifestent le sens « inter-dit ».

---

39. Il est évident qu'elle se situe dans l'élément de recherches contemporaines. Ici, comme toujours, un énoncé « chrétien » doit rendre à d'autres formes d'investigation ce qu'elles lui ont permis, même si l'usage de cette « permission » est malhabile ou s'il représente un *écart* par rapport à elles.

8

Lieux de transit

Une foire internationale des sciences religieuses se tenait cet été [1972] à Los Angeles. Plus de deux mille spécialistes, dont un dixième d'Européens. Un meeting organisé par seize puissantes sociétés savantes américaines et par trois autres dont le siège est « à l'étranger ». Comme cadre, avenue des Stars, le Century Plaza Hotel, que sa publicité proclame « *The world's most beautiful hotel* ». Les vastes espaces du sous-sol, distribué en salles capitonnées de tapisseries et de moquettes, meublées d'une architecture de lustres à la Sempé, étaient remplis par un flux incessant de voix disertes. Une multiplicité de conférences et de rencontres donnait l'état des recherches (anthropologie, ethnologie, exégèse, histoire, linguistique, psychologie, théologie, etc.) et les regroupait sous l'affiche : « La religion et l'humanisation de l'homme » *(Religion and the Humanizing of Man)*. Les congrès remplissent le rôle des carnavals et des foires d'antan. À cet égard, ils sont une fin en eux-mêmes. Ils répondent à une loi de toute société, savante ou non : chaque groupe célèbre, par le surcroît de la fête, avec les rites somptuaires de son rassemblement, le privilège et quasi le luxe d'exister. Mais en plus, à Los Angeles, se révélait aussi le fonctionnement réciproque du langage religieux et de la recherche scientifique.

Derrière le décor, le « Jesus People »

Pour comprendre les scènes qui se jouaient au Plaza Hotel, il fallait quitter le théâtre installé dans ses luxueuses cavernes. Loin de ce décor, dans les montagnes califor-

niennes, le *Jesus People* fournissait un repère. Là-bas, née
aussi à Hollywood, une communauté témoigne du « réveil
spirituel » qui hante les exposés scientifiques. Elle m'a appris
à entendre autrement, et mieux, je crois, les discours académiques que j'avais d'abord fuis pour la découvrir. C'est dans
les montagnes de Saint-Gabriel, au nord de Saugus, à 60 km
de Los Angeles[1]. On y est transporté par un car bringuebalant
et cliquetant qui, en Californie, surprend par son allure pré-
historique. Un « frère » conduit ce char. Un autre l'accompagne et lui lit la Bible, afin qu'aucun instant ne soit enlevé à
la découverte du Livre qui dit la vérité. Dans le car, des gens
modestes, Noirs et Blancs de tous âges, font le pèlerinage
hebdomadaire, et quelquefois quotidien, qui les mène au
« service » religieux. Une heure et demie de route à travers
les terres brûlées de l'intérieur. Enfin, voici la baraque de la
communauté. Évoquant l'image pastorale des campements
itinérants dans le Far West du XIXᵉ siècle, elle est entourée de
voitures fatiguées, toutes signées du même nom : « Tony and
Susan Alamo Christian Foundation. » Ici, il y a de l'eau, des
arbres, de la culture ; c'est une île verdoyante. Frères et
sœurs, jeunes la plupart, s'affairent au milieu de petits
enfants, terminent ensemble la vaisselle, installent les fidèles
venus de tous côtés, préparent le repas gratuit qui sera ensuite
servi à tous, ou forment autour du pupitre du prédicateur l'or-
chestre et le chœur qui vont rythmer les invocations et la
danse de la foule. Un ordre quasi monastique ordonne ces
préparatifs de la fête au désert, tout comme il organise la vie
quotidienne. Un réseau de lois silencieuses règle les fonctions et les travaux de la communauté où, depuis cinq ans,
plusieurs centaines de « convertis » se sont installés.

Le « service » combine les prédications, les acclamations à
Jésus *(Amen, Alleluia, Thanks Jesus)*, la lecture de la Bible,
les témoignages et les récits de conversions. Le tout est soutenu par d'admirables spirituals, dont beaucoup viennent des

---

1. La littérature sur ces *revivals* est déjà considérable. Parmi les ouvrages
récents, voir surtout R.M. Enroth *et al., The Jesus People : Old-time Religion
in the Age of Aquarius*. Grand Rapids (Mich.), W.B. Erdmans, 1972 ; E. Jorstad, *That New-time Religion. The Jesus Revival in America*, Minneapolis,
Augsburg, 1972 ; J.T. Kildhal, *The Psychology of Speaking in Tongues*, New
York, Harper & Row, 1972 ; K. et D. Ranaghan (eds), *As the Spirit Leads Us*,
New York, Paulist Press, 1971.

groupes américains du siècle précédent[2] et qu'on danse en battant des mains. Les yeux fermés, la tête balancée de droite et de gauche, les bras dressés quand la prière ou la grâce élève les mains vers le ciel, les chanteurs laissent leur corps parler un langage qui n'a plus cours dans la ville. Le corps est lui-même le désert où l'esprit revient, quittant le discours de la cité pour découvrir les vastes espaces d'une expérience étrangère à elle-même. Alamo, fondateur du mouvement, prêche le sermon que la tradition anglo-saxonne appelait *Hellfire and Damnation*, « feu de l'enfer et damnation ». Il insiste, une fois de plus, sur l'alternative inscrite dans la Bible : on est pour ou contre Jésus – le vrai, vivant et présent, et non pas le Jésus que les Églises exploitent en l'adaptant à leurs profits sociaux. Jésus divise le monde. À l'enfer, châtiment par le feu, s'oppose le paradis, « ivresse », « repas de l'agneau », réunion des « sauvés ». Le Jugement vient déjà, tel qu'il est annoncé (les colonnes de poussière s'accumulent sur les villes polluées) ; il condamne l'impudicité et le mensonge des cités. Fuyez la tentation, rompez avec le mal, accueillez la folie qui sauve, demandez la grâce qui vous rendra forts. La foule gémit, appelle, remercie.

Après deux heures, c'est la fin du service. Une vingtaine de participants ont été saisis par Jésus ; ils vont se prosterner devant le fondateur pour une bénédiction commune. Ils sont « sauvés ». On les conduit aussitôt dans une salle voisine, un débarras rempli de valises qui semblent abandonnées par les convertis précédents. Là, dans l'obscurité, accompagnés chacun par un frère ou une sœur de la communauté, ils répètent, ils martèlent « *Praise Jesus, thanks* », selon la méthode millénaire de la « prière de Jésus » orientale. Il faut confirmer la grâce reçue. Certains tomberont en transe. Tous recevront ensuite, dehors, le « baptême de l'Esprit » : une imposition des mains. Quelques-uns resteront sur place. Ils seront progressivement initiés par des anciens, en particulier à la lecture de la Bible que, le plus souvent, ils ignoraient. Ils apprendront aussi à se conduire selon trois critères hiérar-

---

2. Signe, parmi beaucoup d'autres, d'une continuité entre les *revivals* ou les utopies du xixᵉ siècle et les *Communes* du xxᵉ. Voir à ce sujet Rosabeth M. Kanter, *Commitment and Community : Communes and Utopias in Sociological Perspective*, Cambridge (Mass.), Harvard University Press, 1972.

chisés : d'abord et avant tout, faire ce que dit la Bible (reçue selon le canon juif, en ce qui concerne l'Ancien Testament) [3] ; faire ce que demandent les pasteurs ou les anciens, meilleurs connaisseurs des textes ; pour le reste, faire ce que l'Esprit suggère au cœur. De toute manière, la *vérité* est identique à un *lieu*, isolée du monde, mais donnée dans la littéralité d'une écriture, dans la transparence d'une institution, et dans l'immédiateté de l'expérience.

Telle a d'abord été l'histoire de Tony Alamo, né Bernie Lazar Hoffman, chanteur professionnel, puis riche administrateur de sociétés productrices de films et d'émissions télévisées à Hollywood, jusqu'au jour où, au cours d'un conseil d'administration, il entendit la Voix qui lui disait : « Je suis le Seigneur ton Dieu. Lève-toi sur tes pieds et dis aux gens qui sont dans cette pièce que Jésus-Christ revient sur terre, ou bien tu mourras sûrement. » Par la suite, après bien des tentatives décevantes dans les Églises, lui et sa femme Susan connurent qu'ils étaient « passés de la mort à la vie » et qu'ils étaient « sauvés ». À sa prédication, nullement exaltée, mais chaleureuse, d'autres ont fait une expérience analogue. Ils forment la communauté, misérable et affamée dans ses commencements, mais « bénie par Dieu », qui rassemble dans le travail, la prière et l'annonce de Jésus les pèlerins d'un nouveau *way of life :* les uns, anciens drogués *high* (aux drogues « dures ») [4] ou criminels ; les autres, itinérants, ou déjà promus à une belle carrière. Tous, si l'on en croit leurs témoignages personnels, ont été éprouvés par le poison d'une existence « insignifiante » et trouvent, avec ce *revival* spirituel, l'audace d'y répondre par la rupture radicale qui les conduit dans un autre lieu.

3. Un « fondamentalisme » biblique est essentiel à tous ces groupes comme au pentecôtisme. Voir en particulier Walter J. Hollenweger, *The Pentecostals. The Charismatic Movement in the Churches*, Minneapolis, Augsburg, une étude de base (traduite de l'allemand : 1re édition, Zurich, 1969).

4. E. Jorstad, *op. cit.*, p. 56-59, souligne un fait bien connu : il y a beaucoup plus de drogués guéris par la conversion que par les rééducations à l'hôpital. Voir aussi Lowell D. Streiker, *The Jesus Trip : Advent of the Jesus Freaks*, Nashville (Tenn.), Abingdon, 1971, p. 106 et s., sur les continuités entre les deux sortes de « voyages » *(trip)*, par la drogue ou par la conversion.

Du savoir au salut

Il était curieux, au Plaza Hotel, d'entendre évoquer dans les conférences générales[5], devant un parterre multicolore de trois mille auditeurs, le renouveau actuel des « croisades d'enfants » médiévales, la démocratisation de l'extase, le « *Revival of God* », le « rejet de l'idée même de cité » – c'est-à-dire de la police tout autant que de la metropolis –, le retour du dionysiaque et de la folie, le triomphe du Dieu primitif du bruit *(Noise)* sur son substitut, le Dieu de la parole *(Word)* et de la théologie. Ainsi parlait, dès le premier soir, Leslie A. Fiedler. À propos des Noirs, des Américains-Mexicains, des Juifs exterminés à Auschwitz, une même interrogation reviendra, secouant l'ordre établi, au nom d'un sens de l'existence. Elle fouettait les sciences que fascine un positivisme précisément remis en question par ce qui surgit de spirituel à partir de ces religions dont les restes sont débités universitairement en objets sociologiques ou psychologiques. Elle venait des marges de la société, de ces zones côtières auxquelles la conscience américaine reste sensible, comme à toute « nouvelle frontière ». Et, pensant au *Jesus People* de Saugus, je percevais un appel analogue, bien américain : celui qui conduit le *dire* vers le *faire*, et le *savoir* vers un *salut*. C'étaient des plaidoiries où affleurait même une nostalgie qui semblait confesser : ici, les discours le disent ; là-bas, des hommes le vivent ; ce que tu entends, fais-le : *do it*.

À la différence de bien des congrès, celui-ci frappait par l'importance, dans les séances générales, du genre sermonnaire, mais du sermon qui vise une conversion – celui-là même qui a sa forme traditionnelle dans le *Jesus People*. Il s'agissait de *salut* plus que de science. Non du salut des religions, mais de celui d'une société atteinte par la « crise d'identité ». Depuis longtemps, certes, l'ensemble du pays ne lie plus à une foi cette aspiration inscrite dans les origines

---

5. Certaines des conférences données à Los Angeles ont été publiées dans deux recueils : J.M. Robinson (ed.), *Religion and the Humanizing of Man*. Waterloo (Ont.). Council on the study of religion, 1972 ; D. Griffin (ed.), *Philosophy of Religion and Theology*, Chambersburg (Penn.), American Academy of Religion, 1972.

puritaines du peuple américain. De ce passé, il reste seulement ce que Robert N. Bellah appelle une « religion civile [6] »
en reprenant le titre même de Rousseau (*Du Contrat social*,
IV, 8). Les croyances de jadis ont été relayées par la certitude
nationale en une mission démocratique et « salvatrice »
propre aux États-Unis, le nouveau « peuple élu ». Aujour-
d'hui, cette bonne conscience collective est fortement ébranlée. Et tout autant la confiance dans le progrès économique et
technique. Aussi voit-on se produire chez beaucoup, surtout
chez ceux – jeunes ou défavorisés – qui n'ont pas accès au
confort social et mental d'une élite culturelle, un reflux vers
des formes religieuses de salut. Des questions traitées jusqu'ici comme « éthiques » ou « politiques » se présentent
maintenant sous des formes religieuses ; elles s'introduisent
même à ce titre dans certaines universités où le déclin de
l'éthique est compensé par un renforcement du secteur religieux [7]. Arrivant du fond du pays, ce reflux, ou ce renouveau,
vient frapper du dehors les institutions universitaires ou
ecclésiastiques « spécialisées ». Les enseignants constituent
la quasi-totalité de ces associations savantes ; plus dépen-
dants de la demande étudiante que ce n'est le cas en France,
ils sont particulièrement atteints. La pression exercée par la
quête d'une nouvelle utopie – formulable, peut-être, en
termes religieux – trouble la quiétude ou la « neutralité » des
études positives et dévoile aux professeurs de religion l'évanouissement, sinon la vacuité, de leur produit [8].

6. Robert N. Bellah, *Beyond Belief. Essays on Religion in a Post-
traditional World*, New York, 1970, p. 168-189. Ce problème est repris par
Sydney E. Ahlstrom, « The American National Faith : Humane, Yet All Too
Humane », in J.M. Robinson, *op. cit.*, p. 101-129 ; toujours par Ahlstrom,
Religious History of the American People, New Haven (Conn.), Yale University Press, 1972. Voir aussi Michel de Certeau, « Culture américaine et
théologie catholique. À propos de la Convention de Baltimore (juin 1971) »,
in *Études*, t. 335, 1971, p. 561-577 ; et ci-dessus chapitre 6.

7. Voir Claude Welch, *Graduate Education in Religion. A Critical
Appraisal*, Missoula (Mont.), University of Montana Press, 1971, p. 248.

8. Voir par exemple George W. MacRae (ed.), *Report on the Task-force of
Scholarly Communication and Publication*, Waterloo (Ont.), Council on the
study of religion, 1972, p. 19 et s.

Une lutte sur le marché de la religion

Le « Congrès international des sociétés savantes dans le domaine de la religion » était une affaire dont le budget dépassait le demi-million de dollars. Le projet datait de 1968, c'est-à-dire d'une époque de prospérité aujourd'hui close pour les universités. De fait, le congrès ne se définissait pas en termes de sciences religieuses, mais de sociétés savantes : seize sociétés américaines, trois européennes, des délégations de quatre associations asiatiques ou africaines. Il rassemblait des forces académiques. Trait caractéristique de la vie américaine : socialement et scientifiquement, exister, c'est être membre d'une association[9]. La mobilisation de ces grands corps scientifiques à Los Angeles avait pour objectif des batailles à gagner sur le marché de la religion. Ce *show* à l'américaine devait confirmer l'importance de la religion dans la société, assurer par là une expansion de l'enseignement religieux auprès de la clientèle scolaire, démontrer enfin la compétitivité scientifique du Far West par rapport à l'Est américain, tout comme celle des États-Unis par rapport à l'Europe.

Les sciences religieuses ont connu aux États-Unis un nouvel essor depuis 1963, date d'une décision de la Cour suprême à propos d'un conflit survenu à l'école d'Abington. Si, conformément au premier amendement de la Constitution[10], la Cour suprême maintenait fermement que « l'État se refuse de peser sur les options privées » et que la propagande de croyances religieuses est exclue des établissements publics, elle recommandait au contraire l'étude explicite des religions comme partie intégrante des programmes d'éducation[11]. Depuis, les chaires, puis les départements de religion

9. Voir A.E. Sutherland, *in* Voss et Ward (eds.), *Confrontation and Learned Societies*, American Council of learned societies, 1970, p. XXIII-XXX.

10. « *Congress shall make no law respecting an establishment of religion, or prohibiting the free exercise thereof.* » Voir aussi le 15e amendement.

11. *Abington School District* vs. *Schempp*, 374 US 203, 225 (1963). Voir l'étude précise de Robert Michaelsen, « The Supreme Court and Religion in Public Higher Education », in *Journal of Public Law*, t. 13, 1964, p. 343-352 ; et les réflexions plus générales de W.G. Katz et H.P. Southerland, « Religious Pluralism and the Supreme Court », *in* W.G. McLoughlin et R.N. Bellah (eds.), *Religion in America*, Boston, Beacon Press, 1968, p. 269-281.

se sont multipliés dans les universités et dans les collèges. Le nombre des étudiants inscrits dans ces unités a augmenté rapidement[12]. Des classes de religion ont été officiellement introduites dans les écoles secondaires publiques de beaucoup d'États. Ce remuement académique a pris l'allure d'une « révolution tranquille[13] ». D'une part, il a entraîné un important développement de recherches et de travaux qui accèdent depuis quelques années au niveau du doctorat. D'autre part, déportant les études religieuses vers la sociologie culturelle pour les placer sous le signe d'un enseignement comparatiste, objectif et pluridisciplinaire, il les désaffecte d'appartenances ecclésiales et de références à une foi ou à une option. Il en résulte, il est vrai, qu'un cléricalisme universitaire se substitue à celui des Églises. Les institutions théologiques, séminaires ou *Divinity Schools*, ont donc été appauvries par ce qui enrichissait les créations publiques : leur clientèle va rejoindre les lieux mieux rentés où la scientificité et la liberté d'expression semblent offrir plus de garanties ; leur existence est menacée, sinon compromise. Du coup, une mutation s'accélère : en même temps qu'elles se dégagent des orthodoxies ecclésiales, les sciences religieuses perdent leur enracinement dans une croyance qui spécifiait et organisait ces comportements « religieux » (désormais répartis en phénomènes sociologiques, psychologiques ou historiques) – le processus est universel, mais plus accéléré et plus visible aux États-Unis. De même, en acquérant prospérité et compétences universitaires, les professeurs de religion savent de moins en moins ce qu'ils font, ni comment définir l'objet propre de cet enseignement déclaré « d'intérêt public ».

Prospérité et crise d'identité[14] : les sociétés savantes en

12. Dans l'enseignement supérieur, les inscriptions annuelles d'étudiants avancés *(advanced degrees)* pour la religion ont passé, de 1962 à 1968, de 5 447 à 12 620, croissant plus vite que celles des étudiants de même niveau inscrits en histoire, en sociologie, en biologie ou en physique. En 1962-1963, le nombre annuel de doctorats en religion s'élevait à 276, et en 1967-1968 il atteignait 401. Voir C. Welch, *op. cit.*, p. 233 et s.

13. Milton D. McLean (ed.), *Religious Studies in Public Universities*, Carbondale (Ill.), Southern Illinois University, 1967, p. 9 et s.

14. Voir C. Welch, *op. cit.*, p. 13-29, ainsi que son article plus synthétique « Identity Crisis in the Study of Religion ? », in *Journal of the American Academy of Religion*, t. 39, 1971, p. 3-18.

question ont à se défendre sur ces deux fronts. Elle doivent travailler à poursuivre la mise en place d'institutions académiques (condition économique de progrès scientifiques), au moment où les difficultés financières atteignent toutes les universités et les contraignent à des mesures restrictives. Il leur faut aussi redéfinir cet objet évanouissant qui est leur raison d'être sociale et le titre même de leur entrée dans l'enseignement public. Le congrès faisait donc une publicité *made in USA* pour un produit qui se vend bien, mais dont ses vendeurs eux-mêmes ne savent plus ce qu'il est. L'ampleur du travail technique accompli sur ces bases universitaires n'en permet pas moins aux sciences religieuses américaines de prétendre à leur autonomie après une longue période de dépendance par rapport aux centres européens. Dans un passé récent, les écoles allemandes ont eu un éclat particulier. Par l'intermédiaire de nombreux émigrés ou réfugiés allemands pendant l'entre-deux-guerres, elles ont dominé la psychosociologie, l'histoire ou l'exégèse religieuses aux États-Unis, avant que s'élabore une confrontation plus égalitaire. Le congrès de Los Angeles théâtralisait ce changement d'équilibre. Plus que cela, il solennisait une Indépendance. Dans ce but, il avait privilégié la participation allemande, triant ainsi les interlocuteurs européens les plus « intéressants » et les plus concernés par ce championnat. À la différence des pays nordiques, les nations « latines » – espagnole, française, italienne – étaient faiblement représentées. Les Latino-Américains, pas du tout ! Le critère des invitations était en effet moins la valeur des centres ou des spécialistes que leur intérêt pour une confrontation entre les savants des États-Unis et leurs *challengers*. Déjà, l'une des meilleures collections théologiques des États-Unis, *New Frontiers in Theology* (New York, Harper & Row), fondée en 1962, avait pour intention, comme l'indiquait son sous-titre, de confronter la théologie du continent à celle de l'Amérique : ici, le « continent » désignait l'Allemagne et « l'Amérique » les USA. C'était la réduction de deux mondes à un ring. Fait symptomatique, après quelques volumes, l'édition a été suspendue parce que cette discussion devenait à la fois trop difficile (à cause d'une différenciation progressive des perspectives) et moins nécessaire (en raison de la croissante autonomie de la réflexion américaine).

Plus décisif encore semble avoir été le défi qui opposait l'Ouest américain au règne longtemps incontesté des centres de l'Est. Les sciences religieuses portaient, jusqu'à la dernière décennie, quelques noms prestigieux : Chicago (Ill.), Columbia (N.Y.), Duke (N.C.), Harvard (Mass.), Princeton Seminary (N.J.), l'Union Seminary de New York (N.Y.), Yale (Conn.)[15]. Ces lieux déterminent au nord-est des États-Unis un triangle bordé par l'Illinois, le Massachusetts et la Caroline du Nord : la terre élue de l'érudition religieuse américaine. Le recrutement des sociétés savantes obéit encore au même type de répartition. L'AAR (the American Academy of Religion), la plus nombreuse d'entre elles, présente une particulière densité dans le Nord-Est : l'Est est majoritaire, l'Ouest minoritaire, le Middle West à peine représenté. Or cette géographie est en train de changer. On a créé des programmes universitaires de religion en Californie : à Claremont en 1950, Stanford et Berkeley (la Graduate Theological Union) en 1960, etc. Les chiffres sont encore en faveur de l'Est : ainsi, le nombre de doctorats (Ph.D.) en religion, décernés de 1965 à 1969, laisse encore le premier rang à Yale (97), suivi de Chicago (93), Boston (89), Claremont (29), Berkeley (4). Mais le nombre d'étudiants inscrits au programme de doctorat atteignait déjà, en 1969, 78 à Claremont, 68 à Berkeley, pour 251 à Chicago, 94 à Boston, etc.[16]. Désormais, dans le domaine des sciences religieuses, une bipolarité a succédé à une prédominance : l'Ouest « existe ». Localiser le congrès international à Los Angeles revenait à signaler et accélérer cette marche vers le Far West. C'était la première fois, et la décision avait rencontré quelques résistances dans le camp des sociétés fortement enracinées dans l'Est. À cet égard, la petite troupe des 200 invités européens ressemblait aux bataillons suisses que les princes engageaient naguère dans leurs armées ; elle était enrôlée au service d'une promotion de la West Coast en face de l'East Coast.

---

15. Cette liste suit l'ordre des résultats obtenus (on sait le rôle joué aux USA par la hiérarchisation annuelle des universités). Il faudrait tenir compte aussi des spécialités, par exemple l'histoire religieuse à Duke (Durham, N.C.), Harvard (Cambridge, Mass.), Union Theological Seminary (New York), Princeton Theological Seminary (Princeton, N.J.), Vanderbilt (Nashville, Tenn.) ou Yale (New Haven, Conn.).

16. Voir C. Welch, *Graduate Education*, p. 235, 240.

Une forteresse : l'exégèse

Ce qui intervenait à Los Angeles, avec la loi d'un marché, c'était la loi d'un savoir. L'effet normal d'une rencontre académique est de renforcer la « neutralité » scientifique, l'« objectivité » de l'érudition, l'affabilité entre « collègues », etc. Un congrès de ce genre met en scène l'écriture universitaire. Il restaure l'utopie, toujours séductrice, d'un lieu « universel » échappant aux conflits, aux particularismes ou au tragique des hommes. Le théâtre scientifique du Plaza Hotel soulignait donc la dépersonnalisation qui permet la mutation de la religion en « objet » et que renforce aujourd'hui, chez beaucoup de spécialistes en sciences religieuses, une réaction de retrait devant les pressantes alternatives de l'actualité. Ce savoir-là se paie d'un désengagement. Dans cet ordre, l'apport du congrès était considérable. Une prolifération de *papers* exorbitait la curiosité et fournissait une énorme moisson d'informations, d'ailleurs plus récapitulatives qu'initiatrices. Surtout, l'ensemble manifestait une fois de plus la place privilégiée qu'occupent, parmi les disciplines positives dotées de rigueur, les études consacrées à l'Ancien et au Nouveau Testament. Le donjon de la « scientificité », dans les sciences religieuses, c'est l'exégèse. Là s'exercent plus qu'ailleurs, ou plus visiblement, la « sobriété » de l'esprit et, restées proches d'une longue tradition monastique, la pudeur, la rigueur, l'ascèse de la recherche.

De cette position spéciale de l'exégèse, il y a diverses raisons présentes, que faisait apparaître plus encore la 27e rencontre internationale de la Studiorum Novi Testamenti Societas, tenue à Claremont juste avant Los Angeles. D'abord, bien sûr, le socle constitué par la Bible, qui reste le livre le plus lu du monde occidental, celui qui focalise deux références également essentielles à la définition de l'Occident – la religion judéo-chrétienne et le rôle de l'écriture – et qui est, à juste titre, perçu par des prophètes noirs ou océaniens comme le véritable « secret » du Blanc. Mais aussi l'immobilité de ce corpus (les textes « bibliques ») qu'un fossé isole qualitativement de toute autre littérature (quelle que soit l'importance donnée au « contexte » historique) et dont la constitution en objet « à part » s'appuie toujours sur des postulats théologiques ou idéologiques très forts [17]. Enfin, c'est la stabilité des principes sur lesquels l'analyse de ces textes s'est construite pendant près d'un siècle (depuis Gunkel, y a-t-il des changements fondamentaux en exégèse? Non [18]) qui a permis un extraordinaire affinement de méthodes assurées. Si on la compare aux autres sciences, qui se *donnent* leur objet en définissant des procédures d'analyse et qui suivent la *mobilité* des préoccupations successives d'une société, la science biblique est un édifice solidement établi sur un texte *reçu*, et, moins que tout autre, perméable aux changements.

Sans doute cette situation explique-t-elle le phénomène étrange que l'on constatait au cours de ces deux congrès (étrange, si l'on songe à la gravité des questions aujourd'hui posées par l'herméneutique, la connaissance historique de Jésus, la résurrection, etc.) : à l'exacte acribie des analyses de détail (par exemple sur « Jean 17 » ou sur le Jésus historique), se conjuguait une surprenante pauvreté des instruments théoriques ou une simple reprise de conceptualisations traditionnelles [19]. Une technique impressionnante et une épistémologie déficiente : ce déséquilibre tient précisément au fait que des interrogations philosophiques ou théologiques,

17. À Claremont, chaque conférence était précédée d'un sermon et d'une prière à partir d'un texte évangélique. Cette coupure pratiquée autour des textes, avant leur examen critique, avait pour équivalent, dans l'analyse scientifique, l'isolement des textes « scripturaires » par rapport à la tradition judéo-hellénistique ou patristique. James M. Robinson a brisé ce cercle avec sa très remarquable théorie des « trajectoires » : voir surtout « The Johannine Trajectory », in *Trajectories through Early Christianity*, Philadelphie, Fortress Press, 1971, p. 232-268. Or précisément il n'est pas exégète, mais historien de la littérature antique tardive et judéo-chrétienne, et il a participé de près à tout le mouvement « herméneutique » allemand.

18. Hermann Gunkel, « Genesis », in *Handkommentar zum Alten Testament*, 1/1, Göttingen, 1901. L'« introduction » est le texte fondamental de la *Formgeschichte* (« histoire des formes »). L'œuvre de Bultmann a seule bouleversé et renouvelé l'épistémologie de l'exégèse, mais sa critique philosophique est précisément ce qui a le moins pénétré dans les travaux sur l'Écriture.

19. Notons en passant que, mis à part un exposé de D.A. Via (de Virginie, USA) à Los Angeles, et un autre, très neuf, mais privé, de G.E. Weil (de Nancy), les récentes méthodes « structuralistes » de la linguistique et de la sémiotique n'ont fait que de fugitives apparitions en exégèse. La situation était toute différente en sociologie ou en ethnologie, même si la référence psychanalytique, également absente de l'exégèse, y était plus pressante.

en remontant aujourd'hui à la surface (le meeting de Clare-mont en témoignait), dévoilent les zones laissées inertes par l'exégèse dans l'immense travail qu'elle a effectué jusqu'ici. La contrainte qu'exerce tout congrès sur ses membres renfor-çait encore cette distorsion. Le déficit d'une élaboration théo-rique redouble toujours une réaction de défense contre l'expression des conflits de fond : faute de pouvoir disposer d'un langage proportionné, ces conflits manifestent seule-ment des divisions et se traduisent par des heurts contre les-quels toute collectivité se protège en les éliminant. Mais des éléments plus décisifs entraînent cette sorte de somnolence doctrinale : l'enclave constituée par certaines écoles exégé-tiques ; la persistance, chez des savants et des professeurs, de la mentalité « cléricale » qui les porte à se croire les vrais interprètes du Livre dont le sens caché serait livré à leur tra-vail assidu ; le blocage qui affecte à une méthode d'analyse bien datée (la critique historico-littéraire du début du siècle) la stabilité du texte étudié ; le fondamentalisme qui sous-tend la science biblique moderne depuis ses origines ; plus essen-tiellement, la logique d'une spécialité écrasant le problème de *Dieu* sous une histoire érudite de *Jésus*, et supposant (comme dans le *Jesus People*, mais sur le mode d'un passé que le savant se donne) la circonscription de la vérité et du salut dans un *lieu*. Une étroite clôture semble seule permettre le fonctionnement impeccable de l'institution exégétique.

Nouveau président de la Société, Ernst Käsemann [20] rappe-lait, à cette occasion, les dangers de la neutralité universi-taire ; il soulignait que la recherche implique nécessairement un engagement répondant aux grandes interrogations du temps et une liberté critique à l'égard de toutes les formes d'orthodoxie. Bien loin d'être compromis, le travail scienti-fique en serait stimulé et renouvelé. Au fond, c'était dire que des méthodes s'articulent toujours sur des options de groupe, et que l'interprétation la plus érudite s'appuie sur des opéra-tions collectives de lecture. On ne peut isoler d'une *conjonc-ture* et d'une *décision* l'analyse qu'elles rendent possible.

---

20. Voir maintenant traduits en français ses *Essais exégétiques*, Neuchâ-tel, Delachaux et Niestlé, 2 t., 1971, un ensemble qui fournit des modèles théoriques d'interprétation à partir de l'analyse même des textes, un livre essentiel.

L'érudition est toujours portée à oublier sa dépendance par rapport aux postulats historiques et aux engagements moraux qui ont permis une discipline positive. Plus explicite dans le cas extrême de l'exégèse, ce problème de fond concerne aussi toutes les sciences religieuses, dans la mesure où elles accèdent à une rigueur – c'est-à-dire, en fait, dans la mesure où s'y installe l'une des sciences humaines.

Il fut un temps où l'on supposait à une démarche scientifique le genre de certitude dont auparavant se créditaient des affirmations religieuses : ce dogmatisme d'hier se substituait seulement à celui d'avant-hier. On est bien revenu de ce positivisme. En se détachant de leurs origines religieuses, les sciences perdent la prétention de se prononcer sur les choses mêmes. Dans les secteurs qui concernent le religieux, on assiste maintenant à un reflux sur les méthodes et sur les définitions. En particulier, à Los Angeles et dans la littérature récente, ce mouvement entraîne la « révision déchirante » du découpage qui isolait des objets comme « religieux ». La spécificité de ces objets s'appuyait sur le problème propre que se posaient des hommes lorsqu'ils entendaient prendre leurs distances et se situer scientifiquement par rapport à la question religieuse. Elle tenait à *leur* interrogation. Mais, sur le seul terrain des procédures d'analyse, elle s'efface progressivement. Les démarches d'une psychologie, par exemple, traversent ces objets parmi d'autres : d'après les règles opératoires qui lui sont propres, une multitude d'« objets » sont connus et définissables comme « psychologiques » ; mais la détermination « religieuse » n'a plus ni pertinence ni définition possible, et elle ne garde de signification qu'au titre du langage commun, matériau préliminaire offert à la production scientifique. Il est clair aujourd'hui que les analyses scientifiques – linguistiques, sociologiques, ethnologiques, etc. – produisent l'évanouissement du « religieux » dans leur champ.

Métaphores du refoulé

La presse et la télévision de Los Angeles ont épinglé l'une des conférences du congrès intitulée : « Le pénis de saint Augustin ». Elle se situait dans le cadre du groupe de travail

« Femmes et religion », un laboratoire très suivi que caractérisaient le style personnel de la collaboration des conférencières avec leur auditoire et une pratique théologique combinant étroitement la théorie à l'expérience quotidienne. L'exposé était présenté par l'excellente théologienne « radicale » Rosemary R. Ruether[21]. Il montrait comment les relations homme-femme ont été considérées par la tradition chrétienne sur le mode du rapport de Dieu à l'homme, de l'esprit au corps, ou du sujet à l'objet. Quoi qu'il en soit de ces thèses, la vedettisation de la protestation féminine sous les flashes de l'information introduisait assez bien le grand public à une tendance prédominante dans ce congrès, comme dans les recherches actuelles. Celles-ci privilégient dans la religion ses figures jusqu'ici marginales ou réprimées par des orthodoxies : la femme, le Noir, l'Indien, les sectes, les hérésies, etc. Au travers ou au-delà des systèmes où des lois, des rites et des comportements organisent la répétition du *même* (la même orthodoxie sociale), on se met en quête de « l'étranger » – un *autre* refoulé, oublié ou dominé. On part en quête d'une vérité vitale, cachée précisément *là*, et récupérable dans ces régions perdues ou condamnées. Au milieu des « sciences humaines », les sciences religieuses semblent ici avoir pour tâche d'énoncer quelque chose d'essentiel, grâce à un voyage *(trip)* vers l'éliminé d'hier ou d'aujourd'hui.

À Los Angeles, ce voyage prenait des formes dont on retrouve les thèmes dans les thèses et recherches récentes : les traditions spirituelles asiatiques, les Américains-Mexicains, la religiosité populaire, l'occultisme, la sorcellerie, les courants « radicalistes », les soulèvements protestants, les *revivals* chrétiens ou musulmans, le mysticisme sûfi, etc.[22]

---

21. Rosemary R. Ruether a publié en particulier *The Radical Kingdom. The Western Experience of Messianic Hope*, New York, Harper & Row, 1970, un livre révolutionnaire, mais pas encore féministe, et dont la conclusion s'intitule « Man as Revolution » (p. 283-288).

22. Ces thèmes revenaient surtout dans certains secteurs du congrès (« history of religions », « history », « behavioral sciences ») et constituent les sujets majoritaires dans les études religieuses à l'université, si l'on excepte l'exégèse : dans les nouveaux départements de religion, ils prédominent absolument. Il faut d'ailleurs noter, liée à ces intérêts, l'importance croissante de l'histoire religieuse. Voir C. Welch, *Graduate Education*, p. 192-197, 244-254.

L'intérêt pour les religions se déplace de leurs centres à leurs périphéries. Ce changement d'objets scientifiques reproduit en fait le mouvement qui repousse la religion sur les bords des sociétés occidentales et lui affecte un nouveau rôle social. Dans la mesure où des formations religieuses perdent de leur importance, on peut se dispenser maintenant de les considérer comme ces forces dont naguère les pièces essentielles requéraient d'abord l'analyse. On peut s'en servir au titre même de la place qu'elles occupent dans les sociétés où elles deviennent à la fois le *reste* d'un passé et le *repère d'autre chose*. Alors, les phénomènes religieux offrent un *moyen* de critiquer la culture anonyme et rationalisée qu'impose à ses citoyens tout pays développé, et d'y introduire des aspirations personnelles, des expériences particularistes ou des droits réprimés. Plus généralement, le langage qui survit à des croyances en voie de disparition se mue en un vocabulaire du *désir* constitué par la présence/absence de *l'autre*. Comme le rêve ou la légende, il devient l'apologue de ce que le discours scientifique refoule. Quelque chose d'autre revient donc là, qui utilise aujourd'hui pour s'exprimer un lexique tantôt oriental, tantôt psychanalytique, tantôt religieux – ou tous à la fois.

Sur le mode des sciences religieuses comme sur d'autres, il y a aujourd'hui un réemploi social du « religieux ». Il a pour but et pour effet de faire place – de « donner lieu » – dans le langage à ce qu'exorcisent les conformismes de notre civilisation. Ce réemploi n'est pas sans fondements dans le matériau qu'il exploite. La nouvelle utilisation sociale des signes religieux retrouve, mais à un autre niveau, leur fonction traditionnelle de porter les questions qui concernent la vie, la mort, le salut, les relations avec l'invisible et les ancêtres, la localisation du « plus fort » dans le jeu et sous le masque des hiérarchisations sociales, le sens dernier des choses. Mais cette reprise n'est pas une continuité. Elle se sépare du passé par une dénivellation fondamentale dans les situations. Si les questions demeurent, la réponse qui leur était apportée par ce langage religieux est devenue incroyable. Si *le rapport à l'autre* reste, aujourd'hui comme hier, essentiel à la constitution du sujet individuel ou collectif, cet autre n'est plus Dieu. Quand les langages religieux resurgissent dans nos sociétés, c'est donc sans la croyance qui les parlait.

Dans la mesure où elles visent quelque chose d'autre, qui

ne correspond plus aujourd'hui à ce que disaient hier ces langages, dans la mesure où elles se servent de réalités périmées ou marginales pour énoncer des revendications encore privées d'une réflexion propre, les sciences religieuses ne tiennent finalement qu'un objet instable et fuyant. Faute de la foi qui donnait hier leur statut aux phénomènes religieux, et faute d'une théorie explicitant la portée de la transposition qu'on fait aujourd'hui subir à ces phénomènes, le discours même des sciences religieuses ne « tient » pas, sinon au titre d'un « prophétisme » encore défini par l'ordre qu'il conteste. Il vacille entre la *sorcellerie* (qui exhume des désirs réprimés, en un langage étranger à celui du savoir) et l'exorcisme (qui, de nouveau, chasse l'inquiétante étrangeté de cet « autre » en le réintégrant dans l'orthodoxie d'un savoir). Ainsi sont mis en cause à la fois la signification actuelle des religions et le statut théorique des sciences religieuses.

Du soupçon qui atteint l'une et l'autre, on avait l'écho, à Los Angeles, avec cette *théologie de la culture* dont l'archéologie est allemande, mais qui s'élabore désormais dans une confrontation avec la philosophie (Kierkegaard, Whitehead, Heidegger, etc.) plutôt que par un retour à des sources religieuses. C'est sans doute aujourd'hui l'apport le plus neuf de la réflexion fondamentale aux États-Unis, avec les travaux de Th. Altizer [23], J. Cobb [24], H. Cox [25], M. Novak [26], d'autres

23. Voir Thomas J.J. Altizer (de New York), « Method in Dipolar Theology and the Dipolar Meaning of God », *in* D. Griffin, *op. cit.*, p. 14-21 ; et ses livres *The Gospel of Christian Atheism*, Philadelphie, Westminster, 1966, et *Descent into Hell*, Philadelphie, Lippincott, 1970.

24. John B. Cobb (de Claremont), « Spirit and Flesh : Dipolarity vs Dialectic », *in* D. Griffin, *op. cit.*, p. 5-13. Ses travaux orientent la réflexion théologique vers l'épistémologie et la méthodologie. Ainsi *A Christian Natural Theology*, Philadelphie, Westminster, 1965 ; *The Structure of Christian Existence, ibid.*, 1967 ; *Living Options in Protestant Theology, ibid.*, 1969, « l'ouvrage de méthode le plus important de la théologie protestante moderne », comme le dit justement Altizer.

25. Harvey Cox est mieux connu du public français grâce aux traductions de ses ouvrages : *La Cité séculière*, Paris, Casterman, 1968 ; *La Fête des fous*, Paris, Seuil, 1971 ; etc.

26. Michael Novak, *Believe or not Believe. A Philosophy of Self-Knowledge*, New York, Macmillan, 1965 ; *The Experience of Nothingness*, New York, Harper Torchbooks, 1969 ; etc. À Los Angeles, il présentait un rapport « Culture and Imagination », caractéristique d'une nouvelle orientation de la théologie américaine.

encore, tel W. Ong. Elle s'inscrit d'ailleurs dans un ensemble
d'essais philosophiques et apocalyptiques sur la culture américaine, tel le livre volcanique de Th. Roszak qui organise sa
vaste information de spécialiste en une prophétie accusatri-
ce [27]. Ce type de théologie veut élaborer une réflexion directement relative à la culture et traiter le problème du sens *dans
les termes mêmes* où la société contemporaine se le pose. En
orientant la « théologie politique » de J.B. Metz vers l'analyse d'engagements effectifs, Dorothy Sölle accentue la
même tendance en Allemagne [28]. Ces interrogations et ces
protestations s'exilent du « religieux » pour se trouver un discours propre.

Une fonction de transition

Dérivant des théologies d'hier vers les sciences d'aujour-
d'hui, les « sciences religieuses » auraient alors pour fonction
d'*assurer des transitions*. Je ne parle pas des itinéraires personnels de spécialistes qui, dans ce domaine, sont nombreux
à dessiner ce parcours. Le statut même de ces sciences
importe seul ici. Or, au fur et à mesure que des secteurs
entiers de l'expérience religieuse n'ont plus été pensables au
titre d'une foi – une cosmologie, des traditions, la culpabilité,
la sexualité, etc. –, les explications scientifiques se sont déve-
loppées dans les zones en mutation. Une autre rationalité
s'introduisait là, mais elle recevait une forme particulière du
fait que ces régions restaient encore découpées selon des
croyances ou des principes théologiques. La formalité
ancienne des problèmes continuait de spécifier le lieu où
entraient d'autres méthodes d'analyse. Les coquilles demeurent, mais le vivant change. Comme l'a remarqué C. Welch [29],
c'est aujourd'hui le cas de nombreuses *facultés de théologie*,

27. Theodore Roszak, *Where the Wasteland Ends. Politics and Transcen-
dence in Postindustrial Society*, New York, Doubleday, 1972, qui annonce la
fin d'une ère technologique et appelle un retour à une problématique de la
« qualité de la vie » et à une investigation des profondeurs de l'existence.

28. Dorothy Sölle, « The Role of Political Theology in Relation to the
Liberation of Men », *in* J.M. Robinson, *Religion and the Humanizing of Man*,
p. 131-142.

29. C. Welch, « Identity Crisis », p. 9.

muées de l'intérieur avant qu'elles affichent ce qui les habite réellement, et qu'elles substituent au nom de « théologie » celui de « sciences religieuses » ou de « sciences humaines ». L'évolution est d'ailleurs normale. Elle manifeste ce que devient nécessairement la théologie lorsque ses représentants pensent pouvoir mettre les sciences « au service » d'une catégorisation classique. Cette théologie meurt du dedans, avant même que son nom disparaisse.

Depuis trois siècles, les sciences religieuses ont eu le rôle de constituer des relais dans chacune des régions qu'atteignait tour à tour la transformation des modes de penser et de vivre occidentaux. Mais les « bons offices » qu'elles rendaient ne représentaient pas la constitution d'une science. La transition ainsi assurée ne circonscrivait pas un champ spécifique ; elle ne créait pas une coupure épistémologique par rapport à une cohérence antérieure ; elle colonisait seulement des terres encore étrangères à une scientificité définie ailleurs. À la différence des sciences, les études religieuses n'avaient pas – elles n'ont pas – une formalité propre. Elles forment des *mixtes*. Elles ont pour caractéristique une sorte de mollesse épistémologique. Ce sont encore des théologies, mais aliénées dans une science positive. Ce sont déjà des sciences, mais altérées par les « données » que leur imposent les restes de croyance. Elles jouent donc sur plusieurs tableaux. Elles favorisent la pluridisciplinarité, on l'a vu, mais aussi toutes sortes d'œcuménismes, de mélanges et de passages. Elles expriment des orthodoxies qui s'effritent et qui se défendent en deçà d'elles-mêmes, au nom d'une positivité religieuse qui subsisterait « quand même ». Elles leur fournissent un front commun, en retrait sur chacune des positions menacées. C'est le langage des discours en crise, l'indice d'une mue en cours, le symptôme de cette période incertaine, mais fondamentale, qu'est celle d'un changement.

En effet, un travail plus discret s'opère en sous-main dans les secteurs où l'on voit se maintenir, ou revenir, l'étude des phénomènes religieux. Il modifie un système de compréhension, ou il en atteste le déplacement. Il exorcise, mais sans bruit, un passé qui s'en va. Il porte doucement au cimetière les modes de penser et de vivre en voie de désaffectation. Il compose un cérémonial funéraire qui occupe et désigne un temps de transition. Aussi *l'histoire* a-t-elle dans cette « spécialité » un rôle particulièrement important, ou plutôt l'histoire *et* l'ethnologie, deux disciplines que les universités des États-Unis rassemblent, à juste titre, sous l'unique rubrique d'*History of religions*[30]. Elles impliquent toutes deux la même relation critique (mais ambivalente) d'une société avec son « autre » qui est pourtant son origine – la religion –, envisagée soit sur le mode d'un passé (en Occident, il fut religieux), soit sur le mode de sociétés traditionnelles étrangères (qui restent essentiellement religieuses). Au moment où la civilisation occidentale est ébranlée par une « crise d'identité », un renouveau dans ces deux secteurs ne surprend pas : l'histoire surtout permet une confrontation avec des commencements, pour y chercher, grâce à une nouvelle interprétation, les repères aujourd'hui manquants, et pour liquider comme « passé » ce qui, dans le présent, devient impensable.

Mais ce ne sont jamais là que des opérations de *passage*. Chaque fois, les phénomènes pris en charge par une science religieuse particulière sont conduits vers des classements et des identifications sociologiques, linguistiques, etc., c'est-à-dire vers leur transformation en objets découpés et produits selon les modes scientifiques de penser. Les réalités reçues d'abord comme « religieuses » trouvent là un statut stable (au sens où le sont des sciences cohérentes, mais destinées à évoluer). Et les sciences *religieuses* se dissolvent à mesure qu'elles accomplissent le transport qui était leur raison d'être. On rencontre partout ce lent glissement des sciences religieuses au-delà d'elles-mêmes. À travers une diversité de positions qui tient à la différence des objets, des méthodes, des traditions et des situations, cette sortie hors de soi – une espèce d'*exinanition* – traduit un effondrement plus secret mais plus profond, celui des théologies qui survivaient encore dans les sous-sols de ces « sciences » et qui en fondaient la transitoire spécificité.

---

30. Voir James S. Helfer (ed.), « On Method in the History of Religions », in *History and Theory*, t. 8, 1968, p. 1-45.

L'itinérance

Depuis trois siècles, l'enseignement théologique s'est fait illusion en croyant pouvoir transporter dans les Églises, muées en groupes *particuliers*, les modèles élaborés pendant l'Antiquité ou le Moyen Âge en fonction de sociétés *globalement* religieuses. Il se donnait des références à peu près exclusivement patristiques ou scolastiques, mais sans tenir compte du fait qu'elles appartenaient de moins en moins au langage commun et que ce changement modifiait complètement leur sens. Peu à peu s'est révélé le caractère archéologique de l'entreprise qui consiste à penser le problème de l'absolu dans les catégories propres à des groupes religieux. Pourtant l'objet religieux n'a pas disparu. Mais éclate maintenant au grand jour sa folklorisation. On « revient » donc aux phénomènes religieux, de préférence à ceux qui racontent un *ailleurs* (l'hérésie, la mystique, l'étranger, l'aberrance), comme on retourne aux légendes, aux mythes, à la culture populaire. Il y a coïncidence, sur ce terrain, entre « l'anthropologie *négative* » dont le projet s'esquisse [31] et cette littérature religieuse, devenue *symbolique*, où se parle aujourd'hui une exigence étrangère à la culture patentée. Le vaste répertoire constitué par l'expérience religieuse au cours des siècles *passés*, ou par des sociétés *autres*, semble disponible aujourd'hui pour des temps de crise, et s'offrir comme un lexique possible à des expériences fondamentales.

Ce qui est ici mis en scène, c'est une interrogation qui intervient en la forme d'un trouble, de mixités et quasi d'une blessure dans les disciplines instituées. Avec une pudeur scientifique, elles témoignent des protestations et des requêtes dont il existe des figures plus « sauvages » ou plus radicales : les renouveaux des sectes, du prophétisme ou de l'astrologie. Une exigence spirituelle remonte là. La rumeur qui se fait entendre jusque dans ces études religieuses appelle

---

31. En la comparant à la « théologie négative » d'hier, Walter Kasper (de Tübingen) évoquait une « anthropologie négative » comme le mode sur lequel un discours théologique pourrait aujourd'hui exprimer « le mystère de l'homme » (« Christian Humanism », *in* J.M. Robinson, *Religion and the Humanizing of Man*, p. 25). Voir aussi U. Sonnemann, *Negative Anthropologie : Vorstudien zur Sabotage des Schicksals*, 1969.

une réflexion proportionnée à l'organisation technique des sociétés contemporaines. Mais ce qu'elle désigne, ce n'est pas le recommencement d'une *pensée* religieuse : c'est plutôt le *déficit* de recherches fondamentales auxquelles ces renouveaux eux-mêmes servent aussi d'alibis. En témoignait, à Los Angeles, la tension entre le vaste panorama des problèmes éthiques ouverts par la technocratie moderne, dressé par Hans Jonas, et en face la grande voix syncrétiste de R. Panikkar, comme poussée par ce que les religions continuent à porter, tels des alizés, sur les océans de l'expérience humaine [32]. Après leur belle époque, les sciences religieuses arrivent sans doute au temps de leur effacement. La fête de Los Angeles en aura été le requiem. Ce deuil ne suppose ou n'entraîne pas nécessairement la disparition des mouvements religieux. Certes, pour la première fois dans l'histoire, les discours par lesquels une civilisation se pense ne sont plus religieux. Mais l'expérience qui se désigne encore elle-même comme « religieuse » n'en persiste pas moins. Elle s'effrite seulement. Elle se démultiplie et se disperse. Elle se désolidarise des grandes institutions unifiées qu'étaient jusqu'ici les religions. Elle se détache de plus en plus des « appartenances » ecclésiales. Si elle se dit encore, c'est à travers des discours multiples, en genèse, parce que nulle institution particulière n'est en situation « sacerdotale » de dire à tous une vérité de tous. Discours fabriqués et commercialisés, puisque le travail et la communication conditionnent la production des « valeurs ». Discours de la *culture*, de la *politique* ou de l'*économie*, suivant les cas, si l'on veut bien y reconnaître non seulement des « mentalités », des « tactiques » ou des rationalisations de l'échange, mais des *lieux où le sens s'articule dans les langages d'une société*, c'est-à-dire l'équivalent polymorphe et moderne de ce que l'Antiquité appelait précisément la *théologie*.

32. Raimundo Panikkar, « Sunyata and Pleroma : the Buddhist and Christian Response to the Human Predicament », *in* J.M. Robinson, *Religion and the Humanizing of Man*, p. 67-86. Et Hans Jonas, « Technology and Responsibility : Reflections on the New Task of Ethics », texte inédit [il s'agissait de l'introduction plénière du Congrès, elle a été par la suite publiée en traduction : « Technologie et responsabilité. Pour une nouvelle éthique », in *Esprit*, septembre 1974, p. 163-184, et assortie de commentaires de Richard Marienstras et d'André Dumas, p. 185-192].

Aucun groupe particulier n'est plus habilité à fournir en réponses les questions radicales de l'homme. Il faut donc cesser à la fois de supposer universelle (vraie pour tous) cette option singulière qu'est la foi chrétienne, et de restreindre à l'idéologie d'un groupe particulier (chrétien) la base d'une réflexion théologique. La tradition qui peut à présent nous aider à traiter la question théologique telle qu'elle se pose désormais, il faut la chercher d'abord là où elle existe, dans la philosophie moderne ; là où Spinoza, Hegel, Heidegger, d'autres encore construisent en termes de politique, d'histoire, de linguistique, etc. le discours relatif aux interrogations de l'existence ; là où la littérature, sur le mode du roman ou de la poésie, explicite par un travail interne au langage le problème ouvert avec la disparition d'institutions signifiantes autres que le langage lui-même. L'expérience « religieuse » intervient désormais comme *limite* du langage reçu : elle marque le seuil d'une expansion technocratique, ou bien elle indique la place que le savoir social laisse vacante. C'est un hors-la-loi scientifique. Cette prolifération extérieure aux rationalités de la production couvre encore un immense espace dans les cultures « populaires » ou dans les contre-cultures. Elle n'est ni le fantôme de la superstition revenant du passé, ni une vérité qui sort du puits, mais l'indication d'une tâche commune, celle d'avoir à élaborer la double relation des sciences avec l'histoire globale d'une société et avec ce que Kierkegaard appelait « la profondeur de l'existence »[33]. Pendant longtemps, les croyances traditionnelles ont *répondu* à ces interrogations. Avec des affirmations, elles semblaient (est-ce si sûr ?) surmonter l'altération, l'usure et la mort indissociables de l'existence humaine. Aujourd'hui, ces croyances cessent d'être croyables. Elles nous parlent encore, mais de *questions* désormais sans réponse. Cette inversion moderne explique leur nouveau fonctionnement social, celui de maintenir comme irréductible ce que pourtant elles ne peuvent plus rendre pensable. Aussi deviennent-elles, dans toute l'acception du terme, la langue *poétique* d'expériences que la technologie ne saurait effacer, qu'aucune assurance idéologique ne protège plus, et qui ont pour

---

33. Voir ci-dessus le chap. 7.

sens le risque même d'être homme. Au-delà des certitudes d'antan, un travail semble devoir se poursuivre *à découvert*, sans la protection d'une idéologie garantie par une institution, sous forme voyageuse.

9

La misère de la théologie

Dans sa misère, la théologie regarde vers la porte. Elle pense trouver un secours chez les voisins, les sciences religieuses. C'est un mauvais calcul, car les sciences religieuses déménagent : ou bien elles se transforment, et se muent en psychologie, en sociologie, en linguistique, etc. – sciences bien établies ; ou bien elles sortent dans la rue, pour devenir l'expression proliférante et métaphorique de grandes interrogations contemporaines qui, hors de toute croyance, et faute de langage approprié, *se servent* du répertoire religieux pour se désigner[1]. Devant cette évolution des sciences religieuses, symptôme d'une mutation de la religion, je ne suis pas observateur, mais partie prenante. Je m'interroge : qu'est-ce que peut fabriquer le théologien ? Ou plutôt (car le destin du métier de théologien est bien secondaire) : comment caractériser, aujourd'hui, une « tâche théologique » ?

La religion, métaphore d'une question fondamentale

Quoi qu'il en soit de leur apport technique, considérable à bien des points de vue, les sciences religieuses mettent en scène, dans le champ des sciences humaines, une interrogation fondamentale qui reflue contre le positivisme rationnel des sciences psychologiques, sociologiques, etc. : elle se manifeste là sous la forme de mélanges interdisciplinaires, d'un trouble dans l'objectivité technique, et quasi d'une bles-

---

1. Je suppose quelques analyses antérieures [reprises ci-dessus aux chap. 4, 7 et 8].

sure dans les disciplines du savoir. Une « inquiétude » sociale et des exigences communautaires reviennent là, comme remontant du fond d'une société. Quand une orthodoxie politique ou théologique (mais celle-ci renvoie à celle-là) n'impose pas à ces recherches un conformisme scientiste, on y voit se révéler des requêtes qui n'ont souvent plus d'autre langage. De ce « retour » d'un refoulé, il existe des figures moins « scientifiques », plus « sauvages » ou plus radicales, avec le renouveau des sectes, du prophétisme et, tout simplement, de l'astrologie. Ce voisinage est révélateur, alors même que, par un effort qui leur est également essentiel, les sciences religieuses se distancient de ces mouvements « populaires » et visent à l'objectivité d'un savoir.

En fait, au fur et à mesure que cet effort scientifique parvient à délivrer de ses préalables théologiques une analyse de plus en plus autonome, il abandonne le terrain proprement « religieux » à une fonction interrogatrice. Un remuement général et confus agite cette région où l'on traite de la religion. Par rapport à des analyses économiques ou psychologiques, les études religieuses manifestent un « écart » : les méthodes de chaque discipline se trouvent distordues par l'intervention de protestations et d'exigences d'un autre ordre, non encore formulables ni traitables par un discours rigoureux. Ces « malaises » et ces revendications qui ressortent sur le terrain même des analyses techniques consacrées à la religion, on peut leur donner un nom encore très ambigu : ce qui se traduit là, c'est une requête *fondamentale* analogue à ce qu'expriment ailleurs tant de *spiritualités*. C'est un travail de *déraison* par rapport à l'ordre que constitue une raison établie.

Un déficit de la pensée

Paradoxalement, l'importance prise par les religions dans le discours occidental mesure leur progressif effacement de la vie sociale effective. On en parle d'autant plus qu'on en vit moins. Les langages religieux sont assez proches de notre société pour lui fournir encore un lexique actuel de signes, mais assez lointains pour exprimer désormais tout autre chose que la foi dont ils proviennent. Ainsi le prêtre devient le personnage folklorique de questions sociales (les valeurs, etc.) sans rapport avec le sacerdoce, qui, lui se désagrège. Les *restes* d'institutions ecclésiales qui disparaissent désignent les questions nouvelles de la culture contemporaine. Ce sont peu à peu les fables d'une autre histoire que celle dont ils parlent. Ils ont ce rôle à cause d'une béance théorique. La régression vers le religieux indique une insuffisance présente de la réflexion fondamentale, longtemps oblitérée par l'urgence des tâches objectives immédiates – scientifiques, économiques, etc., – qui s'imposent à notre temps. La zébrure que les sciences religieuses tracent dans les sciences humaines en les traversant ne signifie donc pas une interrogation à proprement parler religieuse ; elle n'est pas non plus d'ordre strictement scientifique. Impliquant plus ou moins explicitement des problèmes de « valeurs » ou de cadres de référence, elle atteste le *déficit d'une pensée* éthique ou philosophique, désormais devenue élitiste et marginale, là même où elle tient un discours rigoureux. Le fait que si souvent il soit impossible de faire place à de tels problèmes dans la pensée contemporaine autrement qu'en les *évoquant* avec des métaphores religieuses indique une tâche pressante : une *réflexion fondamentale* proportionnée à l'organisation effective des sociétés contemporaines.

Un langage « universel » de la théologie ?

Cette tâche occupe l'Occident depuis plus de trois siècles. Elle a pris des formes diverses que l'on pourrait considérer comme des réponses à la question suivante : qu'est-ce qui va remplacer la *théologie* dans la fonction qu'elle exerçait naguère à l'intérieur de sociétés religieuses ? Dans le passé, la théologie avait pour fonction d'être un discours du *sens* dans les termes de l'expérience globale d'une *société*. Ce que nous appelons aujourd'hui « théologie » n'est et ne peut plus être cela. Depuis trois siècles, l'enseignement « théologique » s'est fait illusion en croyant pouvoir transporter dans les Églises modernes – muées en groupes *particuliers* – les modèles élaborés pendant l'Antiquité ou le Moyen Âge en fonction de sociétés *globalement* religieuses. Il se donnait des références à peu près exclusivement patristiques ou sco-

lastiques, mais sans tenir compte du fait qu'elles appartenaient de moins en moins au langage commun. Ce changement
modifiait complètement leur signification. Instruments d'opinions minoritaires, ces modèles étaient réduits à l'état de
miniatures ; fondamentalement, un langage du sens se changeait en idéologie [2]. Il a fallu plus de deux siècles pour que
soit reconnu le caractère archéologique de l'entreprise qui
consiste à penser le problème de l'absolu dans les catégories
propres à des groupes religieux.

La fin du XIXe siècle a mis un terme (officiel, sinon effectif)
à ces théologies en réduction. L'exégèse triomphe alors. Elle
conjugue la critique *scientifique* et le texte *biblique* (déjà privilégié, voire isolé, par tous les mouvements réformistes
chrétiens depuis le XVIe siècle). Cette rencontre directe entre
l'esprit moderne et le langage primitif de l'esprit chrétien est
d'abord une libération. C'est un mariage entre la science
contemporaine et l'origine évangélique. De la sorte, l'exégèse court-circuite les médiations ecclésiales. Au sens chi-
mique du mot, elle « isole » le rapport entre un *texte* (sacré) et
un *lecteur* (savant). Finalement, ce qu'elle produit, c'est,
comme dans une usine, ce qu'une pratique fait de son matériau. Mais, par là, cette exégèse détruit le principe que les
Églises maintenaient en droit : une insertion collective dans
l'histoire présente. Elle ne s'intéresse plus à la réalité sociale
de la lecture actuelle, publique ou privée, de la Bible. L'essence du christianisme appartient à des *érudits* (nouveaux
clercs) et devient un *objet* historique (enterré dans des documents vieux de près de deux mille ans). Exception faite des
plus grands, tel Bultmann, les exégètes enferment ce trésor
dans un passé où le vrai serait tout entier caché et dont la clé
serait entre leurs mains. L'érudition critique les dispense de
philosophie ou de théologie. Elle voue l'énoncé du sens à
n'être plus que la répétition des mots, des « thèmes » ou de
l'« anthropologie » exhumés de ce livre par des spécialistes.
Le reste, c'est-à-dire le monde, est abandonné à l'histoire, à
la sociologie, à l'ethnologie, sciences positives et « auxiliai-
res ». Combien de chrétiens s'acharnent encore aujourd'hui à
vivre et à penser leur foi en *Dieu* dans cet univers étouffant !

---

2. L'*idéologie* est un symptôme et une représentation de situations effectives, alors qu'une *théorie* est capable de les articuler.

Ce qui éclate maintenant au grand jour, c'est l'impossibilité théorique de formuler une interrogation radicale dans le langage délimité par un groupe. C'est aussi qu'une institution *particulière* (Église religieuse ou politique) se voit dénier le droit et la capacité de désigner son sens à une expérience humaine. Entre mille autres, je citerai d'abord un indice tiré de l'expérience quotidienne : la multiplication des chrétiens qui cessent d'être « pratiquants » précisément parce qu'ils sont croyants et parce que les gestes d'appartenance à une société « ecclésiastique » n'ont plus de rapport avec ce qu'exprime leur foi en Dieu. Cette foi ne se signifie plus par des gestes d'« appartenance ». Un autre indice, c'est le mouvement qui, dans certains pays, fait jouer à la nation la fonction qu'une Église exerçait naguère. Plus largement, l'État, ou la culture, ou la classe, joue désormais le rôle dont les Églises se créditaient en se donnant comme les médiations *sociales* du *sens*. La société entière se substitue au système des institutions religieuses d'antan. Elle porte dans l'opacité de son organisation le sens dont peut être affectée la vie de chaque citoyen – mais un sens encore à générer, un sens qui se produit et se cache dans l'activité commune. « Religion civile », disait Robert Bellah à propos des États-Unis.

La vie du peuple est la médiation sociale du sens. Son travail et ses ambitions composent le langage démocratique en fonction duquel s'élaborent les discours relatifs à la vie, à la mort, aux questions essentielles de l'existence. Ces discours sont multiples, et non réductibles à un seul ; construits, et non reçus ou fixés par une orthodoxie ; liés aux processus de production et de diversification caractéristiques de la société contemporaine. Aucune institution particulière n'est en situation « sacerdotale » de dire à tous une vérité de tous. Que sont donc les nouveaux langages ? Des discours fabriqués et commercialisés, puisque le travail et la communication conditionnent la production des « valeurs ». Ce sont aussi les discours de la *culture*, de la *politique* ou de l'*économie*, si on y voit autre chose qu'une connaissance objective des « mentalités » (rurale, ouvrière, etc.), de « tactiques » (politiques), ou des rationalisations de l'échange (lois et calculs économiques), et si on y reconnaît des *lieux où le sens s'articule dans les langages d'une société*, c'est-à-dire l'équivalent polymorphe et moderne de ce que l'Antiquité appelait précisément la *théologie*.

Particularité d'une théologie chrétienne

Certains théologiens chrétiens ont pris au sérieux ces nouveaux « lieux théologiques ». Il faut d'ailleurs noter un trait fréquent dans l'œuvre de ces théologiens : leur réflexion est déterminée par le mode de conscience nationale que privilégie le pays auquel ils appartiennent. Une situation nationale spécifie leur doctrine. Ainsi, la « théologie de la culture » est propre aux États-Unis ; la « théologie politique », à l'Allemagne ; la « théologie de la libération », au Chili, au Pérou, hier au Brésil ; etc. La détermination *géographique* devient décisive. Moins visiblement, le *lieu social* d'où l'on parle organise secrètement le discours produit en cette place (bourgeoise ? élitiste ? professorale ? militante ? ouvrière ? etc.). À quelques exceptions près, ces recherches restent encore limitées par une excessive identification de la loi chrétienne à un « évangélisme » (et donc au sens d'*un texte*), et par l'étroitesse du champ qu'elles affectent à leur « tradition » : la distance prise à l'égard du travail du monde médiéval doit être compensée par une véritable prise au sérieux de l'histoire moderne et contemporaine. Car la tradition qui peut nous aider à traiter la question théologique telle qu'elle se pose désormais, il nous faut désormais la chercher d'abord là où elle existe dans la « philosophie » moderne : là où Spinoza, Hegel, Heidegger, d'autres encore, construisent en termes de politique, d'histoire, de linguistique, etc., le discours relatif aux interrogations de l'existence ; là où la littérature, sur le mode du roman ou de la poésie, explicite par un travail interne au langage le problème ouvert avec la disparition d'institutions signifiantes autres que le langage lui-même ; là où le travail organise des pratiques articulées entre elles, « discours » gestuels riches de rationalités aussi efficaces que silencieuses.

Les recherches théologiques déjà existantes nous permettent de préciser le travail qui permettrait de produire un langage chrétien aujourd'hui. Disons d'un mot qu'il s'agit d'articuler une option *singulière* (la foi chrétienne) sur des questions *générales* (sociales, économiques, politiques, culturelles). Pour cela, il faut d'abord cesser de supposer universelle (vraie pour tous) cette option singulière qu'est la foi chrétienne, mais cesser aussi de restreindre à l'idéologie d'un groupe particulier (chrétien) la base d'une réflexion théologique. Corollaire : cette tâche ne saurait donc être entreprise à l'intérieur d'institutions qui privilégient leur inféodation à une Église ; la logique silencieuse de ces institutions « locales » (*parochial*, au sens anglais du terme) paralyse le travail d'articuler une exigence spirituelle sur les modalités objectives de l'organisation sociale. Aucun groupe particulier n'est habilité à fournir des réponses aux questions radicales de l'homme. Aucune orthodoxie ne garantit le risque à prendre comme chrétien. Certes, il faut des signes de reconnaissance entre collectivités qui témoignent de la même option singulière (chrétienne), mais la production d'un langage chrétien ne peut se poursuivre qu'*à découvert*, sans la protection d'une idéologie fournie par une institution. Prise dans l'une des déterminations qui composent l'immense complexe d'une société contemporaine, ce travail aura une figure fragmentaire et aléatoire. Il aura la forme d'un risque, et d'un voyage, « abrahamique ».

Tâches théologiques

Deux exigences chrétiennes semblent caractériser cette recherche.

1. Nous sommes appelés à repenser les modes successifs selon lesquels s'est élaborée la relation fondamentale entre une option qui a toujours été *particulière* (la foi chrétienne) et les formes religieuses ou non, politiques ou intellectuelles, qu'ont prises dans le passé la praxis et la conscience d'une société. Cette « tradition » dévoile en effet qu'il y a un rapport nécessaire de l'option chrétienne avec ce qui n'est pas elle : son « autre » lui a toujours *manqué*, et c'est ainsi qu'elle confesse simultanément sa particularité et sa foi en *Dieu*. Se reconnaître *particulier*, c'est reconnaître l'existence de l'autre, signe du Dieu « plus grand ». Cette tradition représente ainsi une tension perpétuelle entre les lieux *particuliers* d'où elle parle et l'*histoire globale*, insurmontable, jamais

finie, qui lui signifie le Dieu dont elle parle. Sans cette confrontation avec ce qui nous arrive de l'histoire chrétienne, et sans une *réinterprétation inventive* mais rigoureuse, un langage de chrétien ne serait pas chrétien. On pourrait mettre « n'importe quoi » sous ce nom qui, signifiant tout, ne signifierait rien. Ne serait-ce pas aussi une dénégation de la place particulière que nous occupons, et une illusoire prétention à l'universel ?

2. L'autre urgence est plus nécessaire encore, car elle seule rend possibles les réinventions de la tradition. Elle ressort d'une participation effective à la société présente, d'une complicité avec ses ambitions et ses risques, d'un engagement dans ses conflits. Mais, en jouant sérieusement le jeu des combats et des travaux contemporains, le chrétien y investit une exigence de type *critique*. Sans doute ne lui est-elle pas propre (qu'importe ?), mais elle lui est essentielle. Elle est le travail du négatif, non plus seulement à l'intérieur de chaque langage chrétien (voué à devenir athée dès qu'il dénie l'autre), mais par rapport à toute « théologie » positive – qu'elle soit religieuse, culturelle, scientifique ou politique. Tout alignement du sens sur le système d'une société sera dénoncé. Par exemple, au titre d'une foi chrétienne, il est impossible d'entériner le dogmatisme qui tient une « mentalité » majoritaire pour l'expression d'une réponse aux questions fondamentales de l'homme, ou qui conduit un pouvoir finalement terroriste à imposer comme « vérité » une structure politique, sociale ou scientifique. Un *écart* (qui n'est jamais identifiable au vrai) devra sans cesse restaurer dans la cohérence des systèmes existants la blessure d'une relation à l'autre.

Fondamentalement, cet « écart » (que l'*Épître à Diognète* appelait une « trahison » de toute société close) par rapport à l'ordre établi n'est pas d'abord critique. Il est plutôt de l'ordre de l'*excès* et de l'*ouverture*. C'est une pure *dépense*. Elle est déraison, parce qu'elle n'est pas rentabilisable. Départ et surcroît, geste « poétique » d'ouvrir l'espace, de passer la frontière, de jeter par la fenêtre, de risquer plus : un langage chrétien se paie à ce prix. Capitalisations intellectuelles, thésaurisations vertueuses, réserves de toutes sortes sont dérisoires. Le prix à payer est autre. D'un mot, on pourrait dire : alors que l'autre est toujours pour nous menace de mort, le croyant, par un mouvement déraisonnable, en attend aussi la vie. Faire place au proche, ce sera céder la place – peu ou prou mourir – *et* vivre. Ce n'est pas là passivité, mais *combat pour faire place à d'autres*, dans le discours, dans la collaboration collective, etc. Ce travail d'hospitalité à l'égard de l'étranger est la forme même du langage chrétien. Il ne se produit que partiellement ; il reste relatif à la place particulière qu'on « occupe ». Il n'est jamais fini. Il est perdu, heureusement noyé dans l'immensité de l'histoire humaine. Il s'y efface comme Jésus dans la foule.

La part que des chrétiens prennent à ce travail renforce donc la particularité du rôle qu'ils jouent dans le monde. Leur apport reste limité, comme en fait il l'a toujours été jusqu'ici. Mais précisément, ils peuvent se reconnaître au titre de cette limitation. Refusant de se donner la place de la vérité, ils peuvent ainsi confesser leur foi en ce que nous osons appeler *Dieu* – Dieu, indissociable pour nous de l'expérience qui rend les hommes à la fois irréductibles et nécessaires les uns aux autres. Je ne sais pas ce que deviendra la religion demain, mais je crois fermement à l'urgence de cette théologie pudique et radicale.

1er juillet 1973

IV

Suivre
« un chemin non tracé »

10

Du corps à l'écriture,
un transit chrétien

Le passage de l'oral à l'écrit n'a pas pour but d'« assurer » la place d'où je parlais, d'y empiler des preuves et d'obturer les ouvertures que les propos d'un soir y auraient laissées. Des « lapsus » provoqués par une discussion, de tout ce qui échappe au contrôle dans le langage parlé, je ne voudrais pas que l'écrit fût la reprise en main – ou l'oubli – comme s'il fallait soumettre à la légalité d'une écriture – ou refouler – les advenues du désir dont l'autre est le principe. Ces échappées permettent au contraire un recommencement de l'écriture. Un travail introduit alors dans les systèmes établis les mouvances que l'oral trahit déjà. Il inscrit sur nos cartes les plus longs voyages qu'inaugurent les fugitives « sorties » de la conversation. Au lieu d'aller de l'écrit à l'oral, d'une orthodoxie à son illustration verbale (ou à de « libres » propos qu'on peut se permettre parce qu'ils ne sont pas sérieux et qu'ils ne reviendront pas sur l'écriture maintenue intacte), la démarche part d'une mobilité orale, poreuse, offerte, plus facilement altérée par ce qui ne s'y dit encore qu'à demi-mot, et s'en va produire un langage réordonné par ces premiers aveux, organisant ainsi un déplacement dans les rangs d'un savoir ou d'une raison. Cette démarche concerne ici le christianisme : en fait, un rapport entre une question de vérité et ma propre place. Toute analyse de ce problème met donc en cause le lieu d'où j'en traite. Il n'y aura un travail du texte que dans la mesure où seront exhumés hors de leur silencieuse opacité les postulats des propos que je tiens *sur* le christianisme. Le sujet, c'est finalement la relation de ces discours avec leur lieu de production.

Le retournement qui ramène l'objet de l'énoncé vers le lieu de son énonciation doit être situé, d'ailleurs, dans le voisinage d'une « manière de faire » caractéristique du christianisme si on ne le prend pas seulement comme un objet d'étude, mais comme une opération. Toute la tradition évangélique fait d'un déplacement la condition d'une pratique : elle articule sur une « conversion » la possibilité même de produire une « œuvre » ou un « logos » de la foi. Si le lieu d'où je parle n'était pas soupçonnable, s'il était mis à l'abri de l'interrogation, l'analyse cesserait d'être évangélique pour se muer en l'établissement d'une « vérité » à contenu religieux. De ce point de vue là aussi, la reprise du débat doit chercher à ne pas perdre ni oublier les questions que la voix a introduites et à les laisser s'avancer jusqu'au point où elles atteignent le statut du locuteur pour qu'à partir de ce lieu rendu à sa fragilité, des effets refluent sur le langage et s'y marquent.

En ce qui concerne la possibilité d'une place d'où agir et parler en croyant, ces questions, telles que je les ai entendues, suggéraient deux directions bien différentes, et oscillaient de l'une à l'autre : _l'appartenance au corps_ ecclésial qui seul accrédite une œuvre ou un discours de vérité, ou bien _la production d'une « écriture »_ rendue possible par la confrontation des pratiques contemporaines avec le corpus des rites et des textes chrétiens. Par « corps », j'entends l'être-là historique et social d'un lieu organisé. En un sens très large, j'appelle « écriture » le tracé d'un désir dans le système d'un langage (professionnel, politique, scientifique, etc., et non pas seulement littéraire), et donc, comme on dit en droit, « l'insinuation » dans un corps (un corpus de lois, un corps social, le corps d'une langue) d'un mouvement qui l'altère.

Deux options divergentes s'indiquent ainsi. L'une renvoie à une Église qui « autorise » une vérité et qui en est la médiation obligée. L'autre vise le mouvement qu'une question évangélique produit dans les champs de l'activité sociale. Dans la première hypothèse, il existe pour les chrétiens un lieu du sens : un corps de vérité(s). Dans la seconde, il y a seulement, traversant les secteurs du travail ou des loisirs, des pratiques signifiantes : des « écritures ». À caricaturer de la sorte les directions entre lesquelles nos propos allaient et venaient, je dessine seulement par ses bords extrêmes l'espace où je cherche une procédure d'analyse qui permette un peu plus de netteté. Mais il est peut-être plus simple de dire que ce texte vise une opération dont il est en même temps un cas particulier et l'expérimentation : comment produire un langage de croyant ?

Un corps imaginaire : le produit des discours

Au cours du débat, quelqu'un demandait : « D'où parlez-vous ? » En d'autres termes : « Qu'est-ce qui autorise votre discours ? » Il renvoyait mes paroles au lieu qui en est la condition de possibilité. C'est en effet un préalable, la question première. Car le discours qui ne recourt pas à des « autorités » n'est pas pour autant délié d'une autorité qui l'accrédite. Au contraire, moins il présente de preuves (moins il permet un contrôle à ses lecteurs ou à ses auditeurs), plus il suppose une accréditation, qui lui vient d'une image de marque, d'une patente académique ou d'une position sociale. Ainsi les mass média ont pour effet d'accroître le rôle joué par le personnage à mesure qu'ils suppriment la possibilité pour le discours de fournir les moyens de sa vérification. La folklorisation du locuteur compense l'amenuisement de la démonstration. La production et la commercialisation des « compétences » l'emportent sur l'économie du discours.

Mais dans le marché de ces places théâtrales intervient une autre forme d'ancrage dans un lieu. L'articulation du discours sur un corps socio-économique introduit dans le discours des limites. Même érigé en vedette, un « spécialiste » reste contrôlé par le corps social auquel il appartient ; il ne peut pas se permettre n'importe quoi. Mieux le corps est organisé, plus sa discipline trace des arêtes dans le discours. Ainsi la parole est retenue, en même temps que soutenue, par des groupes professionnels, politiques ou scientifiques. La loi (secrète) du discours, c'est l'institution (forte). Le rapport au réel s'introduit dans le discours par la médiation de ce qu'autorise ou interdit le corps social qui le soutient. Dès le principe, ce qui permet de tenir un discours médical [1], univer-

---

1. Quel est le « titulaire » du discours médical ? « Quel est le statut des individus qui ont – et eux seuls – le droit réglementaire ou traditionnel, juridiquement défini ou spontanément accepté, de proférer un pareil discours ? » En effet, « la parole médicale ne peut pas venir de n'importe qui » (Michel Foucault, *L'Archéologie du savoir*, Paris, Gallimard, 1969, p. 68-69).

sitaire, voire psychanalytique[2], c'est l'agrégation à un corps.
Aussi bien, dans toute société, une initiation et une sélection
sociales ouvrent seules l'accès à la place d'où l'on tient tel ou
tel type de discours. Une appartenance sociale fonde une
« compétence[3] » linguistique. La rigueur d'une recherche
n'est pas annulée pour autant, mais elle se développe à l'intérieur d'un espace limité, inscrit dans un jeu de forces,
soutenu par des préalables historiques, économiques et politiques. La recherche est indissociable d'une violence du
corps. Tout champ de discours reste relatif à un ensemble de
possibilités et d'impossibilités qui ne dépendent pas de lui et
qui le lient aux déterminations de l'histoire, dans un rapport
au réel. En principe, le discours chrétien se soutient aussi
d'une relation à un groupe : traditionnellement, le *logos*, ou
discours, est autorisé par une *ekklesia*, ou communauté. Mais
que devient ce langage lorsque se dissémine le corps sur
lequel il s'articule ? Il ne peut survivre intact à ce détache-
ment. Premier indice, il camoufle ou le lieu de sa production
ou le changement qui affecte ce lieu mué en objet imaginaire.
Il cache ce qui d'autre le fait fonctionner.

Dans le passé, la théologie ancienne s'armait, légitimement, de références à des « autorités » qui avaient valeur de
« vérités » (textes canoniques, définitions du magistère, « Pères » de l'Église, etc.) ; de cette manière, elle explicitait sa
dépendance à l'égard de la société ecclésiale, finalement
seule à l'autoriser. Maintenant voici qu'elle tend à effacer ces
marques, pour se prétendre porteuse de messages accrédités
par une « conscience » ou un « esprit » évangélique : au discours déterminé par le corps succède un corps défini par la
théologie. Cette rature des autorités jusque-là organisatrices
du texte (et désormais réduites à la Bible, objet d'une exégèse) désigne non le désancrage du discours par rapport à une
place, mais le changement de cette place. Il ne s'agit plus
d'une réalité ecclésiale incertaine qu'il faudrait ressaisir à
partir des textes, mais de la fabrication d'une représentation

2. D'où la question voisine de « l'habilitation à pratiquer la psychanalyse » (Jacques Lacan, *Écrits*, Paris, Seuil, 1966, p. 230).
3. Il y a un passage entre les deux usages du mot « compétence » : l'un,
sociologique, renvoie au rapport que le savoir entretient avec une place
sociale (une « compétence ») ; l'autre, linguistique, désigne le fait de
connaître assez une langue pour construire ou comprendre des phrases.

par le discours. Il y a toujours un lieu de production, mais il n'est plus avouable par le discours qui se veut théologique. Il s'agit toujours de l'Église, mais c'est désormais un corps représenté, un produit du discours[4].

Notre débat était un indice de ce nouveau fonctionnement. Aucune citation n'autorisait mes propos. D'études et d'expériences diverses, je tentais seulement de dégager une conviction personnelle. En fait j'étais accrédité par une image de marque, par le « personnage » religieux que je jouais. À mon insu ou malgré moi, ma parole s'appuyait sur la position sociale qui m'était imputée ; elle devait sa crédibilité au fait que je fonctionnais dans le système d'un imaginaire collectif, comme théologien, religieux, etc. À cette place autorisée par les croyances du public, se tenait un discours d'opinion ; aussi les écarts qu'il créait par rapport à cette convention tacite ne pouvaient que susciter de l'agressivité chez les spectateurs, ou des formes plus sophistiquées de plaisir. Mais quelle résistance rencontrait-il de la part d'une réalité autre que celle du public ? Là où, même introduit dans le système de l'opinion, le discours médical se heurte aux limites que lui signifie un corps, le discours religieux s'étend, glisse, prolifère, sans que rien ne l'arrête, et il cache n'importe quoi. Il vaque dans une région de « prestiges » et de plaisirs, porté par les jeux de l'apparence, pris aux sorcelleries du langage. Il détermine, ou croit déterminer, lui-même le corps dont il parle. En échappant aux contraintes d'un corps réel, il entre dans une logique de la perversion. Et si la tromperie n'est pas de l'ordre du mensonge ou de l'erreur, mais de l'illusion, il y a ici de la tromperie. La sincérité n'est pas en cause. Il s'agit du fonctionnement qu'engendre une modification structurelle : il s'agit de ce qui se passe quand un langage n'est plus articulé sur un corps, n'est plus soutenu et tenu par lui.

De ce point de vue, la référence explicite et didactique aux « autorités » reçues dans le milieu ecclésiastique ne donne

---

4. Pendant le deuxième tiers de ce siècle (de 1933 à 1966 – je rappelle que *Catholicisme* de Henri de Lubac date de 1938 et que le concile Vatican II a duré de 1962 à 1965), l'ébranlement interne de l'Église se traduit par une surproduction « ecclésiologique » : l'objet produit par le discours prend lentement le relais du corps producteur. Mais il a encore la forme de ce qui vient à manquer. Ensuite, une représentation « pluraliste » se substitue à une représentation « pluraliste » se substitue à une représentation unitaire.

aujourd'hui qu'une autre version de la même situation. Elle
prétend seulement mieux cacher par des textes ce que le
corps est devenu : malléable à des pouvoirs d'un autre ordre.
L'essentiel, ce n'est pas que des textes survivent ; c'est qu'un
corps social chrétien, une Église, reste capable de déterminer
la pratique de ces textes, condition nécessaire pour que les
discours issus de cette pratique se rapportent à l'*ekklesia* qui
les « autorise ». Or le corps ecclésial n'organise plus les opérations qui se disent chrétiennes, pas plus les pratiques textuelles (lectures de la Bible) que les conduites éthiques
(morale sexuelle par exemple) [5]. Il n'est donc plus ce qui fait
parler les discours, mais l'objet que ces discours représentent. Ainsi l'Église a cessé d'être un lieu de production pour
devenir un produit, un objet imaginaire du discours. Il serait
facile de repérer, dans le langage chrétien, les effets de l'économie nouvelle qui en régit la production. Les premiers
signes à relever concernent les changements qui interviennent dans la représentation même du corps, social ou individuel : référence d'autant plus imaginaire qu'elle est plus
unitaire. Mais je retiendrai seulement un point (essentiel, il
est vrai) qui intéresse la possibilité de construire un langage
à partir d'un lieu ecclésial. Ce « lieu » ne fonctionne plus
comme une institution fondatrice de sens, capable d'organiser une représentation en fonction des *limites d'un corps* et
donc de fournir des critères de choix relatifs à des exigences
évangéliques. Il s'est au contraire transformé en *une représentation illimitée*, indéfinie. Objet idéologique, l'Église peut

---

5. Je comprends que la hiérarchie marque des « coups d'arrêt », qu'elle
revienne de « l'adaptation » réformiste généreuse d'antan pour découper des
seuils dans la prolifération disséminée des « manifestations » chrétiennes.
Toute institution qui ne le ferait pas serait suicidaire. La « réaction » qui
l'emporte actuellement dans l'Église est donc parfaitement explicable : c'est
le refus de s'évanouir dans le n'importe quoi. Malheureusement, ces gestes
surviennent trop tard. Les mesures restrictives *ne fonctionnent plus*. Elles ne
changent pas le cours des pratiques. En fait, l'ambition qui commande ces
« coups d'arrêt » est en général plus modeste : elle entend préserver seulement un langage. Les responsables sont trop prudents pour vouloir autre
chose que le maintien des principes dans les *énoncés*. Quoi qu'il en soit par
ailleurs de la *pratique* effective des chrétiens, laissée à elle-même comme
dépourvue de pertinence par rapport aux discours officiels. Par là se dessine
déjà la préoccupation des futurs conservateurs du trésor culturel produit par
le christianisme. Il ne s'agit plus d'un corps, mais d'un corpus.

s'avancer partout où il y a du manque et prétendre combler tous les vides d'une société. Son discours se fabrique avec les « chutes » laissées par les rationalités régionales qui ont occupé l'ancien terrain de la religion ; il a pour fonction de surmonter fictivement les limites que rencontre nécessairement toute pratique effective : de quelque manière qu'elles resurgissent, il les nomme en répétant toujours le même langage. Aussi a-t-on seulement, avec ce lexique ecclésial, un symptôme des limites propres à toute activité technique. Les mêmes signifiants peuvent couvrir toutes les sortes de finitude puisqu'en fait ils n'en connaissent aucune.

Alors qu'on peut prendre au sérieux le discours qui articule des opérations économiques, financières, politiques parce qu'il obéit à des règles et des résistances imposées par un champ propre, le discours religieux n'est jamais falsifiable : il ne peut pas être pris en flagrant délit d'erreur puisqu'il en a éliminé la possibilité ; il manque de sérieux parce qu'il échappe à l'histoire. Il en est sorti. Il cache de plus en plus ce qui le fait fonctionner et parle encore de « totalité » ou d'« universel », parce qu'il peut être n'importe quoi. La même métaphore, privée de rapport à un corps, peut désigner partout ce qui manque à chaque corps, d'où la difficulté de trouver d'où tenir à présent avec sérieux un langage de croyants.

Un corps défait : des expressions évanouissantes et des pratiques anonymes

Pour compenser la perte progressive du corps ecclésial et retrouver un lieu réel, on a cru pendant un temps qu'il était possible de conserver la forme unitaire et globalisante de l'Église en lui cherchant un autre contenu social. Ainsi, dans le courant qu'a marqué la « Mission ouvrière », l'Église reste en principe le lieu unique où se dit le sens de l'histoire, mais en fait ses normes et son pouvoir d'organiser des pratiques lui viennent de la place sociale où elle devrait être implantée : la classe ouvrière, qui impose effectivement des critères à la pensée et des choix à l'action. C'est bien le vrai lieu de l'histoire, mais il n'est pas chrétien. Que cette effectivité pût être mise au compte de l'Église, seuls des jeux de mots sur les

« pauvres » le rendaient croyable. Une métaphore permettait ainsi de maintenir la fiction qui veut que l'histoire se fasse en un seul lieu (ce n'était plus l'Église, mais « le monde du travail ») et qu'elle ait un sens unique. Mais déjà cette quête d'un autre espace[6] représentait la prise au sérieux d'un fait – l'impossibilité pour l'Église de constituer une place réelle d'où parler – et la substitution d'un labeur dur et limité, historique, au fonctionnariat d'un langage « universel ». Ce que les croyants ont appris depuis commence avec cette expérimentation fondatrice. En se développant, cette dernière ne pouvait que démystifier l'idéologie unitaire dont elle avait d'abord préservé le principe. Le souci d'une action réelle, chez les chrétiens, les engageait dans des tâches et des options dont rien ne surmontait les *différences*, sinon le rattachement de plus en plus abstrait, et finalement rompu, à un « mandat » reçu de la hiérarchie, ou le langage de plus en plus métaphorisé, et diversement interprété, d'énoncés dogmatiques. En même temps, les coupures entre militants ou entre engagements effectifs se faisaient plus fortes que l'étiquette chrétienne commune. Si des regroupements chrétiens s'opèrent alors, selon la loi d'*appartenances particulières*, culturelles, sociales, économiques, politiques ou simplement amicales, ils obéissent à des clivages qui ne sont plus chrétiens.

À cette déstructuration de l'Église, la doctrine s'adapte à son tour, en faisant l'apologie des « Églises particulières », des « communautés de base » ou du « pluralisme ». Paradoxe, ce réemploi fait fonctionner la pluralité, principe de dissua-

---

6. Ce transit à la recherche d'une terre « ouvrière » s'inscrit dans une série de « départs » depuis quatre siècles. L'ailleurs devient nécessaire à l'Église à partir du moment où elle trouve plus difficilement une place propre dans la culture. Depuis le XVIIe siècle, les « missions » tentent de reconstituer sur un autre terrain (le sauvage, les milieux populaires, les « refuges », etc.) le sol manquant d'une identité interne. Voir, sur cet aspect historique, Michel de Certeau, *L'Écriture de l'histoire*, 3e éd., Paris, Gallimard, 1984, chap. 4 : « La formalité des pratiques. Du système religieux à l'éthique des Lumières (XVIIe-XVIIIe s.). » Mais plus la « base » intérieure s'amenuise, plus ce mouvement d'extrapolation s'aggrave, au point qu'actuellement ce sont souvent les effets externes de cette sortie hors de soi qui, dans les mass media ou chez des « incroyants » soucieux de « valeurs », font croire à l'existence de l'Église. Ainsi d'une étoile dont la lumière se diffuse encore après sa disparition.

sion, comme l'index d'un nouveau langage unitaire. Mais ces lieux communautaires fournissent-ils des critères opératoires quant à la production d'un langage chrétien ? Dès qu'elle se propose d'exprimer une identité chrétienne, la communauté [7] présente des traits constants. Elle vise à instaurer pour les chrétiens un *espace d'énonciation* propre, rendu nécessaire par l'impossibilité de s'exprimer dans le langage du travail. Mais elle exclut aussi, en fait sinon en droit, la perspective d'une insertion dans l'organisation des tâches sociales pour y jouer un rôle effectif. À la différence des « missions » (mouvements, etc.), elle ne s'inscrit pas dans une politique ecclésiale ; elle est « prophétique » et marginale. L'expérience chrétienne semble trouver là un point d'« arrêt » et comme un seuil avant un changement de nature. La production d'un espace de parole compense l'effacement d'une effectivité historique de la foi, et l'expression prend la forme d'un *écart*, critique ou prophétique, par rapport aux institutions existantes.

Par bien des aspects, la communauté prolonge ainsi la tradition érémitique et charismatique d'hier (des lieux prophétiques disséminés), mais hors de la relation à l'Église constituée qui était le postulat, le référent et le contrôle de ces groupes « spirituels ». Elle s'adosse immédiatement à l'organisation sociale qui a remplacé l'Église dans la fonction d'être le référent de la critique ou du prophétisme, et qui cesse progressivement de prendre en charge le rôle de « dire le sens [8] ». Tout se passe comme si, avec ces groupes, il ne

7. Par « communauté », je n'entends pas spécialement les groupes de cohabitation et de partage, mais toute forme d'assemblée qui a pour but de fournir un lieu à l'expression d'une identité chrétienne. Ce n'est plus une Église, institution qui organise des pratiques religieuses en fonction d'une vérité reçue. Ce n'est pas encore une équipe, même formée seulement de chrétiens, qui a pour objet une opération sociale ou l'expression d'une amitié.

8. Pendant une longue période, la société politique, économique ou civile a fonctionné comme une ecclésiologie de remplacement, et donc comme lieu de sens. Depuis les doctrines politiques du XVIIe siècle jusqu'aux philosophies sociales ou aux sciences économiques du XIXe siècle, toute une tradition affectait à une classe dans la société (l'élite bourgeoise des « Lumières », ou la classe ouvrière du XIXe siècle) le rôle d'être le lieu social du sens pour la population entière, et lui attribuait d'ailleurs des fonctions pédagogiques, sacramentelles et missionnaires qui prenaient le relais des anciennes fonctions ecclésiales. La technocratisation retire peu à peu aux formations économiques, sociales ou politiques ce rôle résiduel de « dire le sens ». L'in-

restait de l'Église que ses mouvements marginaux, témoins d'une radicalité chrétienne toujours nécessaire et suspecte, et comme si l'interrogation dont ils sont la résurgence ne pouvait plus se rapporter qu'à la société civile, économique et politique. Les communautés font donc réapparaître les problématiques propres à ces mouvements spirituels, mais à présent le sol qu'ils supposaient manque. Les institutions auxquelles les groupes se réfèrent ne sont plus religieuses et de moins en moins idéologiques. Le geste d'un écart par rapport aux institutions demeure, mais sans la terre auquel il était proportionné ; l'instrument ajusté au travail sur un système survit au corpus qu'il traversait. La fonction ne trouve plus la place où elle s'exerçait.

La disparition progressive du sol qui l'avait permis explique sans doute les distorsions qui s'introduisent dans le prophétisme communautaire à partir du moment où il fonctionne isolément, sans l'institution (sacerdotale, sacramentelle, sociale) d'où il recevait un support et des énoncés pour en tirer des effets d'écart. Désorbité, le prophétisme est livré à la logique interne de l'énonciation. Comme il ne s'articule pas davantage sur les organisations présentes du travail, de la culture ou de la politique (à l'inverse des petits groupes non religieux), il ne rencontre plus de contrôle ni de contenu qui le localisent ; il va vers un *dire* qui se raréfie et se vide, vers une pure énonciation. Ou bien, pour tenir, la communauté s'aliène dans une *activité domestique* (« familiale », économique, etc.) dont la légitimité et la nécessité sont évidentes, mais qui réduit au rôle de couverture, de souvenir ou de métaphore le prophétisme chrétien posé d'abord comme la raison d'être du groupe.

En évoquant, telles qu'elles m'apparaissent aujourd'hui, les perspectives devant lesquelles se trouve la communauté chrétienne – ou son évidement si elle veut s'en tenir à son propos initial, ou sa transformation en groupe sans index chrétien, ou sa fragmentation en opérations transitoires et

---

terrogation sur le sens de l'existence n'est plus couverte par des institutions, ni sa réponse, garantie par des groupes sociaux. Elle donne lieu à des élaborations communes privées, dans les interstices des entreprises technocratiques et des services publics. Sur cette structuration sociale nouvelle, voir ci-dessus [*Le Christianisme éclaté*, Paris, Seuil, 1974, p. 35].

disséminées –, je m'interroge sur ce que je fais. Beaucoup de rencontres, d'amitiés, d'expériences personnelles confirment et devraient pourtant m'interdire cette analyse. Elle va aussi à l'encontre de mon désir, longtemps séducteur, de trouver précisément là une solution – la Jérusalem perdue –, un « Refuge » comme disaient naguère les héros chrétiens partant vers les marges de l'Occident pour des voyages fondateurs [9]. Que la terre espérée se dissolve à l'approche, qu'elle manque définitivement, voilà de quoi nous amener cependant à ne pas caser dans notre histoire réelle, laborieuse ou jubilante, mais toujours limitée, les signes poétiques d'un royaume ou d'une communauté. Nous ne pouvons pas supposer que le « Poème du Christ [10] » est ou crée un espace effectif dans la société, ni confondre un lieu *mythique* avec une place *sociale*. La communauté chrétienne se fonde au contraire sur leur identité, en croyant faire du mythe ce qui définirait un groupe. Mais l'expérience montre qu'à vouloir tenir le mythe, le groupe s'évanouit, ou qu'à vouloir agir et vivre, il élimine en fait sinon en droit sa définition chrétienne et souvent toute référence chrétienne. À préciser cette alternative et la raréfaction qu'entraîne la logique de l'expression, la condition d'une production chrétienne apparaîtra avec plus de netteté : le christianisme ne peut plus être pris pour *une place d'où parler*, dès lors qu'il devient *l'objet d'un travail* à entreprendre de l'endroit (désormais ni religieux ni chrétien) où nous sommes placés dans la société présente.

Fondamentalement, l'expression chrétienne communautaire naît d'une exigence de nomination. Elle se constitue socialement parce qu'il y a quelque chose d'autre à *dire*. Aussi, bien loin de se réduire au fait d'être marginalisée (située hors des champs du travail), elle se marginalise. Une rupture lui est essentielle. Pour qu'une expression soit possible, il faut *ouvrir un espace de parole* et, pour cela, pratiquer une coupure dans le corps social. À cet égard, *la Fête des Fous* n'est pas le contraire de *la Cité séculière* [11], mais

9. Voir Michel de Certeau, *L'Écriture de l'histoire*, chap. 5 : « Ethnographie. L'oralité, ou l'espace de l'autre : Léry. »

10. Sur le « Poème du Christ », voir par exemple Peter Kemp, *Théorie de l'engagement*, t. 2, *Poétique de l'engagement*, Paris, Seuil, 1973, p. 77-111.

11. Voir, en traduction, Harvey Cox, *La Cité séculière*, Paris, Casterman, 1968 ; *id., La Fête des fous*, Paris, Seuil, 1971.

son corollaire. Comment se marquer autrement que par la « folie », à partir du moment où l'organisation des pratiques n'est plus que « séculière » ? La spécificité chrétienne ne peut plus se désigner que par une coupure dans les rationalités opératoires ou dans les formations sociales : la folie, ce sont des raisons coupées et des régions traversées.

Appelé et découpé par le nom « propre » (de Jésus-Christ ou de chrétiens), un acte de se distinguer génère la communauté. Il fonde un « espace émancipé » voué à l'énonciation chrétienne (critique, prophétique, etc.). Mais cet espace est tacitement analogue à celui qu'organise l'écriture utopique et qui a pour postulat explicite une absence de référent, un non-lieu. En effet la nécessité de parler se combine ici à l'impossibilité de déterminer les pratiques. Ce qui s'inscrit alors dans la composition des lieux sociaux, c'est l'acte de se différencier. À la limite, cette énonciation coupe tout énoncé de sens ; jamais posée ici ou là, elle renvoie sans trêve à « autre chose ». Ce vouloir-dire parle sans parler de quelque chose. Il ne parle de rien, sauf du nom propre qui le désigne. Une rhétorique lui correspond : elle multiplie les énoncés mais pour y marquer par une négation l'acte de se dire ; elle cultive la confession, l'autobiographie ou le témoignage ; elle exacerbe des figures de style (le paradoxe, l'oxymore, etc.) destinées à ruiner de l'intérieur le discours et à lui faire avouer ainsi l'ineffabilité du sujet [12] se disant. La communauté épuise les signes qu'elle s'est d'abord donnés ; elle dévore ses formules les unes après les autres. Voracité de l'énonciation : devant elle aucun énoncé ne tient. Elle tolère seulement le *nom propre* (démonstratif d'existence) qui l'engendre.

Combien de communautés semblent ne poser des modes d'expression (liturgies, lectures communes, examens critiques, prières silencieuses) que pour les nier ensuite et désigner ainsi l'acte de s'exprimer. La coupure d'où elles sont nées en se distinguant d'une extériorité objective se multiplie au-dedans d'elles-mêmes et frappe successivement chaque affirmation objective. En certains cas, cette logique interne s'arrête à sa limite, lorsque le groupe emploie des discours

---

12. « Sujet » s'entend ici non de l'individu mais de la place à laquelle renvoie un langage parlé : le locuteur du discours, le destinateur dans le contrat énonciatif, le sujet de l'énonciation.

(psychosociologiques, politiques, etc.) qu'il sait étrangers à ce qu'il veut dire, mais qui lui restent le moyen de tracer négativement la place ineffable d'un « dire » chrétien. À certains égards, dans bien des groupes « spirituels » ou « charismatiques » occidentaux, la glossolalie ou le « parler en langues » raconte le même évidement des contenus objectifs et la même absence de référent. Les signifiants disparaissent du discours, mué en chants et gémissements, en pure voix dans la jouissance et la ferveur de se dire, dans l'évanouissement du sens. Il y a érosion des énoncés par l'énonciation [13]. Structures sociales et structures de sens se soutiennent mutuellement. Ici, l'effritement d'une assiette ecclésiale déporte vers l'amenuisement de ses énoncés le groupe qui se voulait d'abord porteur du nom propre. Mais la communauté s'évanouit à son tour en évacuant le sens. Si, pendant un temps, elle permet une énonciation, elle est elle-même évidée par le travail d'érosion dont elle est le support transitoire. Elle oscille donc entre le désir qui la mine et des activités sociales qui lui rendent une base en lui faisant oublier son projet. Elle tient une question qui, n'ayant plus de lieu social, ne peut créer que des lieux scripturaires ; ou bien elle se donne une occupation inscrite dans le réseau des pratiques sociales. Les deux termes de cette alternative indiquent, me semble-t-il, à quelle fragmentation est destinée la communauté, selon le clivage des éléments que, dans la courte durée d'un équilibre instable, elle prétend réconcilier [14].

---

13. Dans les communautés américaines des Jesus Freaks, l'équilibre est autre, car l'expérience ineffable de l'élection ou du salut reçoit aussitôt sa traduction objective : la grâce indicible d'être « élu » ou « sauvé » doit être épelée dans l'écriture biblique, qui en dit la vérité et qui est reçue comme un corpus littéralement révélé. L'évanouissement du sens dans la jouissance de *se dire* (sauvé) est immédiatement rapporté à la nécessité de *lire* la lettre vraie. Cette combinaison assure le passage entre un acte de parole et un travail du texte, entre une énonciation et un système d'énoncés, et donc aussi entre la subjectivité et l'organisation sociale d'un corps de savoir. Au lieu de cette liaison très serrée du dire et du dit, le christianisme catholique présente plutôt un phénomène inverse : il y a progressive dissociation entre un acte indicible de s'affirmer chrétien (énonciation) et les produits exégétiques d'une pratique historicisante ou sémantique sur les documents chrétiens (énoncés), c'est-à-dire entre une « aphasie » des croyants et un savoir des clercs.

14. La communauté représente bien le mouvement évangélique, mais elle le prend pour ce qui doit définir un lieu : elle meurt dans le piège de cette

D'un côté, l'énonciation communautaire réintroduit sous l'index chrétien une question refoulée, celle de la jouissance que connote la symbolique de la transparence ou du salut, question devenue de plus en plus incongrue dans l'univers technocratique bourré d'énoncés et de signifiants. Cette inconvenance est aussitôt traduite en discours de science : la médecine, la psychanalyse même, confrontées à des souffrances en quête de bonheurs, substituent à ces demandes « ineffables » des procédures destinées à sauver et à développer un langage. Des relations d'où elles naissent dans l'opacité du corps à corps médical ou analytique, seules quelques bulles viennent éclater à la surface de leurs discours. Aussi, par rapport aux institutions thérapeutiques qui « possèdent » ces discours et qui les rendent productifs à condition d'en effacer la trace du locuteur, le *sujet* ne peut revenir qu'en sauvage dans la parole communautaire. Il reparaît sous la forme d'un pathos, nécessairement étranger aux systèmes d'énoncés. Au discours de la science qui, pour être rigoureux, doit être parlé par n'importe qui, correspond le discours du sujet, qui semble devenir n'importe quoi. Exilé et s'exilant des disciplines sociales du savoir, le langage du désir tend vers une confusion des langues instituées – soit le parler en langues dont les groupes charismatiques ou pentecôtistes sont le théâtre, soit la raréfaction paroxysmique à laquelle des opérations conscientes acculent tout énoncé en le poussant jusqu'à son « point de rupture », de confusion et de perte [15]. L'excès, la fusion et finalement l'absence de langage sont les moments successifs du mouvement qui entraîne l'énonciation vers la voix et la gestuation, lieux d'où parle ce revenant qu'est le sujet, ou bien vers le travail d'usure et de déconstruction qui s'exerce sur les discours objectifs. Il y a là une interrogation que produit le corps propre ou une écriture. Elle suppose une place sociale et ne saurait la constituer. Fondamentalement, elle est u-topique. Aussi les communautés qui pensent soutenir cette interrogation en se définissant par elle

contradiction, ou bien, en obéissant à l'exigence de se définir comme lieu, elle cesse d'être chrétienne.

15. Voir par exemple les réflexions de Paul M. van Buren, *The Edges of Language. An Essay in the Logic of a Religion*, New York, Macmillan, 1972, à propos du mot Dieu : « The logic of "God" is the logic of the last limit of language... » (p. 132).

sont vouées à l'évanouissement ou à la recherche de pratiques sociales qui les localisent *par ailleurs*.

Les pratiques les plus proches du projet initial sont celles qui concernent un mode de communication, un style de relations. Une « manière de vivre ensemble » est en effet le projet d'où naissent de nombreux petits laboratoires qui essaient et corrigent aujourd'hui de nouveaux modèles sociaux. En fait, cette ambition s'absorbe dans les activités, légitimes et nécessaires, d'une économie domestique. Le groupe d'amis ou de compagnons tient grâce à l'organisation d'une « intimité » propre qui s'articule, au-dedans, sur les structures des relations familiales, conjugales, amoureuses ou parentales, et, au-dehors, sur celles du travail, des loisirs, de la politique. S'il veut pratiquer l'insularité, il devient phalanstère. Si elle veut introduire ses modèles dans la société, la communauté devient groupe politique. De toute façon, elle donne diverses réponses à la question du rapport entre le « domestique » et le social, mais cette opération n'est plus, comme telle, « chrétienne ». Le problème du christianisme se déplace donc vers les pratiques, mais celles de tout le monde, anonymes, dépouillées de règles et de marques propres. Puisque la communauté n'est pas définie par une énonciation chrétienne, elle ne sera « chrétienne » que si, dans ce secteur « domestique », se produisent des activités qualifiables de chrétiennes. Le lieu cesse d'être pertinent, importe alors la possibilité d'*une opération* déterminée par des critères chrétiens.

Le travail d'un « excès »

En fait, pour protéger la référence idéologique à un « corps » ecclésial (réduit à un groupe privé), la communauté cache le problème que posent les pratiques. Pendant un temps, elle peut le faire oublier. Mais elle y renvoie quand même : toutes les occupations qui lui permettent de maintenir la fiction d'un lieu d'expression propre s'inscrivent dans le réseau des activités de travail ou de loisir, publiques ou privées, qui reçoivent de la vie sociale présente leurs normes, leurs contraintes, leurs possibilités et leurs instruments d'analyse. Comment une référence chrétienne se marquerat-elle dans ces pratiques sociales, dès lors qu'il n'y a plus pour les chrétiens des lieux de production propres ? Telle est la question. Si l'on suppose qu'il n'y a plus de place chrétienne, et donc pas non plus de tâches qui lui soient propres, l'expérience chrétienne n'est plus un système ni une langue, mais elle peut introduire des modifications à l'intérieur des lieux sociaux où elle intervient. C'est donc une *particularité*. D'où le type de problèmes qu'elle pose. Le particulier ne peut être saisi que sur le mode d'une variante par rapport à des lois ou à des modèles [16]. Disséminées aujourd'hui selon les règles des tâches et des lieux où elles s'effectuent, les pratiques chrétiennes peuvent être envisagées comme des « singularités », c'est-à-dire des variantes chaque fois relatives aux normalités de secteurs différenciés entre eux. Entre les opérations qui produisent ces variantes, y a-t-il des repères ou des critères communs, pertinents et reconnaissables ? Il est évident que si la réponse était négative, le terme de chrétien ne serait plus qu'une équivoque ; il désignerait seulement le corpus (le matériau) sur lequel s'effectueraient des opérations hétéronomes.

Considéré d'abord d'une manière descriptive, en tant qu'il y a intervention de chrétiens dans la vie sociale, un « esprit » chrétien s'inscrit dans les tâches soit par des motivations (militance, témoignage, etc.), soit par une moralisation des conduites (dévouement, générosité, pardon, etc.), soit enfin par le choix de tâches privilégiées (il y a une topographie possible des réemplois de militances chrétiennes dans l'enseignement, le journalisme, l'animation culturelle, l'assistance sociale ou médicale, etc.). Ces divers éléments constituent *un « style »*. Il y a un « profil » chrétien. Certes il n'est pas spécifique. Les mêmes intentions, les mêmes comportements éthiques et les mêmes localisations professionnelles peuvent être le fait de beaucoup d'autres. Mais ces traits psychologiques se retrouvent fréquemment chez des

16. Ainsi l'étude d'un texte littéraire particulier s'attache à des variantes repérables au niveau de la « manifestation », alors que l'analyse structurale et sérielle d'un « genre » (le conte, le récit, etc.) définit les modèles généraux qui permettent de générer une multiplicité de productions littéraires. Analogiquement, on pourrait dire que les productions chrétiennes cessent de composer un genre propre, mais représentent des variantes possibles, chacune relative aux « séries » constituées par l'organisation sociale.

chrétiens comme la marque, déjà muette, encore visible, des institutions qui ont hier organisé des modes de vie et structuré des besoins. Ainsi les travaux qui assurent une place pédagogique, philanthropique ou militante dans la société prennent le relais des missions ou des sacerdoces d'antan. Ainsi les tâches qui restaurent plus ou moins subrepticement une « vision globale » ou un « discours du sens » séduisent : la culture, l'idéologie politique, l'enseignement, l'écriture encyclopédique ou vulgarisatrice, etc.

Des structures survivent donc à l'effacement de leur détermination religieuse. D'anciennes architectures restent repérables sur les géographies nouvelles de nos sociétés. Sous ce mode, il semble que les chrétiens se regroupent dans les régions où la société actuelle montre le plus son passé. Démographiquement, par leurs fréquentations et leurs localisations, ils en dessinent l'archéologie. Mais, par là, ce « style » chrétien désigne-t-il autre chose qu'une histoire encore imbriquée dans le présent, un effet des latences propres à toute société, une résistance du passé par rapport à l'évolution qui le change ? Il s'agit de déterminations culturelles, sociales, psychologiques : normales puisqu'à chacun de ces moments, une société porte sa durée sous la forme de systèmes stratifiés, elles sont en droit détachables, et en fait de plus en plus détachées, de l'acte de croire. Les chrétiens s'emploient aussi à d'autres tâches. Même encore majoritaires chez eux, ces « marques » psychosociologiques ne représentent pas les critères d'une pratique croyante. Elles peuvent l'être, pour des raisons subjectives, parce qu'elles sont vécues comme déterminations chrétiennes (historiquement, elles l'ont été), mais elles n'indiquent pas le mode sur lequel une foi crée dans les pratiques une variante chrétienne.

Il existe une autre voie, somme toute traditionnelle. Une variante chrétienne peut être l'effet de restrictions, d'interdictions et d'adjonctions dues à une intervention ecclésiastique ou à la méditation des textes évangéliques. Une « éthique chrétienne » se caractériserait par les limites ou les surcroîts qu'elle marquerait dans les activités publiques et privées. Le chrétien serait celui qui, dans ses tâches, resterait en deçà de certains seuils ou qui, tout au contraire, irait au-delà des normalités statutaires par des surérogations, des codicilles et des excès. Un ensemble d'arrêts et de déborde-

ments résulterait des interventions chrétiennes ; elles pourraient dès lors être caractérisées comme un travail sur la
limite – une manière de bouger les unités définies par une
société. Exemples simples d'arrêts : le repos du dimanche ; la
tolérance à l'égard de la contraception, mais le refus de
l'avortement ; le « pluralisme » politique, mais l'interdiction
(en fait, sinon en droit) de l'adhésion au communisme ; la
condamnation de la vengeance, du vol, du divorce, etc.
Exemples de débordements : les militances à partir de statuts
professionnels, les mouvements vers d'autres milieux
sociaux que les siens, les échappées (voire les « trahisons »)
hors des orthodoxies politiques, enfin la perpétuelle insinuation d'une altérité dans les positions établies.

Il faut bien avouer qu'il n'y a guère d'accord sur le
contenu de ces mesures. Certes, on peut, c'est utile aussi,
faire la statistique de leurs occurrences dans les « milieux
chrétiens ». Mais qu'est-ce qu'un « milieu chrétien » ? La statistique commet une pétition de principe puisqu'elle suppose
pertinents (« chrétiens ») les traits qui lui servent à définir un
milieu comme « chrétien [17] ». Si l'on passe des faits à la doctrine, l'unanimité n'est pas plus grande, d'où pourrait-elle
venir ? Pas de la hiérarchie, qui s'occupe plus de langage que
de pratiques, et dont les décisions, quand elles ne résultent
pas de jeux politiques [18], ne représentent ni ne déterminent
plus les comportements effectifs des fidèles. Cet aspect négatif des choses ressort au moins avec évidence des enquêtes
sociologiques [19] : les conduites des chrétiens divergent entre

17. L'instabilité des relations entre les croyances et les comportements est
un problème qui date de trois siècles : voir la référence donnée ci-dessus
note 6.

18. C'est souvent le cas. Ainsi en 1973, l'appui qu'une position politique
française attend des « milieux chrétiens » traditionnels en matière de législation sur l'avortement appelle, de la part de la hiérarchie, un raidissement doctrinal qui permettra en retour à « l'Église » d'exercer indirectement une
pression politique sur ce point ou au sujet des écoles. Un fonctionnement
d'alliances entre milieux sociaux et pouvoirs politiques oriente la prise de
position « doctrinale ». L'énoncé chrétien traditionnel est l'instrument d'un
jeu politique entre groupes de pression.

19. Voir par exemple les enquêtes très précises, les meilleures du genre,
qui ont été menées en Suisse par l'Institut für Ehe- und Familienwissenschaft
de Zürich (*Situation und Bedürfnisse der Ehe-und Familienpastoral in der
Diözese Chur...*, 1970), ou en Allemagne (*Synode, Amtliche Mitteilungen der
gemeinsamen Synode der Bistümer in der Bundesrepublik Deutschland*, éd.
K. Forster, H.2, 1970, p. 19 et s. ; H.1, 1971, p. 21 et s.).

elles et par rapport aux opinions officielles. Faut-il donc recourir au corpus éthique qui a constitué l'intentionnalité chrétienne durant les siècles passés ? Il a formé un ensemble de « contenus normatifs ». Mais il n'est pas possible aux chrétiens de le reproduire. On ne « reproduit » jamais le passé. La question revient donc : qui fera le tri ou « autorisera » les innovations, et au nom de quels critères ?

Des mesures qui semblaient caractériser l'intervention chrétienne dans les pratiques, il reste donc un corpus dont les parties vivantes et les parties inertes varient selon les individus, et qui connote, ou illustre seulement, deux aspects formels de cette intervention : d'une part, elle joue sur les limites du donné qu'elle reçoit de la société, elle bouge les frontières ; d'autre part, il doit y avoir, aujourd'hui comme hier, une « *histoire efficace (Wirkungsgeschichte)* de l'Évangile [20] », c'est-à-dire un rapport entre la tradition évangélique et un agir effectif. C'est une praxis. Pas de « foi » sans « œuvres ». Mais plus rien ne fixe les remplissements objectifs de ces deux nécessités. Pendant un premier temps, la société civile a remplacé l'Église dans le rôle de définir les tâches et les statuts pour ne laisser à celle-ci que la possibilité marginale d'en corriger ou dépasser les circonscriptions. Aujourd'hui, le lieu ecclésial où pouvait se décider une tactique homogène de ces *border-lines* se dissout à son tour et laisse à chaque croyant le risque de les préciser. Ce qui survit à l'effondrement progressif du « corps » – problème central de toute l'évolution présente –, c'est un rapport formel entre le dépassement d'une situation et la décision de « faire » la foi. Il appartient au croyant de le prendre en charge et de le pourvoir d'un remplissement par un « contenu ». À mesure que le « corps de sens » ecclésial sort de l'effectivité, l'articulation de ce « modèle » sur des situations effectives revient aux chrétiens eux-mêmes. Ce « modèle » renvoie à la combinaison néo-testamentaire entre le « suivre (Jésus) » et la « conversion » – entre la *Nachfolge* et la *metanoia :* le premier terme indique un dépassement, qu'ouvre le nom de Jésus, et l'autre, une transformation de la conscience et des conduites, qui lui répond. Un *excès* qui dans l'histoire se

20. Franz Böckle, « La morale fondamentale », in *Recherches de science religieuse*, t. 59, 1971, p. 363, note 85 (c'est moi qui souligne).

nomme Jésus appelle une *décision* qui s'inscrit comme renouvelante dans l'objectivité des situations. L'appel à « suivre » et la possibilité de « changer » entretiennent une relation formelle dont aucune expression concrète n'est la vérité.

En effet, l'appel, principe de cette relation, n'est connu que dans la réponse qui lui est donnée. Il n'a pas d'expression propre. Jésus ne nous est accessible que par des textes qui, en parlant de lui, racontent ce qu'il a éveillé, et décrivent donc seulement leur propre statut d'écritures croyantes ou retournées. Jésus n'est désignable que dans des réponses concrètes. Nous n'avons que des variantes du rapport entre l'appel et la décision, et jamais un énoncé qui en fixant à l'appel son lieu propre donnerait à la réponse une formulation exemplaire et authentique. Aucun texte, fût-il « primitif » ou « apostolique », ne représente autre chose qu'une « modification » (une écriture) rendue possible par un appel sans objectivité énonçable en termes propres et reconnu seulement de proche en proche à travers des conversions successives. Le « suis-moi » nous vient d'une voix qui s'est effacée, à jamais irrécupérable, évanouie dans les changements qui lui font écho, noyée dans la foule de ses répondants. Il n'a pas de propre, ni place concrète, ni formule abstraite. Il n'est plus rien, sinon, rendu possible par lui, le tracé d'un passage, rapport entre une venue (naissance) et un départ (mort), puis entre un retour (résurrection) et une disparition (ascension), indéfiniment. Rien qu'un nom sans lieu. Les écritures initialement répondantes se développent elles-mêmes comme une série « écouter-suivre-devenir autre », modulée déjà de cent façons diverses, mais elles ne posent pas devant elles un terme stable. Le Nom qui instaure cette série désigne à la fois (et seulement) ce qu'il permet d'autre après lui et ce qui le renvoie vers son autre[21] par un mouvement d'écouter et de suivre le Père. Jésus est l'inconnue évanouissante de ce rapport « appel-conversion » qu'il nomme. Il entre lui-même dans cette relation qui pose des termes indéfinis : il est *oui* (2 Co 1, 19), réponse relative à un Innommable appelant, il est le « converti » perpétuel du Père inaccessible qui lui dit « viens ».

---

21. « Le Verbe est *à* lui et *vers* lui » (Jn I, 1).

Le mouvement chrétien[22] organise une *opération* dont nous n'avons, y compris dans le texte évangélique, que l'effet ou le produit, jamais le principe. En effet ce principe est un événement évanescent. Il est « mythique », en un double sens : cet événement n'a pas de lieu, sinon les écritures qui en sont le récit ; et il fait parler et agir, il engendre d'autres « écritures[23] » encore, tout en restant lui-même inobjectivable. Ce point de commencement est un point de fuite. Ce qui rend possible est également ce qui va au-delà, se retire ou échappe. Cet événement fonctionne dans l'ordre des récits (et donc des opérations) comme « Dieu » dans l'ordre des raisons (et donc des concepts et des êtres). C'est une « fable », de la même manière que Dieu « n'est qu'un mot[24] ». L'instauration et le dépassement qu'il nomme ne sont signifiés que par les rapports entre des écritures (ou des opérations) dont le nombre n'est pas clos. Il me semble que ce mouvement n'est pas compromis par l'amollissement, la dissémination, voire la disparition des lieux (ecclésiaux) qu'il traversait. Ils composaient seulement un espace de son développement, qui peut se poursuivre plus loin. Fondamentalement le sens (la direction) évangélique n'est pas un lieu, mais il s'énonce en termes d'instaurations et de dépassements relatifs aux lieux effectifs de notre histoire, hier religieux, aujourd'hui civils. On ne saurait donc lui retrouver une localisation propre ni lui chercher une expression spécifique nouvelle. Ces projets sont voués au néant puisqu'ils confondent la place où nous sommes avec le principe qui y suscite des trajectoires croyantes[25]. Le sens est toujours perdu en même temps que posé dans l'objectivité de tâches qu'il ne définit pas. En somme, il n'est pas plus sociologique qu'ontologique. Il « convertit »,

---

22. Voir Claude Chabrol et Louis Marin, *Le Récit évangélique*, Paris, coéd. Aubier, etc., coll. « Bibliothèque de sciences religieuses », 1974, p. 91-161.

23. Au sens large que je donne à « écriture ».

24. Voir Emmanuel Levinas, *En découvrant l'existence avec Husserl et Heidegger*, 2ᵉ éd., Paris, Vrin, 1967, p. 217-236, « Langage et proximité », surtout le passage intitulé « Ce n'est qu'un mot » (p. 235-236).

25. La communauté représente bien le *mouvement* évangélique, mais elle le prend pour ce qui doit définir un *lieu* : elle meurt dans le piège de cette contradiction, ou bien, en obéissant à l'exigence de se définir comme lieu, elle cesse d'être chrétienne.

mais il ne crée ni une place ni l'être. Il suppose un monde, il
ne le fait pas. Bien plus, il n'est jamais identifiable à la production qu'il rend possible. La réponse qu'il permet ne peut
rester à quai, liée à une circonscription de l'appel ni se tenir
à un lieu (social ou historique) de l'événement. La pratique,
toujours relative à un lieu, est indéfiniment « répondante » et
croyante, allante, comme Jacob « se mit en marche et s'en
alla » après avoir élevé une stèle à Béthel, endroit imprévu
et redoutable de sa vision (Gn 28, 18 à 29, 1). Elle ne cesse
d'avoir à se risquer plus loin, toujours aléatoire et fragmentaire.

Pendant des siècles, l'Église a offert sa géographie de col-
latéraux, de transepts et de déambulatoires à cette marche ;
elle a constitué ainsi des topographies dogmatiques, liturgiques ou éthiques. Aujourd'hui elle est dépassée par ce qui
passait d'abord en elle. De la sorte, elle est amenée à désigner
par sa mort en tant que lieu la nature du sens, et à s'accomplir ainsi en reproduisant elle-même le message évangélique
qu'elle portait : le temps doit périr et, seule, la mort du corps
autorise la pratique signifiante et voyageuse qu'est la « parole ». Destiné à d'imprévisibles trajectoires au titre d'un esprit
dont « tu ne sais ni d'où il vient ni où il va » (Jn 3, 8), le message[26] qui articule la vie de la « parole » sur la mort de Jésus
a depuis longtemps dépassé les limites du corps social qui lui
a servi de support et de terrain. Toujours en marche, dans des
pratiques de lecture de plus en plus hétérogènes entre elles et
distantes d'une orthodoxie ecclésiale, il annonçait la disparition du lieu. Pour avoir passé par là, il laisse seulement,
comme à Béthel, la trace de pierres dressées en stèles et
consacrées par une onction d'huile – par notre gratitude –
avant un départ sans retour.

Il est possible d'esquisser déjà dans quelles conditions les
« excès » de cette croyance désancrée travaillent les pratiques
sociales. D'abord, la désignation de l'expérience chrétienne
sera privée, alors que la détermination des tâches sera
publique ou privée. Il ne semble plus y avoir de place pour
une fonction qui conjugue publiquement l'une sur les autres,
c'est-à-dire pour une Église, même si l'institution qui jouait
le rôle d'une Église se poursuit sous la forme de groupes de

---

26. Qui n'est pas seulement le texte *écrit*.

pression, d'associations socioculturelles, de mentalités et de biens-fonds. Cette mutation s'inscrit d'ailleurs dans l'évolution, plus vaste, qui retire aux organismes publics la fonction d'affecter un sens à l'existence de leurs membres et qui renvoie cette question au risque personnel, élucidé grâce à des rencontres privées (amicales, familiales, collégiales). Ce qui disparaît, c'est donc la possibilité pour l'expérience chrétienne de faire corps elle-même. Mais, par contrecoup, se renforce la nécessité – et le désir – de *faire corps avec l'histoire*. Il n'y a pas d'autre sol que celui des places et des tâches sociales, imbriquées les unes sur les autres, limitées et impossibles à totaliser. Une expérience tellurique, politique, sociale se substitue aux protections fournies par le « corps de sens » qui garantissait un « univers sans démenti[27] » : comme tombée du navire ecclésial, au moment où il coule, l'expérience croyante se perd dans l'immense et incertain poème d'une réalité anonyme qui va et qui vient ; elle renonce à l'appropriation d'un sens, que conditionnaient la coque et les hublots, pour recevoir de cette histoire indéfinie une vie qui comble chacun en l'outrepassant. Il n'y a pas d'autre corps que le corps du monde et le corps mortel. Dans l'austérité de travaux objectifs, s'offre la grâce d'être altéré par ce qui vient, d'avant ou d'à côté, et qui va plus loin – à la manière dont l'individu renaît d'être altéré par le corps d'un autre et fait place à une existence risquée, étrangère et sienne, qu'il rend possible en s'effaçant. Cachée dans la soumission aux règles d'une tâche et dans la régularité d'exigences objectives non choisies, il peut y avoir une érotisation de l'histoire – une passion altérante et altérée, j'oserais dire : une rage d'aimer. Elle est attentive, dans une opération, à tous les « appels » auxquels répondre en se retournant, invitations discrètes aux excès qui ponctuent de risques les normalités et qui, sans avoir de nom propre ni de repères corporatifs, insinuent partout des manières de trouver en perdant. C'est l'analogue de ce que, depuis Ruusbroec, les mystiques appellent « vie commune[28] ». Nous en avons une figure avec *Jésus*

---

27. Raymond Aron, *in* Christian Chabanis, *Dieu existe-t-il ? Non...*, Paris, Fayard, 1973.

28. Chez Ruusbroec, la « vie commune » *(dat ghemeyne leven)* relie les *êtres* créés les uns aux autres dans le « service de tout le monde » et fait coïncider les « *moments* » (d'abord distincts, successifs ou antinomiques) de l'action et de la contemplation. L'homme « élevé » est « l'homme commun » ; il

noyé dans la foule, tel, à la fin des *Enfants du paradis*, le clown perdu dans le fleuve de la rue et peu à peu s'y effaçant, « pris » – enfin – par l'histoire réelle que jusque-là il représentait seulement.

Reléguée dans le privé et appelée à se perdre dans l'histoire, l'expérience croyante doit se situer aussi par rapport à un corpus et le relire. D'innombrables « inscriptions » – reliques institutionnelles ou textuelles – sont les effets d'expériences chrétiennes passées. Certes, l'esprit qui les anime ne se dit lui-même nulle part. La production qui résultera aujourd'hui de leur réinterprétation n'est donc garantie par aucune institution ni par aucun document : les divergences entre ces « inscriptions », la dé-fection d'une organicité entre elles, l'hétérogénéité des pratiques présentes qui en déterminent un réemploi impliquent également l'impossibilité d'identifier la croyance et de restaurer une unité grâce aux produits du travail interprétatif. La désignation de la croyance relève d'un risque privé. Elle sera, dans un lieu socio-économique ou discursif, un effet de l'interrogation que j'entends dans ces documents quand j'y réponds, et de la résistance qu'ils offrent aux pratiques sociales actuelles utilisées par la lecture. L'établissement des critères n'est lui-même qu'un cas particulier dans cet ensemble d'opérations ; il ne les contrôle ni ne les domine. Il n'y a pas de principes stables, échappant aux effets d'opérations interprétatives. Qu'elles aient ou non un objet chrétien, les pratiques sont déterminées par les conditions non chrétiennes de leur production. L'« excès » croyant ne se trace qu'en des lieux et par des conduites qui ne lui sont pas propres. C'est, professionnelle ou familiale, politique ou littéraire, une écriture dont le rapport à d'autres écritures chrétiennes reste à préciser.

« se doit à tous ceux qui réclament son aide » et il partage la « vie commune » de Dieu, éternellement active et éternellement en repos. Voir Ruusbroec, *Noces*, II, 37-38 ; *Royaume des amants de Dieu*, XXXV et XLIII ; etc. Sur la *ghemeynheit* et la « vie commune », voir par exemple Paul Henry, « La mystique trinitaire du bienheureux Jean Ruusbroec », in *Recherches de science religieuse*, t. 41, 1953, p. 63-75.

Une fable qui fait croire

À sentir s'évanouir le sol chrétien sur lequel je croyais m'avancer, à voir s'approcher, depuis longtemps en marche, les messagers d'une fin, à reconnaître ainsi mon rapport à l'histoire sous la forme d'une mort sans lendemain *propre* et d'une croyance dépourvue de lieu *assuré*, je découvre une violence de l'instant. Une nécessité poétique (j'oserais dire une « ferveur », avec la force de ce vieux mot) naît de la perte qui ouvre effectivement sur une faiblesse. Comme si, d'avoir épié les signes de ce qui nous manquait, naissait peu à peu la grâce d'être atteint par ce qui s'y indiquait de plus fragile et fondamental. La

> « joie impénitente
> d'avoir aimé des choses ressemblantes
> à ces absences qui nous font vivre [29] »

accompagne le retour et « l'invention » d'une en-fance. Cela qui vient d'ailleurs et va plus loin n'est là nulle part. Ce qui passe en nous d'altéré et d'altérant a forme de silence et de commencement (*in-fans*). Quelque chose d'indéfiniment originaire, que la prose de Merleau-Ponty évoquait avec pudeur : « Il n'est pas même exclu... que nous trouvions en elle [l'expérience] un mouvement vers ce qui ne saurait être présent en original et dont l'absence irré-médiable compterait ainsi au nombre de nos expériences originaires [30] ». Mais pour la croyance, cette « absence irré-médiable » est, dans le quotidien, la dissémination d'une advenue. L'*in-fans* est *événement* dans le retournement ou l'altération qui lui répond. Cet « événement » qui n'a pas de lieu social ni rationnel ne peut se dire qu'en rêve. Ainsi des

---

29. Rainer Maria Rilke, *Vergers*, 59, Paris, Gallimard, 1926, p. 81. Poème écrit directement en français. L'édition allemande des œuvres (*Sämtliche Werke*, hrsg. v. Rilke-Archiv, II/2, Wiesbaden, 1957) et le recueil français le plus complet (*Œuvres*, t. 2, *Poésie*, éd. Paul de Man, Paris, Seuil, 1972, p. 500) donnent, comme dernier mot du dernier verset, « agir » au lieu de « vivre ».

30. Maurice Merleau-Ponty, *Le Visible et l'Invisible*, Paris, Gallimard, 1964, p. 211.

« histoires » bibliques naguère coupées de « songes » : « Joseph eut un songe et il le raconta à ses frères... » (Gn 37, 5) ; « Le chef des échansons raconta à Joseph le songe qu'il avait eu... » (Gn 40, 9) ; « Pharaon eut un songe... » (Gn 41, 1). Indépendamment des excès qui le tracent effectivement dans des pratiques sans nom propre (chrétien), l'événement se raconte en songe. Il a figure de fable.

Cet indice d'un non-lieu initiateur renvoie à un vouloir. Il est la métaphore d'une question du sujet, comme telle non introductible dans les rationalités ou les organisations d'une société. Encore cette métaphore garde-t-elle une forme interrogative ; comme le songe, elle n'a pas de sens, sauf ce qui lui vient d'ailleurs et d'un autre comme une réponse qu'il faut croire pour comprendre : « Nous avons eu un songe et personne ne peut l'interpréter » (Gn 40, 8) ; « J'ai eu un songe et il n'y a personne qui l'explique » (Gn 41, 15) ; etc. Le songe est un insu du vouloir : il passe sans qu'on le (com)prenne. Le langage du désir est à la fois l'étranger qui « trouble[31] » le lieu (le voleur dans la maison) et l'étranger à ce qu'il dit (il reste masqué dans la métaphore) ; bien plus, cette altérité interne du songe (quelque chose d'autre survient) se combine à l'altérité de l'interlocuteur-interprète (quelqu'un d'extérieur vient, un étranger qui fait écho à l'énigme et qu'il faut croire pour donner sens au rêve). Ainsi arrive, dans l'entrelacement de ces altérités (la fable du songeur et la fiction de l'interprète), un vouloir qui est différence. Aussi ne peut-on confondre ce vouloir avec un choix. On ne choisit pas d'être croyant. C'est un vouloir qui traverse les options et dont elles ne sont que des symptômes. Fondamentalement, *être croyant, c'est vouloir être croyant*. Cherchant à rendre compte de sa foi, à la fin de sa vie, Thérèse de Lisieux se disait chrétienne parce qu'elle « voulait croire », terme qu'elle soulignait comme essentiel[32]. Un mot voisin de ce que Derrida écrivait à propos de Descartes : « Être cartésien, c'est (...) vouloir être cartésien. C'est-à-dire (...) vouloir-dire-l'hyperbole démonique à partir de laquelle la pensée s'an-

---

31. Dans l'histoire de Joseph, les eunuques sont « chagrinés » et « moroses » (Gn 40, 6-7), ou le pharaon « troublé » (Gn 41, 8), par le songe.

32. Thérèse de l'Enfant-Jésus, *Écrits autobiographiques*, Paris, Seuil, coll. « Livre de vie », 1957, p. 247 et s.

nonce à elle-même, *s'effraie* elle-même et *se rassure* au plus haut d'elle-même contre son anéantissement ou son naufrage dans la folie et dans la mort. *Au plus haut d'elle-même*, l'hyperbole, l'ouverture absolue, la dépense anéconomique est toujours reprise et surprise dans une *économie* [33]... » Ce vouloir ne relève pas d'un volontarisme, mais d'« une passion première » qui se raconte en songes.

Tracée dans les pratiques par un excès qui n'a pas de nom ni de lieu ni de sens propres, cette « passion première » se manifeste dans le langage par des écritures à partir de songes. Une tradition chrétienne de voix et de visions, pour nous devenues distantes, nous apporte « l'inquiétante familiarité [34] » de ces songes, dont le sens, d'abord absent (ces « rêves » symbolisent avec un vouloir), est un effet d'interprétation produit par la venue d'un autre temps. De ce rapport entre des fables (que le désir reconnaît bien avant qu'elles soient « expliquées ») et la détermination d'un sens par une histoire qui leur est étrangère (une fabrication dans la distance), naît *l'écriture*. Elle est un lieu textuel du non-lieu, elle tisse des altérités. Cette « interprétation des rêves » qu'est notre exégèse dit ce qui n'existe qu'en mouvement. C'est une « machine [35] » littéraire qui produit à partir de fragments de fable un langage converti et convertible. Entre les deux termes sur lesquels se construit l'écriture – un imaginaire et une érotique du « vouloir » –, il y a un jeu réciproque continuel. Le texte croyant résulte d'une opération relative à des fables qui la permettent. Puisque le support institutionnel manque, puisqu'il cesse d'avoir par rapport à l'expérience le rôle d'un englobant (hier la foi singulière se formait à l'inté-

---

33. Jacques Derrida, *L'Écriture et la Différence*, Paris, Seuil, 1967, p. 95.
34. L'*Unheimliche* de Freud (*Essais de psychanalyse appliquée*, Paris, Gallimard, 1933, p. 163-211) concerne de façon privilégiée la fiction littéraire. Voir Jacques Derrida, *La Dissémination*, Paris, Le Seuil, 1972, p. 300 ; Michel de Certeau, *Histoire et psychanalyse entre science et fiction*, nouv. éd., Paris, Gallimard, « Folio-Histoire », 2002, « L'absent de l'histoire », p. 211 et s.
35. On sait que la dialectique pascalienne désigne sa production littéraire comme une « machine » capable de « tourner les propositions à tous sens » et de « varier les énonciations » : « Les manières de tourner les choses sont infinies » (*Traité des ordres numériques*, in Pascal, *Œuvres complètes*, Paris, Seuil, 1963, p. 65). C'est la forme logique d'un mouvement « infini » de transformation ou de « conversion ».

rieur d'une Église) ou d'un référent (une réalité était indistinctement donnée là, cachée dans la vie du corps), le corpus « évangélique » est devenu le seul repère. Depuis qu'une Église ne le tient plus, le discours biblique s'est mué en discours d'un non-lieu. Et la relation qu'il entretient avec l'acte de croire est désormais fondamentalement différente :

1. Au lieu que l'expression croyante soit une explicitation de la manifestation (biblique) disant la vérité présente dans l'épaisseur historique d'un corps institutionnel et sacramentaire, elle est à présent une production qu'engendre à partir d'un texte une opération de lecture.

2. Au lieu d'être une représentation partielle de la totalité vécue et donnée par une Église qui règle les formules théologiques ou éthiques, c'est, à côté de la fable, un écart qui lui répond dans la distance maintenue, et donc un rapport d'autre à autre.

3. Au lieu d'avoir la forme d'un commentaire autorisé qui leste de notes dogmatiques ou historiques le texte biblique, et l'ancre ainsi dans une extériorité qui serait sa vérité, fournie par le fonds du savoir théologique ou exégétique, base de la mise en place et de la mise en page, c'est une prolifération risquée, mais contrôlée par les procédures propres à telle ou telle pratique du texte.

La Bible passe donc comme un convoi de représentations. Venus de très loin, circulant aujourd'hui dans les librairies (les éditions de la Bible se multiplient et se vendent bien), dans nos rues et dans nos maisons, ces défilés de songes sont reconnaissables, bien qu'il s'y parle une langue étrangère à celles des lieux où se tiennent nos savoirs. Virgile le disait déjà : « La déesse se reconnaît à son pas [36]. » Une « manière », une démarche, un style ouvrent la possibilité d'un écho – réponse de gratitude – qui précède la production de ce qu'on appellera le sens (retentissement de cet écho dans la région réceptrice). En elle-même, la fiction n'*a* pas de sens. Elle engendre un mouvement. Depuis la coupure platonicienne entre l'apparence et la réalité, et donc entre opinion et science, ou entre discours fictif et discours de vérité, la fic-

---

36. Virgile, *Énéide*, I, 405 : « *Vera incessu patuit dea.* »

tion est le langage sans force [37], également dépouillé du privilège d'énoncer l'être et du pouvoir d'organiser les pratiques
(y compris la pratique de sa propre lecture). Ce dire ne tient
à rien qui lui soit extérieur (même si une histoire a été sa
condition de possibilité). Dans la fable, la « réalité » s'abolit.
Aussi faut-il s'oublier pour lui répondre, quitter comme dans
le sommeil le souci de s'assurer d'un lieu ou d'une vérité
(fût-elle « historique »), accepter de perdre le temps et l'acquis, « risquer la réalité pour l'apparence [38] » et faire place à
une différence, à une « force de la faiblesse [39] », à un texte fictif, c'est-à-dire à « ce vrai qui a figure de mensonge [40] ».
Alors un remuement s'amorce. Du signe (ou du texte) passé
à la production d'un sens (et d'un autre texte) qui trace un
geste de croyance dans un autre espace, toute une activité se
développe, que règlent à la fois les résistances du corpus
(plurielles et mobiles, relatives à des parcours et à des
méthodes) et les déterminations (scientifiques ou communes,
sociales de toute façon) des pratiques de lecture et d'écriture.
C'est le temps où se fabrique une interprétation. Elle se
construit en fonction d'une désappropriation, s'il est vrai que
« le proche, c'est le propre [41] » : il nous faut accepter la distance qui nous sépare d'écrivains ou de locuteurs morts et,
plus encore, d'une Parole passée.

Comme Joseph, l'interprète actuel n'est pas le rêveur. Il
est l'étranger à qui s'offre un récit. De sa place, il répond à un
texte (à un songe raconté) et non à quelqu'un. Encore moins
se prévaut-il d'être là où parlent les locuteurs – les auteurs

37. Voir Philippe Lacoue-Labarthe, « La fable (littérature et philosophie) », in *Poétique*, n° 1, 1970, p. 51-63.
38. À propos de l'éducation esthétique, Schiller distinguait deux stades :
« l'homme ne fait pendant longtemps qu'utiliser l'apparence à ses fins » ;
mais « une révolution totale » se produit quand apparaissent chez lui « des
traces d'une appréciation libre et désintéressée de la pure apparence ». « À
partir du moment où, d'une façon, toute générale, l'homme s'est mis à préférer la forme à la matière et à risquer la réalité pour l'apparence (qu'il devra
toutefois avoir reconnue pour telle), une brèche est ouverte dans le cercle de
sa vie animale et il est engagé dans une voie sans fin » (*Lettres sur l'éducation esthétique de l'homme (1794-1795)*, trad. R. Leroux, Paris, Aubier,
1943, 27ᵉ lettre, p. 339). C'est la fiction qui aujourd'hui ouvre cette brèche.
39. Philippe Lacoue-Labarthe, *op. cit.*, p. 62.
40. Dante, *Inferno*, XVI, 124 : « *Quel ver c'ha faccia di menzogna.* »
41. Jacques Derrida, *Marges*, Paris, Minuit, 1972, p. 160.

(historiques), ou Dieu – pour expliquer ce qu'ils ont « voulu dire ». Il n'est pas à la même place qu'eux, mais loin et autre. Il ne se donne pas la place du sujet, à l'inverse de ce que devait supposer le théologien, par la médiation de l'Église, pour prétendre dire mieux, ou différemment, la même chose que l'auteur. Il n'est pas non plus obligé de tenir la Bible pour une relique, objet « ayant appartenu » au mort, reste d'un disparu, objet « sacré » d'être le dernier visible avant l'extinction, point où le deuil est suspendu et arrêté par le désaveu *(Verleugnung)* de la perte déjà connue par ailleurs [42]. Cette volonté de « conserver » quand même ce que l'on sait bien « perdu » fait fonctionner la Bible comme fétiche [43]. Elle transforme le texte en ersatz du théologien d'antan. Elle dénie le fait que la Parole ne s'entend plus. Loin d'être cette inquiète préservation d'une identité, tâche partout contredite par les méthodes mêmes qui sont mises à son service [44], l'interprétation croyante sera la marche d'un travail de soi sur soi répondant de loin à des textes rencontrés sur le chemin, dispersés, sans unité saisissable ni à chercher, mais productifs pourtant, à cause du « trouble » ou (pour prendre un terme plus évangélique) de la « crise » que, tels des songes, ils provoquent d'abord en nous. Si, de la sorte, ils permettent une construction de sens, il ne s'agit nullement d'un sens qui dirait leur être ou la vérité. Ici, au contraire, le sens a pour postulat, tout au long de l'opération productrice, l'absence de la vérité, d'une essence ou d'un sujet-auteur récupérable à travers le texte. Une distance entre le lieu de la production et celui du texte établit une insurmontable différence de l'un à

42. Voir les remarques de Pierre Fédida, « La relique et le travail du deuil », in *Nouvelle Revue de psychanalyse*, n° 2, intitulé « Objets du fétichisme », 1970, p. 249-254.

43. Voir Octave Mannoni, *Clefs pour l'imaginaire ou l'Autre Scène*, Paris, Seuil, 1969, p. 11 et s. : « Je sais bien, mais quand même... »

44. L'exégète sait bien que son appareil technique, organisé par les disciplines littéraires et historiques du début du siècle, le conduit loin de la place inspirée et locutrice d'où le théologien prétendait parler au nom de l'Église. Il traite des objets, selon des méthodes qui leur sont étrangères. Mais il marque partout des arrêts, grâce à l'idéologie reçue dont il couvre son travail, aux restrictions dogmatiques qui en suspendent les développements logiques, à l'isolement « théologique » qui met à part le corpus biblique, etc. C'est l'homme du *quand même*. Il est fonctionnellement ce qui reste du théologien, lié à un texte « tenu » comme le reste du corps ecclésial.

l'autre. Entre les deux, aucun « nous » (« nos » écritures ou « notre » foi), car une mort les sépare, celle de Jésus, celle de son corps ecclésial. L'écriture croyante risque donc un sens, une traversée dans son propre espace, « à partir d'une organisation "formelle" qui en elle-même n'a plus de sens [45] ». Aussi a-t-elle pour statut d'être elle-même extérieure aux langages organisateurs des pratiques sociales, et pour contenu une différence par rapport au présent puisque le « sens » qu'elle produit est soit l'au-delà (téléologique), soit l'en-deçà (historique), soit l'ailleurs (poétique et « fictif ») de l'actualité. Elle appartient, elle aussi, à l'ordre de la fable. Tout interprétative qu'elle puisse être, elle reproduit donc au moins le statut de la fable évangélique, langage sans force, structuré par l'absence du corps, le renoncement à la proximité et l'effacement du propre.

Sous ce biais, il reste pertinent – et nécessaire à qui « s'oublie » en lisant les premières écritures croyantes – d'expliquer de loin les textes évangéliques. Leur contenu correspond d'ailleurs à leur statut. Quelque chose de ce qu'ils disent concerne donc toute écriture croyante. Un non-lieu initial (le tombeau vide) y génère, en quelque sorte, la fonction du texte (il articule sur la croyance dont il résulte la croyance dont il organise la possibilité chez ses destinataires) et son contenu (il est la mise en scène de cette fonction, mais selon les lois propres à un récit). Ainsi, l'histoire racontée renvoie au fonctionnement qui l'engendre. Au lieu d'analyser le texte comme fable et d'y reconnaître une manière de *dire*, on peut partir de ce qu'il *dit*. Il y aura homologie de l'un à l'autre, mais la nature de l'écriture croyante s'en trouvera explicitée. Un indice montrera comment ce *dit* (l'histoire) a pour caractéristique d'être *un système de renvois à l'autre*. Le récit évangélique se construit en développant – en dépliant et en modulant – le rapport formel que, dans son ensemble, il entretient avec l'objet passé *(absent)* dont il parle et avec les destinataires à venir (également *absents*) qu'il vise. Il se déploie ainsi comme une mise en *relation* dans et par la *séparation*.

Le jeu évangélique de la *Nachfolge* et de la *metanoia* faisait apparaître une réciprocité entre le geste de Jésus – se

45. Jacques Derrida, *Marges*, p. 161.

retourner pour appeler – et celui du disciple – se retourner
pour répondre. Leur rapport produit de part et d'autre un acte
qui « fait signe ». Mais, des deux côtés, ce qui spécifie et rend
possible ce *faire signe*, c'est une rupture dans une continuité :
se retourner. La conduite du disciple en est qualifiée :
rompre, quitter, partir, renoncer, laisser, etc. Celle de Jésus
aussi. Il a quitté le Père, renoncé à ses privilèges, coupé la
suite généalogique, rompu ses alliances, etc. Son histoire est
une série de départs, de « crises », de divisions et de sépara-
tions, jusqu'à la mort, qui va permettre au corpus entier de
ses *verba et gesta* de « faire signe » – d'être « évangélique ».
Le détail même du texte réduplique ce postulat de la signification : dans Luc, sans cesse Jésus « se retourne [46] » pourpar-
ler. L'advenue de Jésus (l'appel) et le départ des disciples (la
réponse) supposent, l'une, qu'il se sépare pour venir, l'autre,
qu'ils quittent tout pour le suivre. Par rapport aux identités
reçues (ainsi, dans l'unité de Dieu, se crée la zébrure d'une
distinction) et aux stabilités contractuelles (dans l'alliance
entre Dieu et le peuple se crée la déhiscence d'un déplacement vers les « Gentils »), intervient une pratique signifiante,
la coupure, instauratrice d'une relation que définissent non
plus la conformité à une Loi, mais la conversion vers l'autre,
non plus une « fidélité », mais une « foi ». À un « être-là »
sacré, principe et région des actions justes, se substitue l'acte
de « venir » ou de « suivre », qui *fait* confiance à l'autre, lui
fait signe et « *fait* la vérité ». Mais il fonctionne dans un rapport nécessaire avec des institutions et des formes en principe
maintenues [47]. L'irruption de Jésus ne fonde pas un nouveau
lieu – un Testament, une religion – qui aurait un autre
contenu, mais la même forme que le précédent. Il introduit le
non-lieu d'une différence dans un système de lieux. Depuis
la naissance qui trouble une généalogie jusqu'à la mort qui
déhanche son articulation l'alliance entre le peuple élu et
Yahvé l'unique, depuis la parole qui détonne jusqu'au
miracle qui tranche, partout la césure travaille. L'homogé-

46. Le 7, 9 ; 7, 44 ; 9, 55 ; 10, 22-23 ; 14, 25 ; 22, 61 ; 23, 28.
47. Voir par exemple les analyses de Louis Marin sur l'« effacement » et
la « résurrection » des toponymes dans les évangiles, travail de mutation dans
le maintien d'un réseau : *Sémiotique de la Passion. Topiques et figures*,
Paris, coéd. Aubier, etc., coll. « Bibliothèque de sciences religieuses », 1971,
p. 31-47.

néité des traditions, la cohésion des appartenances, l'unité du peuple ou du public d'auditeurs, le rapport des maîtres à leurs autorités, etc., tout se clive, obéissant à la pratique signifiante qui organise le texte. Ce que signe le nom de « Jésus » *dans* ce texte (postulat du travail par lequel le texte entier l'établit en parole et produit son nom de « Christ »), c'est la netteté, la *nettezza*[48], ce sont des arêtes, comme si le reste était secondaire et devait suivre – effets de la différence dans une pluralité imprévisible de systèmes.

La relation que cette coupure inscrit dans le lieu où elle se produit (celui de l'Alliance) y est appelée la foi. Ses formes y sont démultipliées et modalisées sur l'axe général du récit que construit encore, de la naissance à l'ascension, le rapport d'une itinérance à une communication. Croire, c'est « venir » ou « suivre » (geste marqué par une séparation), sortir de son lieu, être désarmé par cet exil hors de l'identité et du contrat, renoncer ainsi à la possession et à l'héritage, pour être livré à la voix de l'autre et dépendant de sa venue ou de sa réponse[49]. Attendre ainsi de l'autre la mort et la vie, espérer de sa voix l'altération incessante du corps propre, avoir pour temple l'effet, dans la maison, d'une mise à distance de soi par un retournement qui « fait signe », voilà sans doute ce que la coupure croyante introduit à l'intérieur ou dans l'entrejeu de tout système, ce que la foi et la charité connotent, ou ce que représente la figure de Jésus itinérant, nu et livré, c'est-à-dire sans lieu, sans pouvoir et, comme le clown d'H. Miller, *forever outside*[50], « à jamais en dehors » de soi, blessé par l'étranger, converti à l'autre sans être tenu par lui. Mais cela ne fait pas un lieu – institutionnel, dogmatique, historique ou psychologique. La fable ne donne pas une identité. Il y aurait encore de la tromperie à tenir la dépense, le gaspillage ou la clochardisation, pour des places que définirait ce

---

48. *Nettezza*, c'était déjà par ce mot de Catherine de Gênes que Léonce de Grandmaison caractérisait finalement la figure évangélique de Jésus, in *Jésus-Christ*, Paris, Beauchesne, 1928, t. 2, p. 121.

49. Ainsi, dans la Transfiguration, l'audition remplace l'habitation d'un lieu saint (la tente), et la voix de la nuée se substitue à la vision de la « gloire ». Voir Lc 9, 28-36, et parallèles.

50. Henry Miller, *Le Sourire au pied de l'échelle*, Paris, Buchet-Chastel, 1953 (éd. bilingue), p. 118, « En guise d'épilogue » : « *We are always in process of becoming, always separated and detached, forever outside.* »

texte et que garantirait une pratique de la coupure. La tentation « spirituelle », c'est de constituer en lieu l'acte de la différence, de transformer la conversion en établissement, de supposer au « poème » qui dit l'hyperbole la force de faire l'histoire ou d'être la vérité qui en tient la place, enfin, comme en la transfiguration évangélique (mouvement métaphorique), de prendre la « vision » pour une « tente » et la parole pour une nouvelle terre. La spiritualité chrétienne, dont les écritures innombrables offrent, à travers tant de parcours, un immense répertoire de la différence, n'a cessé de critiquer ce leurre ; elle s'est tout particulièrement attachée à refuser au croyant la possibilité de *s'arrêter* sur le « moment » de la coupure – une pratique, un départ, une œuvre, une extase –, et à défaire toute identification de la foi à un lieu.

Nous sommes aujourd'hui plus radicalement obligés, par la grâce de l'histoire, à prendre au sérieux cette leçon. Elle vise l'Église elle-même, qui perd ses biens immobiliers. Le « nouvel Israël » chrétien semble rejoindre l'ancien Israël en exil et dans la diaspora. Comme les Juifs privés de pays, sans propre et donc sans histoire (il y a histoire là où il y a un lieu), après la destruction du Temple, les croyants sont livrés à la route avec des textes pour bagages. Les deux mille ans nécessaires à ce deuxième exil auraient eu pour résultat de transfigurer la « lettre » de la Loi en « poème » de la différence. Le travail chrétien, pendant tout ce temps, aurait produit cette conversion de la légalité du texte, c'est-à-dire ce qui lui restait de force, en la faiblesse d'une fable ; l'alphabet des sagesses divines en l'écriture d'une « folie » ; la vérité des pensées et des pratiques données par le Livre en celle d'un « songe » qui coupe les pensées et les pratiques. L'essentiel, dès lors, n'est pas ce qui reste de l'immobilier ecclésial – lieu qui fonctionne désormais comme association financière, latence historique ou prestige culturel –, et pas davantage les substituts idéologiques de ce corps du sens – communautés énonciatrices, faits historiques, positivités « anthropologiques ». C'est l'opération que trace dans les lieux effectifs de nos insertions sociales leur mise en relation avec la coupure dont la fable évangélique nous est, à travers ses écritures d'hier ou d'aujourd'hui, la condition de possibilité. Aucun lieu n'assure leur conjugaison. La fable reste toujours *dans la distance*, comme l'autre poétique de l'effectivité historique, comme une utopie qui n'est articulée sur les topographies sociales que par un risque privé. Il n'y a pas d'entre-deux ni de médiation, sauf, éphémère, jamais assuré, l'acte de croire, qui s'inscrit tantôt dans des pratiques sans nom propre, tantôt dans des fictions chrétiennes dénuées de force opératoire. Ainsi vont et viennent, brisées en récits sans pouvoir et en histoires sans parole, les trajectoires croyantes que rend possibles encore le nom de Jésus, ce « passant considérable [51] ».

Comme une goutte d'eau dans la mer

Une méditation éphémère et locale ne saurait dire la situation du christianisme. Ce n'est que le récit d'une croyance, tel qu'à partir d'une place, de solidarités et d'amitiés, de pratiques scientifiques et sociales, il s'écrit. C'est aussi, un de plus, le « songe » que trace une coupure chrétienne dans ma topographie imaginaire d'eaux et de pierres, de liquidités et de solidités. Texte fragile et flottant, témoin de lui seul, pourtant perdu dans la rumeur innombrable du langage, et donc *périssable*. Mais le statut de cette fable annonce la joie de s'effacer dans ce qu'elle figure, de retourner au travail anonyme d'où elle naît, de se convertir à cet autre qu'elle n'est pas. L'écriture croyante, dans sa faiblesse, n'apparaît sur l'océan du langage que pour y disparaître, prise elle-même dans le travail de déceler en d'autres écritures le mouvement par lequel, sans cesse, elles « viennent » et « s'en vont ». Selon une expression des mystiques, c'est « une goutte d'eau dans la mer [52] ».

Ce travail scripturaire n'a pas de respectabilité en propre, ni de vérité en soi. Il traverse le lexique d'un espace. Il se tourne vers d'autres travaux. C'est une opération passante et

---

51. Je reprends un mot de Mallarmé sur Rimbaud, dans sa lettre à Harrison Rhodes, in Mallarmé, *Œuvres complètes*, Paris, Gallimard, coll. « Pléiade », 1945, p. 512.

52. Voir saint Bernard, *De diligendo Deo*, § 28 ; Harphius, *Theologia mystica*, II, 3, chap. 33 ; Surin, *Guide spirituel*, VII, 8 ; Fénelon, *Instructions sur la morale et la perfection chrétienne*, in *Œuvres*, t. 6, p. 116 ; etc. Sur la portée de ce concept symbolique et ses transformations, voir Michel de Certeau, *La Fable mystique*, t. 1, 2e éd., Paris, Gallimard, coll. « Tel », 1987.

passagère. Sa marque « évangélique » serait la blessure que
produit dans un territoire ou une activité diurne l'ange du
Yabboq (Gn 32, 23-33), le voleur nocturne de la parabole[53],
l'inquiétante familiarité du songe. Et puisqu'une signature y
est au contraire la marque de la localité où s'effectue ce travail, du propre altéré déjà par l'effacement auquel il est destiné, je reviendrai volontiers à la tradition ésotérique d'après
laquelle chacun passe le temps, sa vie durant, à chercher le
sens – la direction – dont son nom propre est l'énigme. Ce
texte est en effet une étape dans l'itinérance produite par la
quête du nom *propre*, c'est-à-dire du nom qui nous vient toujours d'un *autre*. « Michel », c'est « Qui est comme El ? »
– Qui est comme l'Innombrable, Dieu ? Ce mot dit le
contraire du propre. Sous le mode (craintif ? respectueux ?
pudique ?) de l'interrogation, il appelle sa rature.

---

53. Le 12, 39 ; Mt 24, 43 ; Ap 16, 15 ; etc.

11

La faiblesse de croire

Autrefois une Église organisait un sol, c'est-à-dire une terre constituée : à son intérieur, on avait la garantie sociale et culturelle d'habiter le champ de la vérité. Même si l'identité liée à un lieu, à un sol, n'était pas vraiment fondamentale dans l'expérience chrétienne (l'institution n'est que ce qui permet à la foi une objectivité sociale), sur cette terre pouvaient s'enraciner des cohortes de militants qui y trouvaient la possibilité et la nécessité de leur action. Les uns géraient le propre : les œuvres, l'école, les associations découpées par secteurs ou par milieux ; d'autres se vouaient à un travail social, y compris à travers le champ du politique, assurés d'être conduits et inspirés par une « éthique chrétienne », élus et liés par l'obéissance à une « mission chrétienne ». Quel qu'en fût l'objet, cette militance agissante au-dehors n'était que l'expansion bienfaisante de la vérité tenue au-dedans.

À présent, semblable à ces ruines majestueuses d'où l'on tire des pierres pour construire d'autres édifices, le christianisme est devenu pour nos sociétés le fournisseur d'un vocabulaire, d'un trésor de symboles, de signes et de pratiques réemployés ailleurs. Chacun en use à sa manière, sans que l'autorité ecclésiale puisse en gérer la distribution ou en définir à son gré la valeur de sens. La société y puise pour mettre en scène le religieux sur le grand théâtre des mass media ou pour composer un discours rassurant et général sur les « valeurs ». Des individus, des groupes empruntent des « matériaux chrétiens » qu'ils articulent à leur façon, faisant encore jouer des habitudes chrétiennes sans pour autant se sentir tenus d'en assumer l'entier sens chrétien. Aussi le *corps*[1]

---

1. Par *corps*, j'entends l'unité sociale que constituent des réseaux de pratiques, d'idéologies et de cadres de référence. Des *limites* (des initiations et

chrétien n'a-t-il plus d'identité ; fragmenté, disséminé, il a perdu son assurance et son pouvoir d'engendrer, sur son seul nom, des militances. Du pluralisme de Vatican II, inscrit sous le signe d'une idéologie libérale et d'une administration soigneusement conservée dans sa hiérarchie, on en est venu à cette longue hémorragie qui vide en silence des structures laissées intactes mais exsangues, coquilles abandonnées par la vie, et, parallèlement, à la prolifération de petits groupes qui cultivent la joie d'être ensemble et de construire un discours à la place du corps qui n'existe plus [2]. (...)

Politiques et poétiques du quotidien

Au-delà des vues générales de Vatican II sur le « peuple de Dieu » et sur « le monde », une réalité quotidienne s'impose, qui organise les choix, institue d'irréductibles différences et crée les vrais clivages entre chrétiens : non plus une séparation entre le monde et l'Église, mais les divisions imposées par l'histoire humaine qui traversent aussi l'Église (divisions des classes, des politiques, des sexes). Les lieux stratégiques des discussions, oppositions et réflexions se sont déplacés de l'ecclésiologie à la politique, des conceptions du « peuple de Dieu » à la réalité des conduites. Par là se manifeste l'extério-

---

des exclusions), des *conduites* (hiérarchisées selon des critères de reproduction et de sélection) et des *convenances* (postulées et manipulées par des « stratégies » internes) la spécifient. Je renvoie ainsi à une opacité, une singularité et un vécu du *lieu* où se fabriquent les *discours* de l'élucidation, de la généralisation et du rapport à ce qui échappe au vécu (c'est-à-dire le dogmatique, le primitif, le futur, l'extériorité, l'absence). Entre les procédures sociales qui rendent possibles et contrôlent les discours, et les productions discursives relatives à ce qui manque au présent, il y a une permanente tension qui fait la vie du corps. Le déséquilibre commence lorsqu'une défection des pratiques organisant une épaisseur du présent entraîne un surcroît de discours. À la limite, il n'y a plus que des discours, un corpus – corps mort, texte du corps absent.

2. [Dans l'article de 1977, venaient ensuite trois parties intitulées « Un corps imaginaire : le produit des discours », « Un corps défait : des expressions évanouissantes et des pratiques anonymes », « Une fable qui fait croire : des songes passés et des interprétations présentes ». Elles provenaient du long texte qui constitue ici le chapitre 10, mais comportaient des omissions, parfois des formules abrégées ou simplifiées. On en trouvera ci-dessus la version intégrale d'origine p. 270-277, 280-283, 293-300.]

rité des pratiques par rapport aux expressions religieuses et se trouve remise en cause la possibilité d'une éthique.

Les mouvements qui représentent une innovation pratique et théorique en matière politique (il n'est pas indifférent qu'ils nous viennent d'Amérique latine) ont pour caractéristique d'articuler une reprise du christianisme à partir d'un choix social premier (pour « la libération », pour le socialisme), au lieu de supposer, comme autrefois, qu'un engagement pouvait être induit d'une foi. Le point de départ est une prise de position relative à la question : *avec qui* se solidariser dans la société ? Il s'agit ainsi pour les chrétiens de travailler à des *causes qui ne sont pas les leurs*, puisqu'ils n'ont plus de sol propre. Ainsi une mutation qualitative s'inscrit dans ce passage d'un faire-la-charité à un faire-la-justice. D'une telle théologie de la libération et de la transformation sociale, une pratique de lutte constitue le préalable ; elle brise la fiction officielle d'un discours chrétien nanti du pouvoir d'être neutre ou de surmonter les différences. Dans leur transit hors du corps ecclésial défait vers la cité politique séculière, bien des militants se sont inspirés de la « théologie de la libération » à la suite de Gustavo Gutierrez, Joseph Comblin, etc., c'est-à-dire d'une *pratique* théologique emboîtée en d'autres pratiques, indissociables de solidarités tactiques, soumises aux aléas et aux besoins d'une lutte historique. Mais cette théologie garde la marque de son terrain de naissance, le christianisme latin fixé dans un face-à-face avec le marxisme : la latinité a toujours impliqué des transits de structures institutionnelles et idéologiques entre l'Église et l'État, et doté d'un rôle important les discours totalisants. Ce trait n'est pas étranger à l'échange ou plutôt à la succession des appartenances, qui passent de l'Église aux marxismes dogmatiques ou hérétiques[3].

---

3. L'engagement politique des chrétiens garde souvent de la religion une forme totalisante et doctrinale (celle d'un *ordre* de « valeurs » supposées « humanistes », ou celle d'une *conversion* révolutionnaire visant à refaire un monde). Il leur permet sans doute de passer d'un pur *dire* (un « message », une Parole, etc.) à un *faire* (transformer la société), comme d'une « figure » à son accomplissement. Pourtant le transit de l'un à l'autre ne respecte pas assez, entre les deux, une différence qui ne concerne pas seulement les contenus (faciles à distinguer), mais la forme. Les avatars politiques de l'ecclésiologie se multiplient avec l'éclatement des Églises.

Une *autonomie des pratiques sociales* se dégage ainsi des généralités du discours chrétien qui, tel un nuage, couvraient les réalités quotidiennes. Du mariage des prêtres au divorce des laïcs, les débats sur la sexualité l'ont amplement montré ces derniers temps. Nombre de chrétiens, qui se reconnaissent encore tels, s'écartent, sans autre forme de procès, des enseignements pontificaux souvent réitérés sur ce thème. Au moment où les autorités romaines officialisaient la révision du procès de Galilée (1974), elles en répétaient l'erreur. Car, pas plus que le soleil et les astres, les pratiques n'obéissent aujourd'hui aux injonctions de la Bible ou du pape. Certes il doit y avoir des effets éthiques de l'attention portée à la parole évangélique (une conversion mesure toujours la compréhension), mais ils varient selon un jugement moral autonome. Rien n'assure plus qu'une éthique chrétienne soit possible. Ces débats éclairent la complexité des relations de l'Église avec la culture contemporaine. Désancré lentement de ses appartenances locales, familiales, mentales, l'individu, homme-automobile, peut circuler partout, mais partout il retrouve la loi universelle et anonyme d'organisations économiques ou de conformismes socioculturels ; dans les mesures romaines, il peut donc rejeter soit une déviance de moins en moins tolérée par le système social, soit une restriction à sa circulation automobile, conjugale autant que géographique.

Mais, plus profondément, est ici en jeu le *déplacement de la sacramentalité*. Autrefois le sacrement scellait un rapport entre un dire et un faire ; il exprimait et il effectuait ; il était l'annonce et l'œuvre de la foi. Aussi constituait-il le point nodal de l'expérience chrétienne. La lente érosion de ce rapport et l'irréalisme de discours privés d'efficace détournent les croyants de ces paroles « sans force ». C'est l'engagement social et politique, hors de toute référence à l'Église, qui prend valeur sacramentelle, et, tout autant, la rencontre d'un autre dans la relation conjugale ou parentale[4].

---

4. Les structures ecclésiales, amollies ou fonctionnarisées, permettent de moins en moins la rencontre avec l'autre qui, hier, avait la forme fondamentale de l'*obéissance*. Dans cette fonction, *l'expérience amoureuse et la sexualité* semblent remplacer l'obéissance. Elles deviennent souvent la découverte d'une altérité altérante et inaccessible, c'est-à-dire l'exercice d'une foi en l'autre. Par là, bien loin d'être un accident dans une histoire individuelle, le mariage (de prêtres ou de religieuses) peut toucher à l'essentiel

Par une transformation réciproque, la liturgie s'esthétise. Elle n'est plus vraie (pensable) ni efficace (opératoire), mais elle peut être *belle*, comme une fête, comme un chant, comme un silence, comme une éphémère extase de communion collective (telle fut aussi l'aventure de Boquen). Le succès des monastères compense l'évidement des églises paroissiales et cette quête n'est pas nécessairement un alibi. Les voyageurs de ces liturgies « exotiques » reviennent à leur travail et à leurs engagements, comme on revient d'espaces maritimes ou de la lecture d'un poème, habités d'un autre air qui peut avoir des effets dans leurs pratiques, mais d'une manière dont chacun doit prendre la responsabilité.

À leur manière, les groupes de charismatiques qui se sont multipliés ces dernières années exemplifient le même type de transport, tout en s'alignant sur les formes contemporaines de la « société du spectacle ». Un besoin de croire, exacerbé par le vide de cette société, se conjugue au besoin d'une appartenance dont le contenu est lui aussi devenu un vide. Tout se passe comme s'il fallait qu'il y eût là, dans cette Église opaque à elle-même, un Esprit, et comme si une eau inattendue naissait dans les caves de la vieille maison. Pour cette prière charismatique, il n'y a plus de projet, mais seulement la trace du lieu hier producteur de pratiques et de langages propres ; *il n'y a plus de cause*, mais seulement son leitmotiv intérieur. L'harmonie collective ne dit plus rien que cette absence d'objet, l'Esprit, mais elle instaure ainsi une liberté heureuse dans le précaire et le quotidien qui servent de rendez-vous à la communion. Cette spiritualité de « l'homme ordinaire » rejoint une conscience commune de ne plus pouvoir transformer l'ordre des choses, mais elle l'affecte d'une valeur innommable, l'Esprit, et du pouvoir miraculeux de se

---

d'une vie spirituelle : il est alors l'expérience réelle de ce que le discours chrétien situe sur le registre abstrait d'une « obéissance de la foi », de même que l'engagement social ou politique veut rendre effectif, entre la parole symbolique et l'action transformatrice, le lien nécessaire que les sacrements désignent mais ne signifient plus aujourd'hui que d'une manière verbale. La militance « chrétienne » raconte actuellement les innombrables déplacements et trajectoires qui passent de symboles chrétiens privés d'effectivité à des tâches « séculières » encore subrepticement déterminées par une symbolique religieuse. Ces multiples histoires d'émigrations hors d'un lieu progressivement inhabitable sont le murmure fourmilier d'un changement de corps.

retrouver dans le presque rien – une quotidienneté privée de légitimation, des mots privés de sens.

Peut-être que, le spectacle en moins, la manifestation charismatique n'est pas si étrangère au murmure de la prière la plus commune, celle à qui a été enlevé son pouvoir sur le corps social, et qui se trouve dépossédée de ses ambitions sur l'histoire, finalement docile à des réalités qu'aucune idéologie n'a été capable de changer et qu'il faut accepter quand on n'a pas les bonnes places. Attestant à sa manière la disparition d'un langage de la foi et l'impossibilité d'une élaboration éthique, cette prière est toutes les semaines le lieu poétique d'un bien-être ensemble et le recommencement intérieur d'un service mutuel – grâce offerte à Monsieur-tout-le-monde. Peut-être qu'à récuser cette forme humiliée du christianisme, on dénie ce qu'il est devenu et l'on s'interdit de reconnaître, dans les combats et les prières du présent, un Dieu qui se met à ressembler étrangement à ce Monsieur-tout-le-monde.

Ainsi vécue, la foi chrétienne est expérience de fragilité, moyen de devenir l'hôte d'un autre qui inquiète et fait vivre. Cette expérience n'est pas nouvelle. Depuis des siècles, des mystiques, des spirituels la vivent et la disent. Aujourd'hui voici qu'elle se fait collective, comme si le corps tout entier des Églises, et non plus quelques-uns individuellement blessés par l'expérience mystique, devait vivre ce que le christianisme a toujours annoncé : *Jésus-Christ est mort.* Cette mort n'est plus seulement l'objet du message concernant Jésus, mais l'expérience des messagers. Les Églises, et non plus seulement le Jésus dont elles parlent, semblent appelées à cette mort par la loi de l'histoire. Il s'agit d'accepter d'être faible, d'abandonner les masques dérisoires et hypocrites d'une puissance ecclésiale qui n'est plus, de renoncer à la satisfaction et à « la tentation de faire du bien ». Le problème n'est pas de savoir s'il sera possible de restaurer l'entreprise « Église », selon les règles de restauration et d'assainissement de toutes les entreprises. La seule question qui vaille est celle-ci : se trouvera-t-il des chrétiens pour vouloir rechercher ces ouvertures priantes, errantes, admiratrices ? S'il est des hommes qui veuillent encore entrer dans cette expérience de foi, qui y reconnaissent leur nécessaire, il leur reviendra d'accorder leur Église à leur foi, d'y chercher non pas des modèles sociaux, politiques ou éthiques, mais des expériences croyantes – et leurs communications réciproques, faute de quoi il n'y aurait plus de communautés et donc plus d'itinérances chrétiennes.

Nul homme n'est chrétien tout seul, pour lui-même, mais en référence et en lien à l'autre, dans l'ouverture à une différence appelée et acceptée avec gratitude. Cette passion de l'autre n'est pas une nature primitive à retrouver, elle ne s'ajoute pas non plus comme une force de plus, ou un vêtement, à nos compétences et à nos acquis ; c'est une fragilité qui dépouille nos solidités et introduit dans nos forces nécessaires la *faiblesse de croire*. Peut-être une théorie ou une pratique devient-elle chrétienne lorsque, dans la force d'une lucidité et d'une compétence, entre comme une danseuse le risque de s'exposer à l'extériorité, ou la docilité à l'étrangeté qui survient, ou la grâce de faire place – c'est-à-dire de croire – à l'autre. Ainsi « l'itinérant » d'Angelus Silesius, non pas nu, ni vêtu, mais dévêtu[5] :

> Vers Dieu je ne puis aller nu,
> mais je dois être dévêtu.

---

5. Angelus Silesius, *L'Errant chérubinique*, I, 297 ; le texte allemand dit : « *Nackt darf ich nicht für Gott, und muss doch unbekleid't.* »

Extase blanche

Comment vous expliquer ? dit le moine Syméon à son visiteur, qui arrivait de Panoptie (un pays lointain, Syméon n'aurait pu dire où c'était, il ne connaissait que ses montagnes). Comment décrire le but exorbitant de la marche millénaire, plusieurs fois millénaire, des voyageurs qui se sont mis en route pour voir Dieu ? Je suis vieux et je ne sais toujours pas. Nos auteurs en parlent pourtant beaucoup. Ils racontent des merveilles, qui vous sembleront peut-être plus inquiétantes qu'éclairantes. D'après ce qu'ils écrivent – je répète ce qu'ils ont eux-mêmes reçu, disent-ils, d'une tradition ancienne qui remonte à qui ? allez savoir ! –, la vision coïncide avec l'évanouissement des choses vues. Ils séparent ce qui nous paraît ne faire qu'un : l'acte de voir et les choses qu'on voit. Ils affirment que plus il y a vision, moins il y a de choses vues ; que l'une croît à mesure que les autres s'effacent. Nous supposons, nous, que la vue s'améliore en conquérant des objets. Pour eux, elle se parfait en les perdant. Voir Dieu, c'est finalement ne *rien* voir, c'est ne percevoir aucune chose particulière, c'est participer à une visibilité universelle qui ne comporte plus le découpage de scènes singulières, multiples, fragmentaires et mobiles dont sont faites nos perceptions.

Vous allez peut-être penser que le paradoxe opposant « voir » aux objets vus a des airs de tromperie et qu'en réalité une meilleure vision doit nécessairement diminuer le nombre des choses qu'on ne voit pas. Pour ces auteurs, cela ne fait pas de différence, car les objets ne s'aperçoivent qu'en se distinguant de ce qui est invisible. Supprimez ce que vous ne voyez pas, et vous supprimez aussi ce que vous voyez. Alors se crée un grand éblouissement aveugle, extinction des choses vues.

Voir est dévorant. Les choses que nous voyons sont moins les emblèmes de ses victoires que des limites à son expansion. Elles nous en protègent, tels des esquifs dont les bords fragiles arrêtent – mais pour combien de temps ? – son océanique avancée. Les peintres savent le danger. Ils jouent avec ce feu. Vous devez connaître aussi, chez vous, ceux qui entourent d'un trait lumineux certains objets opaques, à la manière dont la blancheur d'une vague limite sur le rivage d'une terre l'omnipotence solaire de la mer. Il y a ceux qui combattent la clarté en y jetant des ombres. Mais parmi les peintres, il y a également les captifs de la passion de voir ; ils livrent les choses à la lumière et ils les perdent, naufragées dans la visibilité. Au fond, nous sommes tous des peintres, même si nous ne construisons pas des théâtres où se déroule cette lutte entre le voir et les choses. Certains résistent à cette fascination vorace ; d'autres n'y cèdent qu'un moment, saisis d'une vision qui ne sait plus ce qu'elle perçoit ; beaucoup se hâtent – inconscients ? – vers l'extase qui sera la fin de leur monde.

Vous semblez surpris. C'est vrai, il est terrible de voir. L'Écriture dit qu'on ne peut voir Dieu sans mourir. Elle signifie sans doute par là que voir suppose l'anéantissement de toute chose vue. Dois-je vous avouer que je suis, moi aussi, pris de crainte ? Avec l'âge, avec la mesquinerie que le grand âge apprend, je m'attache de plus en plus aux secrets, aux détails têtus, aux taches d'ombre qui défendent les choses, et nous-mêmes, contre une transparence universelle. Je me retiens à ces minuscules débris de nuit. Les misères mêmes que multiplie la vieillesse deviennent précieuses parce qu'elles freinent, elles aussi, la marche de la lumière. Je ne parle pas de la douleur, car elle n'est à personne. Elle éclaire trop. Souffrir éblouit. C'est déjà voir, tout comme il n'y a de visionnaires que privés de soi et des choses par la fascination des malheurs qui visitent le pays. Non, je parle d'intimités bizarres, là au ventre, ici à la tête, le tremblé, la crispation, la difformité, la brusquerie bête d'un corps inconnu d'autrui. Qui oserait les livrer ? Qui voudrait nous en désapproprier ? Elles nous préservent d'étranges retraites. Ce sont nos bribes d'histoire, des rites secrets, des ruses et des habitudes avec des ombres tapies en des lieux cachés du corps. Mais vous êtes trop jeune pour connaître les usages de ce temps clandestin.

Revenons à nos auteurs. Ils ne mâchent pas les mots. Ils savent, disent-ils, de quoi il est question : c'est un nivellement de l'histoire, une eschatologie blanche, qui supprime et « confond » tous les secrets. Au « tohu-bohu » initial qui précédait toute distinction d'après le premier chapitre de la *Genèse*, ils semblent opposer un effacement ultime de toutes choses en la lumière, « universelle et confuse », de la vision. Pour la désigner, ils utilisent plutôt le verbe « voir », qui nomme un acteur toujours opérant. Par exemple, ils diront : Dieu est Voir. D'où leur manière de s'exprimer, un peu étrange pour nous. D'après leurs explications, le sujet et le complément de ce verbe ne sont pas stables ; ils tournent autour de lui. On peut dire : « Nous voyons Dieu », ou : « Dieu nous voit ». Cela revient au même. Le sujet et l'objet se remplacent, interchangeables et inassurés, aspirés par un verbe dominateur. Qui voit ? Qui est vu ? On ne sait plus. Seul demeure l'acte, délié, absolu. Il fusionne en lui sujets voyants et objets vus. Comment pourrait-il en être autrement ? La différence entre voyant et vu ne tient plus si aucun secret ne met le voyant à distance de ce qu'il voit, si aucune obscurité ne lui sert de refuge d'où constituer devant lui une scène, s'il n'y a plus de nuit dont se détache une représentation.

Voilà ce que serait l'éblouissement de la fin : une absorption des objets et des sujets dans l'acte de voir. Aucune violence, mais le seul déploiement de la présence. Ni pli ni trou. Rien de caché et donc rien de visible. Une lumière sans limites, sans différence, neutre en quelque sorte et continue. Il n'est possible d'en parler que relativement à nos chères activités, qui s'y anéantissent. Il n'y a plus de lecture là où les signes ne sont plus éloignés et privés de ce qu'ils désignent. Il n'y a plus d'interprétation si aucun secret ne la soutient et ne l'appelle. Il n'y a plus de paroles si aucune absence ne fonde l'attente qu'elles articulent. Nos travaux s'engloutissent doucement dans cette extase silencieuse. Sans catastrophe et sans bruit, simplement devenu vain, notre monde, immense appareil né de nos obscurités, finit.

Il est compréhensible que la peur se mêle à la fascination chez les marcheurs partis en quête de la vision. Quel pressentiment les précipite vers la clarté ? Je suis partagé et je ne sais pas bien que dire. Tantôt j'ai des pensées mauvaises. Je m'imagine que ces pèlerins cherchent ce qu'ils sont assurés de ne pas trouver. Et puis, voilà, un beau jour, un jour aveuglant, ça leur arrive. S'ils s'en tirent, ils portent désormais cette mort éblouie, muets d'avoir vu à leur insu. Tantôt je me laisse prendre moi-même au désir de voir, comme tout le monde je suppose. J'oublie les avertissements de nos auteurs, car tout compte fait, en écrivant sur cette chose sublime et terrible, ils s'en protégeaient et ils nous mettent en garde. Alors s'insinue la captation de ce qui *est* sans nous, la blancheur qui excède toute division, l'extase qui tue la conscience et éteint les spectacles, une mort illuminée – un « heureux naufrage », disent les Anciens.

J'ai connu cela en mon pays, dit enfin le visiteur. L'expérience dont vous parlez y est banale. Tout y est déjà gagné par la clarté. Je voyageais en espérant découvrir un lieu, un temple, un ermitage où loger la vision. Mon pays se serait aussitôt mué en une terre de secrets, par le seul fait d'être éloigné de la manifestation. Mais vos doutes me renvoient à ma plaine sans ombre. Il n'y a pas d'autre fin du monde.

Index

Il concerne à la fois les noms d'auteurs, les ouvrages collectifs sans nom d'auteur et les citations des écritures ; les ouvrages collectifs sont rangés au premier mot du titre, les livres de la Bible sont désignés par leur titre abrégé courant, toutes les épîtres de Paul étant placées sous son seul nom. Les moines du désert mentionnés au chap. I, davantage figures de légende qu'auteurs au sens propre, ont été rangés sous l'intitulé habituel de la collection de leurs dits, à savoir les *Apophtegmes des Pères du désert*.

Table

II. Prendre les risques du présent

III. Penser le christianisme

IV. Suivre « un chemin non tracé »

Du même auteur

Le Mémorial de Pierre Favre
Desclée de Brouwer, 1960

Guide spirituel de Jean-Joseph Surin
Desclée de Brouwer, 1963

Correspondance de Jean-Joseph Surin
Desclée de Brouwer, « Bibliothèque européenne », 1966

La Prise de parole (1968)
repris dans La prise de parole et autres écrits politiques
Seuil, « Points Essais » n° 281, 1994

L'Étranger ou l'union dans la différence (1969)
nouv. éd., Seuil, « Points Essais », 2003

La Possession de Loudun (1970)
2ᵉ éd., Gallimard, « Archives », 1980

L'Absent de l'histoire
Mame, 1973

Le Christianisme éclaté
(en collaboration avec Jean-Marie Domenach)
Seuil, 1974

La Culture au pluriel (1974)
nouv. éd., Seuil, « Points Essais » n° 267, 1993

L'Écriture de l'histoire (1975)
Gallimard, « Folio Histoire », 2002

Une politique de la langue.
La Révolution française et les patois :
l'enquête de Grégoire (1975)
(en collaboration avec Dominique Julia et Jacques Revel)
nouv. éd., Gallimard, « Folio Essais », 1990

L'invention du quotidien
t.1 Arts de faire (1980)
nouv. éd., Gallimard, « Folio Essais », 1990

L'invention du quotidien
t.2 Habiter, cuisiner (1980)
(en collaboration avec Luce Giard et Pierre Mayol)
nouv. éd., Gallimard, « Folio Essais », 1994

La Fable mystique, XVIe-XVIIe siècle, t.1 (1982)
2e éd., Gallimard, Tel, 1987

L'Ordinaire de la communication
(en collaboration avec Luce Giard)
Dalloz, 1983

Histoire et psychanalyse entre science et fiction (1987)
nouv. éd., Gallimard, « Folio Histoire », 2002

COMPOSITION : NORD COMPO À VILLENEUVE-D'ASCQ
IMPRESSION : NOVOPRINT (ESPAGNE)
DÉPÔT LÉGAL : AVRIL 2003. N° 60484